JN056086

グローバル化と地域金融

内田真人・福光寛 編著

東信堂

はじめに

　デジタル化、グローバル化が進展する中、政治や経済、文化等のあらゆる領域で急激な再編が進み、COVID-19 でその傾向が加速している。その結果、近年、世界的規模で社会的、文化的な不平等や格差の拡大・固定が顕在化しつつあり、その是正と改善の道筋が模索されている。成城大学では、世界的な課題が容易にローカル化すると同時に、ローカル固有の課題もまた容易にグローバル化すると捉え、グローバル化 (globalization) とローカル化 (localization) は同時かつ相互に影響を及ぼしながら進行、浸透、拡大するものであり、こうした状況をグローカル化 (glocalization) と呼んでいる。そして、現代社会が直面するさまざまな課題、とりわけグローバル化の質的・量的な増大に伴う社会的、文化的な不平等や格差の拡大・固定を是正し改善する取り組みの一環として、相互包摂型社会を構想し、そうした社会の実現に必要とされる新たな人間像を提示しようとしている。

　こうしたグローカル研究の理論と実践の中で、私たち 7 名のメンバーは、従来の社会学・文化的な観点とは異なり、新たに金融経済面からのアプローチで考察してきた。本書はその 5 年間の成果をまとめたものである。そもそも、グローバリズムは、ローカルな金融経済とどのように関わっているのだろうか。あるいはグローバル化が進む中で、金融経済をローカルな視点で考えるには、何を取り上げどのように問題を立てるべきであろうか。金融経済チームは、このチャレンジングな研究テーマに正面から向き合った。その過程の中で、情報の非対称性の下での信用割り当てといった経済現象について、モデルを用いた分析で新たな見方を示す、景気サーベイデータを活用して企業規模別の構造変化を実証分析する新しい方法を示すなど、理論面からの考察があった。また、デジタル化・グローバル化が進展する中で、わが国地方における金融知識やリテール決済という身近な問題について、グローカルの視点から再考察し、現状の課題と望ましい在り方を模索した。一方、海外に

目を向けると、高い経済成長を続けるエマージング国でも格差がSDGsの観点からも深刻な問題となっている。このため、金融自由化が進む環太平洋諸国の中から、ケーススタディとしてメキシコやベトナムに焦点を当て、日系企業の海外進出やグローバルに先行する金融の活用面での課題を、ヒアリングも交えて分析する試みを行った。さらに、グローバルで先行する先進国のシステムや規制を学びつつ、情報の制約される中国が、いかに社会主義を中国固有のローカルに変質していったか、経済学史の視点から考察した。

本チームメンバーの研究の対象分野は広く、個別には各論をお読みいただきたいが、様々な興味深い結論が得られた。また、全体を通じて、以下の3点も明らかになった。第1に、経済学はグローバル化の進展を、必然と思うか、必要悪を思うかは別にして、避けることのできない現象として肯定している。第2に、相互包摂型社会の解釈については、金融経済の世界では、グローバル化の進展の過程で格差はすでに生まれており、その発生の分析方法や考え方の整理、現状を踏まえたグローカル視点からの問題の是正、が主要なテーマになっている。第3に、相互包摂型社会をどう作るかという問題については、過剰包摂は望ましくないが、金融排除も望ましくない点で合意が得られている。

本書の構成

本書は4部7章で構成されている。

冒頭の第1部では、わが国のローカルにおける金融の身近なテーマとして、金融リテラシーそのものとリテール決済のキャッシュレス化を取り上げた。まず、わが国の金融リテラシーは、フィンテックなどデジタル化、グローバル化が進む中で、先進他国に比べて低く、しかも格差がある。学習指導要領による学校教育、官民による金融広報など様々な対策が講じられているが、効果は限定的である。このため、追加策として、プログラム内容、人材問題、コラボレーションの強化、デジタル化の活用の4つの視点を提示している。また、第2章では、グローバルに普及が進むキャッシュレス決済をローカルな地域の実情にあわせてカスタマイズして活用する試み、すなわちグローカ

ルな現象としての「電子地域通貨」の存在に着目し、発行事例の考察を通じて、電子地域通貨によって地域社会・経済の活性化を実現していくうえで克服すべき課題を明らかにしている。

　第2部は理論分析である。まず第3章では、Stiglitz and Weiss モデルを再検討し、動学モデルへの拡張を行うことで、金融市場における情報非対称性に起因する諸問題を検討している。次に、第4章では、日本の景気サーベイを用いてデータ分析を行った。そして企業規模別に分析することで、わが国の近年の企業部門のグローバル化や人手不足といった構造変化がより詳細に観察されること、大企業と中小企業の変動に同時性があることを示している。

　後半の2部3章では海外のテーマを取り上げている。まず、第5章では、1995年に始まるメキシコの金融自由化が銀行再編ならびに資金調達手段に与えた影響について整理している。特に、金融アクセスが限られた貧困層の重要な資金源である移民送金の受取り手段の変化を1つの例としてグローカルの視点から概観し、メキシコに進出した外資系金融仲介機関と現地機関との融合について論じている。第6章では、金融の発展途上にあるベトナムで、進出している日系中小企業と、ベトナム現地企業を巡る金融環境の変化について、ヒアリング調査も交えて現状と課題を明らかにしている。

　最後に第4部では、研究者が民主化なき市場化した中国について、自らのグローカル研究の取り組みを振り返りつつ経済学史を考察し、マルクス主義や社会主義を先進国におけるシステムや規制を学びつつ中国固有のものにどう変えていったか興味深い整理を示している。

　今回の研究により「グローカル化する世界における金融システムの変化と動態」という大きな枠組みの一端が見えてきた。そして、本書の結論は社会学や文化的な領域と比べると、異なった新鮮な示唆が得られたのではないだろうか。繰り返しとなるが、本書は各メンバーがグローカルの問題をそれぞれが理解し、金融・経済の視点でアプローチしたものである。同時に、研究の過程で、この分野では今後解明すべき研究テーマが多く残されていることも明らかになった。グローカルを社会学や文化的な側面だけでなく、金融経済を含めて広く捉えることで、グローカル研究の重要性が再認識された今、

この分野の研究がさらに広がり、深まることを切に期待したい。

2021 年 3 月吉日

著者を代表して

内田真人

目次／グローバル化と地域金融

第Ⅲ部　途上国の金融自由化・中小企業金融 ………………127

第5章　メキシコの金融自由化のインパクト ……………… 柿原智弘　128

第6章　ベトナムの金融深化と中小企業進出の現状……… 福島章雄　173

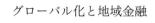

グローバル化と地域金融

第 I 部　金融リテラシーと地域通貨

第1章　金融リテラシーの考察
——グローカル研究の視点

内田真人

本章の概要：近年、グローバル化やIT化の中で金融の高度化がフィンテックと相まって進んでいる。本論文では、グローカルの視点から、日本、特に地方において、金融知識の乏しさから新しく便利な金融サービスが十分に活用できていないとの問題意識に立ち、資産運用での金融リテラシーに焦点を当てて、歴史、現状を整理、課題・解決策を考察した。わが国でも明治から高度成長期までは貯蓄増強に力点が置かれ、情報提供だけでなく、優遇策や人のアドバイスが備わっていた。現在は、小学校から高校まで学校での金融教育、政府・金融機関等による国民向けの金融情報が充実する一方で、各種アンケート調査結果によれば、期待される成果が得られていない。この傾向は日本全体に見られるが、地方でさらに強い。そこで、具体的な課題について、アンケート調査、ヒアリング調査、政府主催の地方での金融広報活動への参加を踏まえて整理した。そして最後に、今後のわが国の金融リテラシー向上に向けて、金融広報プログラム、人材、コラボレーション、デジタル化の活用の4つの視点から解決の方向性を提言した。

1.　はじめに

　成城大学では 2016 年度より 5 年間に亘り、持続可能な相互包摂型社会の
実現に向けた世界的グローカル研究拠点の確立と推進をテーマに研究を進め
てきた[1]。筆者は研究メンバーの一人として加わり、自身の専門分野である
金融の立場から、金融包摂（financial inclusion）の問題として考察してきた。

　金融包摂は金融排除（financial exclusion）の対概念で，金融排除を解消し，誰
ひとり取り残されることなく金融サービスにアクセスでき、その恩恵を受け
ることができるようにすること[2]を意味している。また、金融包摂は持続可
能な開発目標（SDGs[3]）の目標としても掲げられており、項目 8.10「銀行や保
険などのサービスを全ての人が利用できるようにすること」、項目 10.C「国
際送金の手数料を 3% 未満に抑えること」など具体的に記載されている。

　ここで、世界における金融包摂の動きを整理したい。世界銀行は Global
Financial Inclusion（Global Findex）Database2017 で、金融包摂は携帯電話やイン
ターネットの普及を背景に世界的に進んでいるが、国によりその進展にばら
つきがある、と指摘している。欧米では、1990 年代以降、金融自由化や高
度な金融サービスの普及、所得・資産格差の拡大を主因として、金融排除が
生じた。富裕層を中心に金融資産保有者に金融サービスの恩恵が普及する一
方、一部の消費者に深刻な金融排除の影響が現れている、というのが先進国
における金融排除の基本的な課題である[4]。他方、途上国においては、リー
マンショック後にモバイルマネー、フィンテックなどデジタル金融を用いて、
金融サービスに縁のなかった貧困層・小規模企業に送金、融資などを低コス
トで効率的に金融サービスを提供し、貧困の解消を目指す動きが広がってい
る。また、IMF では、金融包摂が進んでいる国とそうでない国では、長期的
に見ると GDP 成長に 2 ～ 3% ポイントの差が存在するとの試算結果を示し[5]、
金融包摂が経済に大変革をもたらす可能性を示唆している。

　こうした中で、日本の状況を点検すると、金融機関のネットワークが全国
に張り巡らされ、預金口座の開設など金融サービスへのアクセスや取引は誰
でも常時可能であり、金融排除の状況にあるとは言えない。しかし、グロー

バル化や金融の高度化・複雑化がフィンテックと相まって進展する中で、新しく便利な金融サービスを十分に理解し得ていない、デジタル金融を上手く扱えてないなどの理由で、金融サービスを十分に受けられない人々が地方の高齢者を中心に増えており[6]、質的な面では金融排除の状況に近いとも考えられる。実際、金融知識には地域差がある、中小企業経営者の金融リテラシーが不足している、との研究がみられる[7]。したがって、問題は、金融知識が乏しいために有効な資産運用・融資などの金融サービスにアクセスできない人たちをどのように恩恵にあずかれるように導くか、そのためにどうした教育やサポートが必要かの視点であろう。今回の筆者の一連の研究では、資産運用面に問題意識を当てて、特に地方に主眼を置いて現状の課題整理と解決策の探求を目的に研究を進めてきた。

　本章では、新たに小学生から大学生における金融教育について、広く経済や消費と絡めつつ政府の取り組みと学校の対応の考察として加える。そして、これまでの一連の論文の成果を踏まえて、グローカルの視点での金融リテラシーの現状と課題、解決の方向性を示すこととしたい。

2.　これまでの本研究の整理

　これまで、筆者は金融に関する広報や教育の歴史、金融広報活動の現在の取り組みと課題、金融リテラシーや金融資産の地域格差、地域金融機関の役割に分けて考察し、その成果を以下で示す5本の論文で示してきた。本節では、これまで進めてきた筆者の一連の研究を振り返り、論点の整理[8]を行う。

　まず、第1論文の内田（2018a）では、わが国の貯蓄増強・金融広報活動について、明治以降の長期の歴史を振り返り、現在の取り組みと課題、金融リテラシーを巡る先行研究を整理した。すなわち、金融の広報活動は、明治以降、貯蓄増強に力点が置かれ、優遇策や人々のアドバイスが備わっていった。一方、平成以降は金融情報の提供が中心で、民間金融機関や各種団体が工夫を凝らして取り組んでいる。こうした中で金融広報中央委員会が実施した2019年の調査によれば、日本における二人以上世帯の金融資産保有額は全

国平均で 1,537 万円となっており、その水準は世界的にみても高い[9]。現在の各地方における金融広報活動は、全国組織としての金融広報中央委員会の下に置かれた各都道府県別の金融広報委員会と、地域の民間金融機関を中心に行われている。前者では金融教育プログラムの提供など金融教育の支援と金融知識の普及に取り組んでおり、後者は金融教材の作成、小中学校への講師派遣、学生・一般向けのイベントやセミナーを行っている。しかし、金融リテラシー調査[10]によれば、金融知識の向上は期待される成果を挙げておらず、金融資産が預金・保険など直接金融商品に偏る課題が認められた。また、金融リテラシーの先行研究は日本では十分でないことも確かめられた。

　次に、内田 (2018b) では、地方における資産運用面の広報に関する取り組みについて、アンケート調査や現地ヒアリング調査をもとに、都市圏と地方での取り組みの違いを考察し、金融リテラシーの地域格差の大きさを大都市 (東京都)、地方中核県 (福岡県)、地方 (長崎県) の事例比較で示した。そして、地方では、講演・セミナーが量・質ともに不足し、金融広報の担い手にファイナンシャルプランナー保有者が少ないことが見出された。また、課題としては、①家計の金融資産の改善について多様化を提言しているが、そのプロセスの検討が、特に地方で欠けており、成果が見られてない、②地方での公的機関と民間の金融広報コーディネーションが不足している、③地方での金融広報発信拠点が少なく、中核となる金融広報中央委員会の国民の認知度が低い、点を指摘した。さらに内田 (2019b) では関西 (大阪・兵庫) も加えて地域をより広範囲に考察した。

　この間、最近の変化として、金融広報中央委員会が 2016 年以降、大規模な金融リテラシー調査を開始し、様々な興味深いデータが蓄積されてきた。また、民間銀行でも金融広報活動を開始・充実させる動きが拡がっていることが注目された。こうした点を踏まえて、論文では、今後に向けて、①各地域での金融広報委員会と地域金融機関、県庁の連携強化、②知識レベルに合わせた金融教育プログラムの導入、③金融関係者以外に金融を理解する人材の育成、④金融広報中央委員会の認知度向上に向けたキャンペーン、を提言した。

　内田 (2019a) では、戦後の経済格差、地域間格差の変遷を時系列データで考察した。その結果、地域格差は所得や雇用面では高度成長期初期以来、縮小してきたが、家計資産の面ではむしろ 2000 年代に入ってから拡大が目立っていることが確かめられた。また、アベノミクスの地方創生を「地域振興策を再び総合的に行ったもの」と位置付け、2014 年に「まち・ひと・しごと創成総合戦略」で 4 つの基本目標と 2020 年の目標年次までに実現すべき 120 の重要業績評価指標 (以下、KPI) を設定した点を考察した。そして各自治体は 2060 年の人口目標を定めた地方人口ビジョンと 2020 年までの施策案を記した地方版の総合戦略を策定し、国は専門家の派遣、情報提供、財政支援などでこれを支援したが、地方創生策の問題点を以下の 4 点に纏めて指摘した。すなわち、

　　①家計資産面の地域格差の議論がない (むしろ NISA など個人投資家優遇や株
　　　価上昇で資産格差は拡大)、
　　②出生率引上げ策の効果が表れていない、
　　③大都市圏での医療介護施設の不足への具体的検討がない、
　　④東京一極集中への対応策の成果が全く出ていない。

である。政府が行った KPI の中間的な検証 (2017 年) は、4 つの基本目標のうち「地方への新しい流れを作る」以外は「総じて順調」と自己評価したが、現実との温度差が感じられると指摘した。これは東京圏への人口集中と地方での減少、低出生率という課題に改善の兆しすらみえないためである。手段が曖昧で、数値目標の達成にこだわるあまり無理な政策も取り込んでいる。もっとも、自治体ごとに施策を考えるきっかけを作り、資金だけでない人材、情報の支援を用意した点を評価した。

　最後に内田 (2019c) では、地方での金融リテラシーの観点から地域金融機関の役割について扱った。地域金融機関は金融面から地域を支える重要な役割を担っているが、金融高度化が進展し、大手テクノロジー企業[11]がフィンテックなどで活動を進展させていくと、地域銀行は顧客接点、リレーションシップバンキングというこれまでの強みを失いかねない。一方、大手テクノロジー企業は全世界に情報を発信する力を持つが、地域特性を十分に理解

した金融サービスが期待できない。地域金融機関は、経営陣の主体的な関与の下、中長期的な経営戦略にデジタル化時代に見合った経営資源を十分に盛り込み、引続き地域経済での機能を十分に果たしていくことの必要性を強調した。言い換えれば地域金融機関は差し迫った目の前の課題に対応し、預貸中心の既存業務の安定運行に尽くす必要があるが、同時に、充実した店舗網、リレーションシップバンキングという地方銀行の強みを活かしつつ、発想の転換によって 10 年後、20 年後を見据えたデジタル化時代の新しい長期戦略も同時に備えなければならない。AI と寄り添った対応に本格的に取り組み、今の危機を新しいビジネスモデル創出へのきっかけに変える大きなチャンスである。さもなければ FinTech の強みを活かして新たに参入する New Bank に太刀打ちできない。地域金融機関の役割について長期的視野での長期戦略のキーワードとして、①デジタル化進展の流れの中での有人店舗機能の再検討、②信頼、地域をキーワードにした他業務・他サービスとの新たなコラボレーションが有力で、③そのための人材育成も必要である、と提言した。

3. 政府による消費者・金融教育の取り組みからみた金融リテラシー

　近年、公的年金の財政状況が一段と厳しさを増しており、公的な社会保障制度をベースとしつつも、国民一人ひとりが長期的な視点に立って自ら資産形成に取り組むことの重要性が増している。言い換えれば、国民は金融制度や金融商品に慣れ親しみ、金融商品に関する正確な情報を得て、金融の活用に合理的な判断を下すための基礎知識を習得することが必要不可欠、と指摘されている[12]。しかし、わが国では各種アンケート調査で明らかなとおり、若年層を中心に金融の理解度は決して十分とは言えない。

　そこで、本節では金融リテラシーに関する政府の取り組みについて、金融より広く、消費者教育の視点も含めて考察する。まず、第 1 項では、政府の消費者教育の中で、金融教育がどう位置付けられているか、法律や文部科学省・消費者庁・金融庁の取り組みから整理する。続く 2 つの項では、金融教育がどのように位置付けられているか、2020 年度より幼稚園から高校の教

育で順次施行される新学習指導要領[13]や大学での学力の現状、アンケート調査による先行研究結果も踏まえて、内容を整理する。第4項では日本各地で開催されている政府主催の消費者教育フェスタについて、自らの参加体験を踏まえて、現状整理と課題の提示を行う。

3.1. 政府の消費者教育の取り組みと金融

　政府は、消費者教育を総合的・一体的に推進することを目的として、2013年、消費者教育の推進に関する法律（平成24年法律第61号）を施行した。そして、翌年、「消費者教育の推進に関する基本的な方針」（平成25年6月28日閣議決定＜平成30年3月20日変更＞）が定められた。本方針を踏まえて、消費者教育推進会議で消費者教育の推進に関する考え方や提案、消費者教育の担い手への期待について検討され、消費者教育は、幼児期から高齢期までの各段階に応じて、体系的に行われるとともに、「安全」、「契約・取引」、「情報」、「環境」という消費者教育の領域ごとに、学習の目標や内容、解説、指導方法がまとめられている。そして、消費者庁・文部科学省、地方公共団体などの行政機関、学校などの教育機関、金融をはじめとする企業や各種団体、警察、地域住民と密着した自治会や町内会が、各地で消費者教育を行っている。

　省庁別にみると、文部科学省では、学習指導要領における消費者教育を行っているほか、消費者教育推進委員会の設置や消費者教育アドバイザーの派遣等を内容とする「連携・協働による消費者教育推進事業」を進めている。また、消費者庁では、消費者教育の充実、消費者被害防止のための制度の充実、消費生活相談窓口いやや、188という番号の普及とともに、困った時の相談を呼びかけている。

　最近の動きとしては、民法改正による成年年齢の20歳から18歳への引下げ（2022年4月実施）、若年者における消費者教育トラブルの増加[14]から、政府は2018年度から2020年度まで「若年者への消費者教育の推進に関するアクションプログラム」を策定、高等学校における消費者教育の推進、大学等における消費者教育の推進に重点を置いている。さらに、実践的な消費者教育の充実を図るため、実務経験者を学校教育の現場で活用するモデル事業を

全国4か所で実施し、文部科学省が委嘱した消費者教育アドバイザーの全国へ派遣、学校と関係機関の連携方策や授業での展開方法などの指導・助言を行っているほか、PTAとの連携による保護者への啓発にも力を入れている。

　こうした中で、金融教育については、消費者庁「消費者教育の推進に関する基本的な方針」において、以下のとおり記載されている。

　　金融経済教育の意義・目的は、金融リテラシー（金融に関する知識・判断力）の向上を通じて、国民一人一人が、経済的に自立し、より良い暮らしを実現していくことを可能とするとともに、健全で質の高い金融商品の提供の促進や家計金融資産の有効活用を通じ、公正で持続可能な社会の実現に貢献していくことにある。

　　国民一人一人が、金融リテラシーを身に付けるためには、金融や経済についての知識のみならず、家計管理や将来の資金を確保するために長期的な生活設計を行う習慣・能力を身に付けること、保険商品、ローン商品、資産形成商品といった金融商品の適切な利用選択に必要な知識・行動についての着眼点等の習得、事前にアドバイスを受けるなどといった外部の知見を求めることの必要性を理解することが重要である。

　　これらの金融リテラシーは、自立した消費生活を営む上で、必要不可欠であり、消費者教育の重要な要素であることから、金融経済教育の内容を消費者教育の内容に盛り込むとともに、金融経済教育と連携した消費者教育を推進することが重要である。

　また、金融庁では、資産形成に向けた個人ニーズやデジタル化など環境変化を踏まえた金融教育の推進拡充に取り組んでおり、後述の金融リテラシー・マップの作成のほか、学校への職員の出張授業、モデル授業や研修等による教師へのサポート、教育庁・教育委員会への訪問による活動の推進、各種シンポジウムやワークショップの開催、退職世代を対象にした職場セミナーなどの働きかけなどを行っている[15]。

3.2. 学習指導要領からみた小学校から高校までの金融教育

　本節では、小学校から高校までの各段階において、消費者教育、特に金融教育がどのように行われているか、学習指導要領を基に現状を概観する。

　小学校における金融教育の指導内容をみると、家庭科(第5学年及び第6学年)では、持続可能な社会の構築に向けて、買い物の仕組みや消費者の役割を確認した上で、ものや金銭の大切さや計画的な使い方、購入に必要な情報を収集し、ものの選び方、買い方を工夫する、約束(契約)の遵守を知る力を身に付けるとされている。また、社会では、第3学年で、販売は売上を高めるよう工夫して行われていることを知り、第5学年では、食糧生産について、価格や費用などに着目して生産にかかわる人々の工夫や努力を捉えるとしている。このほか、消費者トラブルの実情、借入の仕組み、各種金融商品の知識など幅広く扱われている。全体として小学校での学習を考慮して、広く浅く、イメージを膨らませることや、消費・金融を有効に使う重要性に気付くことに重点を置いている。

　次に、中学校では教科ごとの専門性に応じた学習指導が謳われ、具体的な金融の仕組みや家計、国家財政、国際金融と幅広い金融の対象が中学校社会科で行われている。また、金融の仕組みについての記述は、新学習指導要領において追加的に記載されている箇所が多く、内容面で充実している。

　具体的には、社会(公民的分野)では、家計から国家財政まで、広い経済活動を学習範囲としており、市場取引は貨幣を通して行われる、金融には金融機関が仲介する間接金融と株式・債券などを発行する直接金融があるなど、金融の仕組みや働きなど基本的な事柄について学習させている。また、「市場の働きと経済で現代の生産や金融などの仕組みや働きを理解すること」が求められ、フィンテックを用いた革新的なサービスを提供する動きや様々な支払い手段を理解することが必要とされている。個人や企業の経済活動における役割と責任では、働くことで収入を得て、消費を通じて豊かな生活を送ることや企業に利益をもたらすことを考察すると記されている。

　家庭科では、金銭の管理と購入の箇所で、購入方法や支払い方法の特徴が分かり、計画的な金銭管理の必要性について理解すること、指導計画の作成

に当たっては、「高等学校における学習を見据え、他教科等との関連を明確にして系統的・発展的に指導ができるようにすること」とされている。

　高等学校においては、中学までで学習した知識をさらに深めると共に、環境に配慮したライフスタイルの構築や、消費生活の現状と課題や消費者の権利と責任について理解させ、適切な選択を行い、それに基づいて行動できるようにすることなど、より詳細かつ現実的な内容を生徒に考えさせるような学習が求められている。加えて、高校生になると、それまでの学校段階に比べてお金を自分自身で消費する機会が急増してくる。そのため、生活と社会のかかわりから派生して、お金の管理や計画の重要性について認識させることや、資金をはじめとした多くものに関する消費行動の過程とその重要性について考えるとともに、自らが消費者として主体的に判断できるようにするための学習を行うこと、そして、消費生活の現状と課題、消費者問題や消費者の自立と支援などについて学習し、消費者としての権利と責任を自覚して行動できるようにすることなど、実践的な学習となっている。

　なお、新学習指導要領では、社会科、公民科、家庭科、技術・家庭科等の各教科において、消費者教育に関する内容を規定するとともに、その内容を更に充実させた。例えば、仮想通貨など様々な金融商品を活用した資産運用が扱われ、具体的な問いとして、起業のための資金がどう確保されるかが例示されている。また、家庭科の履修学年に関する学習指導要領の一部改正がなされ、現行学習指導要領と新学習指導要領の家庭科の科目を第 1 学年及び第 2 学年のうちに履修させ、高校生が成年年齢に達する前に、より充実した消費者教育を学習する機会を確保している。

　やや詳しく見ると、公民（現代社会）では、社会や金融制度についての知識・理解を深めることに主眼が置かれている。例えば、金融の意義や役割を理解させると共に、金融の働きの箇所で、「金融とは経済主体間の資金の融通であることの理解を基に、金融を通した経済活動の活性化についても触れること」、「市場経済の機能と限界、持続可能な財政及び租税の在り方、金融を通した経済活動の活性化について多面的・多角的に考察、構想し、表現すること」、「クレジットカードや電子マネーなどの普及によるキャッシュレス社会

の進行、金融商品の多様化など具体的な事例を通して指導の工夫を図る」と標記されている。また、公民（政治・経済）では、間接金融・直接金融の意義に加えて、金融自由化の進展で直接金融の比率が高まっていること、銀行・証券会社など各種金融機関の役割、金融市場における金利の動向が通貨供給量の変化に波及し、消費や貯蓄、行動に影響し、物価、株価さらには景気の変動に大きな役割を果たすことを理解させ、中央銀行の金融政策に触れるとしている。

　一方、家庭科では、持続可能な消費生活・環境において、消費生活の現状と課題、消費者の権利と責任について理解させ、消費者が主体的に行動するために必要な知識や行動手段そのものの学習が行われている。例えば、契約や消費者信用、多重債務問題などを具体的に扱い、適切な意思決定に基づいて行動できるようにするとしている。また、持続可能な消費生活・環境の生活における経済の計画の中で、家計の構造、収支バランスや計画性について理解するとともに、生涯を見通した生活における経済の管理や計画の重要性について理解を深めること、生涯を見通したリスク管理の考え方や貯蓄や保険など金融商品のメリット・デメリット、資産形成などについても知識及び技能を身に付けて考察することとされている。

　以上の考察から、高校以下の金融教育の特徴点を纏めると、以下の３つが挙げられよう。

　第一に、学校での消費者・金融教育については、各学校がカリキュラムを編成する際の基準として、学習指導要領が定められている。その内容を確認すると、金融・経済の基礎的な仕組みや制度だけでなく、フィンテックなど最近の情勢変化が織り込まれ、持続可能な社会の構築に向けて自分で考えさせるアクティブラーニングの機会を持たせるなど、知識の活用にも配慮がみられている。さらに、小学校から高校まで学習の系統性にも十分配慮がある。このため、カリキュラム内容は全体として充実していると判断できる。

　第二に、充実したカリキュラム内容が実際に生徒の金融教育の成果に結びつくかについて考察する。結論としては、人材の問題等からみて、課題が残ると懸念される。例えば、高校の家庭科では、今次改定に資産形成など実践

的な項目が盛り込まれた。この趣旨に即した金融教育の授業を行うためには、教員自身も資産形成や投資に馴染む必要がある。このため、金融庁・日本銀行や民間金融機関等では職員が講師となって出前授業を実施し、シンポジウムの開催、ファイナンシャルプランナー等外部との連携促進などに取り組んでいる。しかし、これら金融教育に取り組む様々な関係機関の活動実績をみると極めて限定的で、十分浸透していない。また、提供する情報の内容や情宣もニーズと十分適合したものになっているとは言えないと考えられ、効果は広がりが見られていない。

　第三に、消費者・金融教育に関しては、体系的な学習がなく、小・中・高等学校の社会科・公民科、家庭科などに学習範囲が分割され、児童生徒の発達段階を踏まえ、指導内容が記載されている。このため、効果ある学習には教える側の科目間での調整が必要となり、指導計画の作成に当たっては、他教科等との関連を明確にして系統的・発展的に指導ができるよう求められているが、現実には担当教員任せとなっている。この結果、学生にとっては断片的な金融知識の教育を受けても消費者・金融教育の全体像が掴みにくく、金融リテラシー調査から見る限り、学生に能力が身に付いているとは言えない現実となっている。特に中高等学校での科目ごとの教師間の情報交換が必要である。

3.3. 大学等における消費者・金融教育

　大学における消費者教育は、消費者教育推進法で「大学等において消費者教育が適切に行われるようにするため、大学等に対し、学生等の消費生活における被害を防止するための啓発その他の自主的な取組を行うよう促すものとする」(第 12 条第 1 項)とされている。また、消費者教育推進委員会から大学等及び社会教育における消費者教育の指針が発出され[16]、大学等(大学・短期大学・高等専門学校・専修学校)及び社会教育において取るべき消費者教育の目的と戦略を明確にした。なお、後述の長崎消費者フェスタでは、入学ガイダンス時の啓発として、消費者庁と連携し、消費者ホットラインの周知をはじめ、消費者トラブルへの注意を促す資料を作成の上、配付しているとの説

明があり、その効果を強調していたが、大学サイドの認識とはギャップが存在している。

　教育内容については、高校までとは異なり学習指導要領はないが、消費者教育指針に記載がある。すなわち、教育内容は大学自らが決定するものであるが、従来の啓発・相談の取組に加えて、消費生活に関する幅広い視点を持った意思決定能力、批判的思考に基づく判断力、事業者を選択する能力、消費者被害等の危機回避能力、将来を見通した生活設計能力、実践的な問題解決能力、消費者市民社会の形成者としての倫理観、ライフスタイルを主体的に選択・創造する力等の育成を目指し、各大学等において消費生活に関する一層の理解増進に努めることが望ましいとしている。

　また、金融広報中央委員会に設置されている「金融経済教育推進会議」は2014年、「金融リテラシー・マップ」を公開し、年齢階層別に身に着けるべき金融リテラシーの内容を示している。この中で、大学生活は社会人として自立するための能力を確立する時期と位置付け、高校までの学びを基に、金融リテラシーの向上を目的とする金融教育が行われることがとても重要であると記している。大学生はアルバイト等で収入を得ており、また、卒業後の職業との両立を前提に収支管理の必要性を理解し、ライフプランを具体的に描き、その実現に向けての生活設計が求められている。知識面では金融商品の流動性、安全性、収益性といった3つの特性やリスク管理方法及び長期的な視点から貯蓄・運用することの大切さを理解し、その上で様々な金融商品のリスクとリターンを理解して自己責任の下で貯蓄・運用することが目標とされている。

　一方で、大学生の金融知識に関する学力や認識の現状について、金融広報中央委員会「金融リテラシー調査」(2019年)を用いて確認したい。まず、金融知識の正答率は、学生(18歳～24歳)が42.6％で平均値(56％)を大きく下回る。そして、生活設計や家計管理などの「金融教育」を受けたと認識している学生の正答率(53.6％)は、そうでない学生の正答率(39.6％)よりも高く、金融教育の必要性がみられる。また、学校において、家計管理や生活設計に関する授業などの「金融教育」を受けたとの認識がある人は17％にとどまって

おり、教育の効果が限定的になっている[17]。

　次に、大学生の金融知識を国際比較したい。経済協力開発機構（OECD）が実施する国際学習到達度調査（PISA）調査と「金融リテラシー調査」で問いが共通しているものが11問ある。それらの正答率を比較すると、対象となる30の国・地域の中で、日本は第22位と低い。また、国別の比較では米国と18－34歳で比較すると、正答率は日本が34％と10％ポイント低く、英国・ドイツ・フランスと比較すると、望ましい金融行動や考え方の点で大きな差がみられる。同じテストによる比較ではないため、結果をそのまま受け入れるのは問題があるが、日本の大学生の金融リテラシーが低いことが確かめられる。

　この間、大学生の金融教育に関しては、学生アンケート調査に基づいて実証的な先行研究がみられるので、概要を纏めたい。

　まず海外では、

- 大学での教育が金融知識や投資行動に影響する一方で、高校での経済・金融教育などは、社会人になってからの金融知識や投資行動に影響を与えていないこと（Peng et al. (2007)）
- 金融教育のプログラムよりも、両親の職業、所得、人種などの影響が大きいこと（Shim et al. (2010)）
- 女性の方が金融知識の水準が低いこと（Lührmannk (2015)）

が主張されている。

一方、日本では、浅井 (2017) が、全国574名を対象にした調査を実施し、

- 両親の所得などを知っている大学生は、金融知識の水準が高く、子供の金融知識を高めるという観点からは家庭で子供に金融関係の話ができる環境を整えることが望ましいこと
- 国民年金の学生納付制度をしている大学生ほど金融知識の水準が高いこと
- 金融教育を行うと、家庭環境の違いなどの要素が金融知識の水準に影響を与えなくなること
- 女性の方が金融知識の水準が有意に低いこと

を確認している。また、藤野他 (2015) は、全国 10 大学 726 人に金融情報の入手先、知識・行動、教育の 3 分野から調査を行い、

- 家庭での金融教育の違いが金融行動に影響する
- 大学で重視すべき教育内容は株式、債券、リスクなど証券投資の知識、クレジットカード、借入、金融トラブルである

と主張している。

以上の考察を纏めると以下の 3 点に整理される。

第一に、大学での消費者・金融教育は指針により目的と戦略が明確化されている。また、関係省庁で必要な対応が取り組まれている。

第二に、大学生の金融リテラシーの学力の現状は十分ではなく、改善が求められているが、成果は出ていない。

第三に、金融教育に関する先行研究によれば、家庭を含めた金融教育の重要性が指摘されるほか、大学では、金融商品やクレジットカード、金融トラブル回避など具体的な知識提供が望まれるとの分析結果となっている。

3.4. 消費者教育フェスタ

文部科学省では、消費者教育に関する事業の成果を広く還元するとともに、消費者教育を実践する多様な主体と連携・協働することにより、消費者教育の更なる推進を図ることを目的として、消費者教育フェスタを 2010 (平成 22) 年度より全国各地で毎年 4 回程度開催しており、金融教育も含まれている。以下では、一例として、筆者も参加した消費者教育フェスタ長崎 (2020年 1 月開催) について、やや詳しく述べる[18]。

本フェスタには消費者教育に携わる地方公共団体の担当者、消費者教育関係者並びに NPO や大学及び企業等の関係者約 100 名 (うち小学校〜大学の教職員が半数) が参加した。また、会場では 31 団体がフェスタ開始前や休憩時間にパネル展示、ポスターセッションを実施、質疑応答に対応した[19]。

具体的な内容をみると、まず、文部科学省・消費者庁の幹部が、行政の立場から消費者教育の取り組みや成人年齢の引き下げへの対応など、最近の話題を説明した。特に、若年層では消費者問題に係る知識や社会経験の乏しさ

から、知らず知らずのうちに消費者問題に係る犯罪の加害者に加担すること
もあることが強調された。続いて、消費者教育の効果的な授業展開に向けて、
専門家（大学教授）による基調講演と開催地域（長崎県内）所在の中学校での実
践事例報告と大学教員による実証的調査研究の取組報告があった。事例報告
では「消費者の権利と責任」をテーマに、ビデオによる生徒の授業での様子
が紹介されたほか、生徒の感想、研究後の協議の結論も示された。調査研究
では、新学習指導要領を踏まえ、小中高家庭科の系統性に基づく、18 歳成
年時代の消費者市民力養成プログラムの開発がテーマであった。教育や行政
の関係者との協働により、児童生徒の実態に応じた消費者市民教育の内容を
検討し、授業実践を検証し、消費者市民力養成のための教材開発を行ってお
り、その中間的な報告が披露された。そして、最後に消費者教育の推進体制
を構築する際のポイントと授業展開をテーマに、パネルディスカッションが
行われた。

　実地参加を踏まえたフェスタの特徴点を 4 点に整理したい。

　第 1 に、フェスタには、地域の教育機関、消費者教育団体や若年者への消
費者教育を推進する団体、行政機関、企業等が多数参加していた。より良い
消費者市民社会を実現するためには、消費者教育の充実という同じ目標を学
校と社会が共有していくことが大事であり、さまざまな主体の関係者が集ま
り、どのような効果的な消費者教育を進めていくかについて、様々な視点か
ら議論する機会は、情報共有だけでなく、関係者によるネットワークづくり
の場の提供という意味でも大きな効果があり、高く評価できる。

　第 2 に、内容をみると、資料には金融についてあるべき教育の姿が随所に
紹介されていた。しかし、議論は詐欺などの消費者被害の回避といったいわ
ば「守りのテーマ」が多かった。トラブル回避のためにどのように教育され
ているか、どのような解決策が図られているか、関係者やゲスト講師から情
報を得て啓発を広める意味では効果が大きい。一方で、新学習要領で追加さ
れている金融知識を身に付けて金融を活用して行動する「攻めのテーマ」は
殆ど議論されなかった。金融は、電子マネーやフィンテックなど新しい取引
が出てきているという事実の紹介に止まっていた。

　第 3 に、地方で消費者教育を行う上で、人材不足や特に実践的な知識を持つ社会人との提携の難しさが指摘された。新学習要領では、学んだことを自らの問題として考え、具体的に実践する力を育成するとしているが、それを指導できる人材が地方で不足している問題が指摘されていた。この点は、大きな都市での研修会等で情報を情宣できる人材作りをさらに強化していくべきであろう。

　最後に、ポスターセッションについては、形だけにとどまっており、効果が限定的になっていた。セッションの説明者が 31 企画中 7 企画と 2 割程度に止まり、金融機関の説明者は皆無であった。会場には興味深い資料が数多く置かれてたが、質疑応答の機会がない。これでは金融について十分な理解は期待できない。

4.　金融リテラシー、グローカルの視点からの考察

　本研究では、わが国の金融リテラシーが低い現状と課題を整理し、その一因として、グローカルという地域格差の視点から考察を行ってきた。本節では、これまでの一連の研究の総仕上げとして、金融リテラシーの課題をグローカルの視点から再整理し、今後の方向性を示すことで纏めに代えたい。

4.1. 金融リテラシーの現状

　わが国の金融リテラシーの現状は以下の 3 点に纏められる。

　第 1 に、金融リテラシー向上のため、官民で各種取組みが幅広く行われている。まず、学校での教育については、前述のように各学校がカリキュラムを編成する際の基準として学習指導要領が定められ、小学校から高校まで体系的に充実したプログラムが構築されている。

　次に、金融広報も公的な全国的な組織として金融広報中央委員会があり、その構成は金融経済団体、報道機関、消費者団体等の各代表者、学識経験者、日本銀行副総裁等を委員として、関係省庁局長、日本銀行理事が参与、金融庁長官、日本銀行総裁が顧問となって日本銀行情報サービス局内で運営され

ている。各都道府県にはそれぞれの県に各地委員会があり、都道府県庁や市、財務省財務局・財務事務所、日本銀行本支店・事務所、金融経済団体、消費者団体等により構成されている。そして、①金融教育プログラムとして教材や関連するデータ・情報などの提供、教育研究費の助成や講師派遣等の支援、金融教育の基本的な手引書『金融教育プログラム』など、学校段階に応じた教材とその指導書を無償で提供している。併せて学校での出前授業や金融教育の指導者向けセミナーを無料で提供している。また、②金融知識の普及に向けて、金融広報中央委員会がインターネットを通じて中立・公正な立場から有益な金融情報の提供に取り組んでいる。テーマは金融教育指導者向け、金融知識を習得したい学生や社会人向けに細かく分けられており、国民は教育資金、住宅資金、老後資金など、ライフイベントに応じて知りたい金融情報を入手でき、テレビ・新聞・雑誌などで気になった言葉も検索で知識を身に付けることができる。さらに、広報誌を発行し、著名人のインタビューや家計管理・生活設計のポイント解説、学校での金融教育の実践事例などが掲載されている。大学生、新成人、社会人、ファミリー向けなど年齢・ニーズに応じてパンフレットも無償で提供されている。

　一方、都道府県では独自に金融関係の情報や資料・ビデオの紹介、イベント等の案内、生活設計診断をインターネットで配信している。そして、ファイナンシャルプランナー、社労士、税理士、校長経験者等の金融広報アドバイザー（任期 3 年、再任可）を選出し、金融学習グループで講演・勉強会等に講師を派遣している。広報誌についても、地域の事情に配慮して写真・イラストを多数織り込むなど工夫した広報誌を発刊している。イベント等については、支店見学を随時受け入れているほか、関係団体との協力体制を構築しながら、金融広報活動を地道に行っている。加えて、民間金融機関やファイナンシャルプランナーも同様の取組みを行っている。

　しかし、家計の金融行動に関する世論調査によると、金融広報中央委員会の認知度は「活動内容まで知っていた」が約 1％、「これまで見聞きしたことはあった」を含めても 1 割未満に止まっている。しかも、こうした傾向は 2005 年のアンケート調査開始以来、改善がみられていない。このように、

金融に関する消費者教育に取り組む様々な関係機関・団体の個々の活動が、消費者に十分浸透しておらず、また、提供する情報等の内容も消費者のニーズや知識レベルに必ずしも十分適合したものとなっていないと考えられ、整合的・体系的に行われているとは言い難い。

第2に、わが国の金融リテラシーは、「金融リテラシー調査」結果から明らかなとおり低位にあり、この傾向に変化がみられない[20]。同調査から日本が特に低い点を考察すると[21]、①分野別にはリスク認識や行動特性、②年齢階層別には若年層、③地域別には地方、という点で低さの特徴がみられる。

やや詳しく見ると、①については、金融リテラシー調査は金融知識や判断力に関する正誤問題、行動特性や考え方に関する設問に分かれている[22]が、海外先進国と比較しつつ項目別にみると、金利の計算など金融の基本知識では海外と日本の差が小さいのに対し、知識の中でリスク関連の設問、また資金に関する長期計画の策定、資金の運用や管理への注意といった行動面の設問で劣っているのが目立つ。例えば、分散投資の設問正答率は海外の7〜8割に対して日本は47％である[23]。また、投資姿勢については、期待収益率が5％の投資の設問に、4分の3以上の人が値下がり損のリスクを嫌って「投資しない」と慎重に回答している[24]。②の年齢別については、年齢階層が上がるほど正答率が高くなる傾向がある。学生の正誤問題の正答率は4割と全体(57％)に比べて低い。人生経験が金融リテラシーの重要な要素となっている反面、学校での金融教育の成果が得られていない。③の地域差については、大きな差ではないが、九州・北海道・東北の地方の正答率が全国に比べてやや低くなっている。

これらを踏まえると、国全体のリテラシーを引上げるためには、リスク認識や行動特性について、若年層や地方に重点を置いて、金融リテラシーのボトムアップを図る取組みがより重要となっている。

第3に、金融リテラシーが低く教育が必要という認識は、国民、金融関係者・専門家、政府に共有されている。金融リテラシー調査で、家計管理や生活設計についての授業などの「金融教育」については、「行うべき」との意見は2019年調査で67.2％と3年前(62.4％)に比べて高まっている。そして、学

習指導要領や金融リテラシー・マップでは学校教育関係の有識者と金融広報中央委員会が緊密な意見交換を行い、時代の変化を踏まえた問題点が的確に把握され、金融知識の向上を目的に改訂や拡充が図られている。

　最近の変化をみると、改訂された新しい学習指導要領では、どのような社会の変化になっても、未来のつくり手のために必要な資質能力を身に付ける学校教育を実現することが求められている。具体的には、単なる知識、覚えるだけの知識ではなく、さまざまな金融商品・契約を理解し、自分自身で主体的に判断をすることができる、そのために必要な力を考える力を身につけるという目標が読みとれる。学校で学んだ制度や仕組み、そして、さまざまな細かな数字、それらに関していかに自分自身の中で結び付けて、そして判断することができるのかが重要としている。言い換えれば教科書は教材で、教科書に書かれていない具体的な事例、あるいは具体的な解決策が知識の活用になる、と記載されている。また、金融リテラシー・マップでは、最低限身に付けるべき金融リテラシーの内容を、「家計管理」、「生活設計」、「金融知識及び金融経済事情の理解と適切な金融商品の利用選択」、「外部の知見の適切な活用」の 4 分野に分け、その内容を、年齢層別に、体系的かつ具体的に記している。

4.2. 残された課題と解決の方向性

　最後に、今後の金融リテラシーにおける取り組みの方向性について、地方を念頭に置きつつ、プログラム内容、人材問題、コラボレーションや情報共有の強化、デジタル化の活用という 4 つの視点から考えていきたい。

　第 1 に、金融教育の内容については、前述のように、大学教官、金融機関、行政による多方面によるからの専門家の間で議論が詰められ、小学校から大学生・若年層まで充実したプログラムが詳細かつ体系的に作成されている。残された問題は、その目標がどこまで理解され、実際にプログラムが活用されるようになるか、のプロセスの検討であろう。学習指導要領の下での学校での金融教育、一般向けの金融リテラシー・マップは、ある程度の金融知識を持つ層、金融に関心のある層には有効である。しかし、わが国大多数

の金融リテラシーが十分でない学生や国民が独学で学ぶには厳しい内容である。現在の日本における金融リテラシーの低い現状とビジョンとして示されたプログラムの間にはまだ大きなギャップがある。プログラムが一方的にトップダウンで作成されており、一般国民の参加の側面が欠けている。例えば 20 代の金融リテラシーの低い若者が金融に取り組もうとしても、小中学生向けに様々なプログラムが用意されているだけで一般向けの初心者のプログラムが無く、断念してしまう可能性が高い。

　解決策としては、まず、高校生以下の学校教育では金融広報中央委員会が作成する各種プログラムを積極的に活用することが考えられる。また、こうすることで金融広報中央委員会の認知度が向上すると期待される[25]。一般向けには、目標達成に向けて初心者から中級者向けに段階的に平易なプログラムを追加的に作成することが考えられる。特に、金融リテラシーが低い地方ではニーズに合った情報が限定的で、効果が大きいだろう。現在のプログラムのビジョンと低い知識の溝を埋めるためには、地方を中心にした小学校から高校までの教育現場の先生方、セミナー受講生から金融の悩み、ニーズなど国民目線の声を金融広報中央委員会に伝える、あるいは各金融機関が作成して効果のあった資料を紹介するなどして、新たな大人向けの初心者プログラムを作成することが有効であろう。

　第 2 に、人材面では、金融を教える立場の教師や広報のコンサルなど、現場での人的なサポート体制が必要である。例えば新しい学習指導要領では、高等学校現代社会や家庭科の教科書に、キャッシュレス社会の進行や金融商品の多様化を具体的にみて自ら主体的な判断ができる力を身に付けることが求められている。この目的を達成するには、教師自体が十分に金融の活用を理解していることが前提となるが、地方を中心に現実には難しい。金融フェスタでも金融の実践的な知識を持つ社会人との提携の難しさが指摘されていた。前述のように、金融庁や金融機関では各種セミナー、講演会の開催や教育教材等を提供しているが、地方ではセミナー開催も身近なテーマが時々開催されているだけで、開催頻度やテーマの幅の広さは実績から限定的となっており、資産運用の投資に必要な情報収集という面では量・質共に不足して

いる。また、わが国では金融取引について相談する際、明治期以降、身近に地方の名望家、郵便局といったキーパーソンや拠点の役割を果たす存在があった。しかし、現在、こうした拠点はなく、地方には大学教授、ファイナンシャルプランナーが少ない。このため、金融に関する情報源は取引先の金融機関か知り合いに頼らざるを得ないが、身近な家族・親戚も地方では金融関係従事者が少なく、しかも知識は従来型の金融知識が中心で、新しい動きを含む金融リテラシーを持つ人材は少ない。

　解決の方向性としては、地域金融機関によるコンサルの役割に期待される。英国の Lloyds 銀行の 2 万人の行員が毎年 2 人の顧客に金融のデジタルスキルを教え込む例でみられるように、金融関係者が地域で普及活動を行うことが参考になる。また、米国で実践しているように、専門家が教師など金融関係者以外に金融スキルを教えることで中核メンバーを育成し、中学メンバーが末端の国民に金融を教えるという例も参考になろう[26]。

　第 3 に、コラボレーションについて、地方において地域全体のコーディネーションが不足している。金融広報委員会や民間金融機関の個別の金融広報活動の取り組みは積極化してきているが、活動は金融機関毎にばらばらであり、広報の対象先が金融に関心を持つ知識層、金融資産を持つ富裕層など一部層

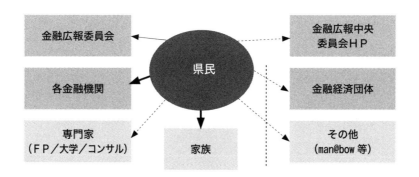

図 1-1　地方における金融広報体制の現状

地方でのヒアリングを基に筆者作成

に限られ、地域全体に広がりがみられていない（**図1-1**）。金融機関は地元の顧客ニーズに合わせて工夫を凝らしつつ独自にセミナーや教材を作成したり、積立預金など商品の説明をしているが、金融リテラシー・マップとの関連性が意識されていない。このため、例えばクイズ等を織り込んだ金融の入門的な内容、あるいは消費生活・トラブル対応など従来からの金融の諸課題へは対応されている一方、貯蓄の具体的な増やし方や新しい商品選択の説明、世界の経済情勢など余り触れられていないテーマもある。また、金融の基礎知識と金融商品の関係についての説明も不十分になっている。加えて、消費者教育の充実度で地域格差がみられる。

　解決の方向性としては、各地委員会を中核として、地方銀行などの民間金融機関、県庁などの地方公共団体がより緊密に連携を取り、金融広報の効果を高める戦略の策定が望まれる。例えば、現在各金融機関が作成している教材・セミナーは金融リテラシー・マップと明確に関連付けるとより効果が上がる。また、金融広報委員会が地方でも広く利用できる研修教材を作成したり、民間銀行の作成する資料の事例として金融広報中央委員会の資料を引用するとか、詳しくは金融広報中央委員会資料の該当箇所を紹介するといった工夫である。さらに、民間金融機関で行うセミナー、イベントなどの諸情報は県の金融広報委員会からリンクでつながるようにすると、ワンストップで地域での諸活動が一目瞭然にわかり便利になるだろう。各地委員会は県庁、日本銀行の職員が兼職で行っているが人事異動が多く、専任職員を各県に置くとより強化される。関係者で協力し、不足している面は補う点も検討に値しよう。また、米国のようなNPOの活動も参考になろう。加えて、消費者教育の地域格差の解消には特定の地域における先進的な取り組みや金融機関が作成して効果の高かった資料等を手掛かりに、全国で普遍的に広げていくための仕組み（方法）の充実・強化が求められる。

　第4にデジタル技術の活用が考えられる。近年、AI（Artificial Intelligence：人工知能）、AR（Augmented Reality：拡張現実）、VR（Virtual Reality：仮想現実）、クラウドなどデジタル技術の発展は目覚ましい。政府も2001年のIT（情報技術）基本法の施行以降、「世界最先端のIT国家を目指す」としながらデジタル化

が遅れている中で、デジタル庁の創設に動くなど、デジタル化を進めている。

　最近のデジタル技術は単なる文字や音声、画像、動画によるコンテンツと比べて実体験に近い学習効果が得られ、また、創造の道具であることから、新学習指導要領で導入された自主的な判断や金融リテラシー・マップに記載された知識を身に付けるに適切な手段といえる 。

　例えば学校の金融教育での活用が可能である。現実に体験が難しい金融機関の訪問を VR で再現し、新学習指導要領で推奨されているライフプランもいろいろなケースを見せることができる。従来のテキストでは、受身で動きのない勉強になりがちであるが、AR や VR であれば自分から動いて自分で体験し、「見て覚える」という学校の教室ではできないような疑似体験ができる。テキスト、音声などの教材だけでは体験しにくいことを AR や VR で表現することで指導や講習の幅が広がる。また、AI を活用し、国民の金融に関する要望を整理・分析できる。さらにクラウドを使った金融教科書の作成も可能であろう。

　本章では金融リテラシーについて地域のグローカルの視点で調査し考察してきた。地方での地道な金融広報の取り組み強化とデジタル技術の導入を組み合わせ、さらに全国的に総合的な取り組みが行われることで、金融知識・活用のボトムアップが図られ、金融リテラシーが向上することを期待したい。

注

1　本稿は、私立大学研究ブランディング事業の研究助成による金融リテラシー研究の成果の一部である。なお、本事業は研究拠点の確立に止まらず、それを実践する教育プログラムの達成にも力点が置かれており、論文では教育面も含んでいる。

2　金融包摂の定義は、G20「高齢化と金融包摂」ハイレベル・シンポジウムにおける日銀総裁の特別講演 Kuroda（2019）に依った。

3　SDGs（Sustainable Development Goals）は 2015 年に国際連合で採択されたグローバルな開発目標で、17 分野のゴールと 169 項目のターゲットからなり、2030 年までの達成を目指している。

4　小関隆志 (2020) 参照。

5　Ratna Sahay et al. (2015) 参照。

6　前出 Kuroda (2019) 参照。

7　森 (2019)、家森・海野 (2019) 参照。

8　内容は既往論文を引用するが、データは執筆時点の最新データに代えている。

9　金融広報中央委員会「家計の金融行動に関する世論調査 [二人以上世帯調査]」令和元年調査結果による。また、OECD 調査 (Better Life Index 2017) によると、世帯平均純資産 (Household financial wealth) は調査 36 か国中、日本は 4 位である。

10　金融広報中央委員会「金融リテラシー調査 2019 年調査結果」による。同調査は、日本国民の金融リテラシーの現状を把握することを目的として、第 1 回が 2016 年、2 回目が 2019 年に実施されている。日本全国 18 ～ 79 歳の個人 2 万 5 千人を対象とした、インターネットによるアンケート調査である。

11　例えばアップルの iTunes、App Store、グーグルの Google Play、Alipay などが挙げられる。

12　新学習要領における問題意識や川村 (2015) 等参照。

13　教育課程の基準 (学校教育法施行規則) である学習指導要領は約 10 年毎に改訂されている。新学習指導要領は 2018 年 3 月に告示され、小学校では 2020 年度、中学校では 2021 年度から全面的に、また、高等学校では 2022 年度の入学した生徒から年次進行で実施される予定である。

14　令和 2 年版消費者白書によると、成人に達した 20 歳～ 24 歳のトラブル件数 (2019 年) は 40,756 件 (全体で 93.3 万件)。トラブルの要因は男女共に SNS を介したトラブル、賃貸アパートが多いほか、男性ではフリーローン、サラ金、内職などの金儲けに関する事項、女性では脱毛、痩身、美顔の各種エステなどの美容に関する事項が上位に挙がっている。

15　内容は金融庁「金融経済教育について (車座ふるさとトーク)」(2019 年 12 月 13 日) による。

16　消費者教育推進委員会「大学等及び社会教育における消費者教育の指針」平成 23 年 3 月 30 日 (平成 30 年 7 月 10 日改訂) 参照。

17　筆者の金融の授業で直接金融を高校までに習った記憶があるか質問したところ (受講者数約 60 名、2020 年 10 月)、未受講との回答が 7 割であった。その理由について、「金融は仕組みが複雑で、法律を含めて範囲が広すぎる」、「実際に金融を活用する場がなく、記憶が抜けてしまった」との回答が多かった。

18　詳しくは、アイフィス「令和元年度「若年者の消費者教育の推進に関する集中強化プラン」における消費者教育連携・協働推進全国協議会」消費者教育フェスタ実施報告書 (令和 2 年 3 月) を参照されたい。なお、2019 年度は長崎のほか、

香川、福井、秋田の全国 4 地域で消費者教育フェスタが開催され、参加者数は延べ 331 名であった。

19　参加団体には、金融広報中央委員会・長崎県、特定非営利活動法人日本ファイナンシャル・プランナーズ協会、ビザ・ワールドワイド・ジャパンなど金融機関も含まれる。なお、説明者を派遣した団体は 7 団体であり、金融関係はなかった。

20　2019 年調査の全 25 問正答率（全国平均）は 56.6％で 3 年前の前回調査と比較すると、1％ポイントの小幅上昇となっている。

21　雨宮（2020）参照。

22　金融知識は、例えば、「金利が上がったら、通常、債券価格はどうなるでしょうか」といった正解のある設問、一方、行動特性とは、例えば、「お金を貯めたり使ったりすることについて、長期の計画を立て、それを達成するように努力する」という設問に自分自身があてはまるかどうかを答えるもので、個人の現在の状況や考え方等を問う正解のない設問となっている。

23　具体的には「1 社の株を買うことは、通常、株式投資信託を買うよりも安全な投資である」という記述が正しいかどうかを答えるものですあるが、正解の「間違っている」を選択した割合は日本は 47％、また同程度の割合の人が「わからない」を選択した。海外では韓国の正答室が 84％である。

24　設問は「10 万円を投資すると、半々の確率で 2 万円の値上がり益か 1 万円の値下がり損が発生する場合、あなたは投資しますか」となっている。

25　金融広報中央委員会が纏めた「家計の金融行動に関する世論調査［二人以上世帯調査］（平成 30 年）」によると、金融広報中央委員会の認知度は「活動内容まで知っていた」が約 1％、「これまで見聞きしたことはあった」を含めても 1 割未満に止まっている。

26　米国において NPO 法人 Jump$tart Coalition for Personal Financial Literacy が金融教育プログラムの普及に取り組んでいる。

参考文献

浅井義裕（2017）「金融教育は有効なのか？ －日本の大学生を対象とした一考察－」『生活経済学研究』46 巻、11-24 頁。

阿部仁哉（2015）「金融リテラシー教育についての考察」『2015 PC Conference』175-178 頁。

雨宮正佳（2020）「金融リテラシー～人生を豊かにする「お金」の知恵～」（東京証券取引所主催セミナーにおける基調講演）。

上村協子・村上恵子 (2016)「大学における金融教育」『生活経済学研究』44 巻、37-42 頁。

内田真人 (2018a)「金融リテラシーの考察 (1)：貯蓄増強・金融広報活動の歴史と研究サーベイ」『成城大学社会イノベーション研究』13 巻 1 号、37-68 頁。

内田真人 (2018b)「地方における金融リテラシー格差：九州での資産運用面の取り組みからみた考察」『金融構造研究』40 号、53-64 頁。

内田真人 (2019a)「日本における地域間格差と地方経済の課題」(村本孜・内田真人編『アベノミクス下の地方経済と金融の役割』第 2 章)、31-55 頁。

内田真人 (2019b)「地方における金融リテラシー格差資産運用面の取り組みからみた考察」(村本孜・内田真人編『アベノミクス下の地方経済と金融の役割』第 9 章)、201-220 頁。

内田真人 (2019c)「金融デジタルイノベーションと地域銀行」『月刊金融ジャーナル 2019.8』日本金融通信社、10-13 頁。

小関隆志 (2020)「世界と日本の金融排除・金融包摂の動向」『大原社会問題研究所雑誌』738 号、3-18 頁。

川村雄介 (2004)「わが国における金融教育の意義と課題 (特集 1 金融教育の意義と課題)」『地銀協会月報』534 号、2-9 頁。

金融経済教育推進会議 (2016)『金融リテラシー・マップ「最低限身に付けるべき金融 (お金のリテラシー知識・判断力)」の項目別・年齢層別スタンダード』(2015 年 6 月改訂版)。

全国銀行協会 (2018)「国民の安定的な資産形成に資する金融経済教育の推進に向けた銀行界の取組み」、1-56 頁。

西尾圭一郎 (2020)「学習指導要領の改訂と金融経済教育」『愛知教育大学研究報告人文・社会科学編』69 輯、107-112 頁。

平林豊樹 (2018)「投資教育・金融教育を社会科教育に導入することの是非：教育内容を巡る社会的背景、必要性、近未来の展望」『岐阜聖徳学園大学教育実践科学研究センター紀要』17 号、283-290 頁。

藤野次雄 (2015)「講演録　大学生における金融教育への提言」『ファイナンシャル・プランニング研究』15 号、41-49 頁。

宮村健一郎他「大学生に対する金融教育アンケートの分析」『生活経済学研究』44 巻、57-67 頁。

村本孜・内田真人編『アベノミクス下の地方経済と金融の役割』蒼天社出版。

森駿介 (2019)「家計のリスク資産保有行動の地域差と金融リテラシー」(村本孜・内田真人編『アベノミクス下の地方経済と金融の役割』第 8 章)、179-200 頁。

家森信善・海野晋悟「経営者の経営力と中小企業支援の有効性」(村本孜・内田真人編『アベノミクス下の地方経済と金融の役割』第 6 章)、151-178 頁。

Haruhiko Kuroda (2019) "Financial Inclusion in an Aging Society", Keynote Speech at the G20 High-Level Symposium on Aging and Financial Inclusion (GPFI Forum) in

Tokyo 2019.

Lael Brainard (2018) "FinTech and the Search for Full Stack Financial Inclusion", Board of Governors of the Federal Reserve System.

Melanie Lührmann, Marta Serra-Garcia, Joachim Winter (2015) "Teaching teenagers in finance: Does it work?", *Journal of Banking & Finance*, 54: 160-174.

Ratna Sahay, Martin Čihák, Papa N'Diaye, Adolfo Barajas, Srobona Mitra, Annette Kyobe, Yen Nian Mooi, and Seyed Reza Yousefi (2015) "Financial Inclusion: Can It Meet Multiple Macroeconomic Goals?", IMF Staff Discussion Note, SDN/15/17.

Shim, Soyeon, Bonnie L. Barber, Noel A. Card, Jing Jian Xiao and Joyce Serido (2010) "Financial socialization of first-year college students the roles of parents, work, and education", *Journal of Youth and Adolescence*, 39(12): 1457-1470.

Tzu-Chin Martina Peng, Suzanne Bartholomae, Jonathan J. Fox and Garrett Cravener (2007) "The Impact of Personal Finance Education Delivered in High School and College Courses", *Journal of Family and Economic Issues*, 28(2): 265-284.

第2章　グローカルな事象としてのリテール決済の キャッシュレス化[1]

中田真佐男

本章の概要：リテール決済のキャッシュレス化という事象は、これまでは主に「グローバリゼーション」という視点から研究されてきた。これに対し、本章では「グローカリゼーション」という別の視座からキャッシュレス化という事象にアプローチする。具体的には、地域金融機関が電子地域通貨を発行する試みに着目し、グローバルに進行するキャッシュレス化がローカルな経済・社会に及ぼす影響や、逆にローカルなコミュニティで機能するようにカスタマイズされたキャッシュレス決済のスキームがグローバルな経済・社会のあり方に影響を及ぼす相互作用が生じる可能性について論じる。

　近年は途上国でも無線インターネット網が普及しつつある。よって、日本で開発されたコード決済・送金・コミュニケーションの連動が可能な電子地域通貨のプラットフォームを応用すれば、条件付き給付や教育バウチャーのような途上国における格差・貧困問題に関連した支援プログラムをより効率的に運用できるようになるだろう。このようなかたちで、ローカルな電子地域通貨のスキームがグローバルに還流され、世界の課題解決に貢献することが期待される。

1.　はじめに

　近年、世界各国において、小売店・飲食店での対面決済や個人間の金銭授受の場で現金が使われなくなりつつある。いわゆる「キャッシュレス化」の進展である。近年はスマートフォンに代表されるモバイルデバイスと無線通信の低価格化が進み、必ずしも先進的な IT（情報通信技術）が浸透していない国・地域でもリテール決済や個人間送金のキャッシュレス化が急速に進んでいる。こうしたグローバルなキャッシュレス化の潮流に乗り遅れた感が否めないのが日本である。よく知られているように、現状における日本のキャッシュレス決済比率は、韓国や中国といった近隣のアジア諸国や一部を除く欧米先進各国と比較しても低い。

　我が国のキャッシュレス化への取組開始は、諸外国に比べて決して遅かったわけではない。しかし、治安・地理（運搬）の両面で条件が恵まれていた日本では、緻密な ATM 網を核とした極めて利便性の高い現金決済のしくみが構築され、出金・送金関連の手数料を除けば明示的な費用負担なしで店舗・消費者はこれを利用できた。一方で、キャッシュレス決済では、店舗には決済手数料の負担が生じ、消費者には決済事業者への個人情報移転に伴うリスクが生じる。こうした費用・リスクの負担に比して、現金決済を大きく上回る利便性が感じられなかったことから、これまで日本のキャッシュレス化は緩やかなスピードでしか進行してこなかったものと考えられる。

　しかし、こうした状況にも大きな変化が生じつつある。第 1 に、マイナス金利の長期化もあって金融機関の経営環境は厳しさを増しており、かつ、これから人口減少が本格化していく。それゆえ、高い利便性を有する日本の現金決済の基盤となってきた緻密な ATM 網をこれまでのように低コストで維持していくことが今後は困難になっていく。第 2 に、いわゆる FinTech の活用により、これまでよりも低コストでキャッシュレス決済サービスを提供することが可能になっている。日本では、早くから非接触 IC チップの FeliCa を基盤としたリテール・キャッシュレス決済網の構築が図られてきた

ものの、高速かつ高セキュリティという利点がある一方で決済端末の維持・導入に要するコストも高かったことから、店舗側の負担の大きさが普及の足かせになっていた。だが、近年は、先に中国で普及した 2 次元コード決済のしくみを採用することで、店舗が費用負担の小さいキャッシュレス決済サービスを導入することも可能になっている。

　このタイミングをとらえ、政府もキャッシュレス・消費者還元事業やマイナポイント事業を実施し、自らが旗振り役となってキャッシュレス化を推進している。この施策には一定の成果が認められ、一般社団法人キャッシュレス推進協議会が行った調査によれば、店舗の 91.6％、消費者の 83.8％が還元事業の終了後もキャッシュレス決済の受入・利用を継続する意向を示している。

　現在の日本は「キャッシュレス化」というグローバルな潮流にキャッチアップする途上にあると言えよう。リテール決済のキャッシュレス化という事象は、これまでは主に「グローバリゼーション」という視点から研究されてきた。これに対し、本書はグローカル研究をテーマに掲げている。この点をふまえ、本章でも「グローカリゼーション」という別の視座からキャッシュレス化という事象にアプローチする。具体的には、地域通貨の存在に着目する。2000年代初頭には、日本でも地域内の相互扶助や消費促進を目的として各コミュニティによる地域通貨の発行が相次いだ。しかし、紙媒体で発行されていた当時の地域通貨は管理コスト負担が重かったこともあり、その多くは定着しなかった。だが、ここ数年になって、FinTech 企業によって開発されたコストを抑えたコード決済のプラットフォームを採用し、信用組合のような地域密着型の金融機関が(第三者型)前払式支払手段発行者となって電子地域通貨を発行する試みが複数登場し、コミュニティの活性化に果たす地域通貨の役割が見直されている。本章では、こうした電子地域通貨の事例の考察を通じ、グローバルに進行するキャッシュレス化がローカルな経済・社会に及ぼす影響や、逆にローカルなコミュニティで機能するようにカスタマイズされたキャッシュレス決済のスキームがグローバルな経済・社会のあり方に影響を及ぼす相互作用が生じる可能性について論じていきたい。

　本章の構成は以下のとおりである。第 2 節では、キャッシュレス化という

事象に対し、グローカル研究の対象としてどのようにアプローチしていくかを整理する。第 3 節ではキャッシュレス決済の技術基盤のイノベーションのプロセスについてまとめ、これをふまえて第 4 節でグローバルに進行しているリテール決済のキャッシュレス化の現状を把握する。さらに第 5 節では、これと対比するかたちで日本のキャッシュレス化の状況を概観する。続く第 6 節では、いわば地域通貨のキャッシュレス化といえる「電子地域通貨」について考察を加え、最後の第 7 節では、結語として、グローカル研究の視点から今後の電子地域通貨の可能性を展望する。

2.　グローカル研究の対象としての「リテール決済のキャッシュレス化」

　グローカル研究の今日的な意義について論考した上杉（2014）では、Oxford Dictionary of Sociology と The Penguin Dictionary of Sociologyにおける“glocalization”の定義が紹介されている。前者では「多国籍企業の活動に見られるように，グローバル・レベルの製品やサービスをローカルのニーズに合わせて現地化して提供し，また，ローカル特有のニーズや製品，サービス等の情報をグローバル・レベルのシステムに還流させる過程」と定義され、後者では「ローカル文化とグローバル文化の緊張関係を強調するものであり，ローカルなもののグローバル化とともにグローバルなもののローカル化を意味する」と定義されている。これらを参考にしつつ、上杉（2014）はグローカリゼーションに対して独自に、「グローバリゼーションないしグローバル化した要素の影響を受けて、グローバリゼーションと同時ないしそれに連続して起こるローカリゼーションを含んだ一連の現象ないし過程のことであり、特に、1）グローバリゼーションとローカリゼーションが同時ないし連続して起こること（同時進行性）と、2）グローバリゼーションとローカリゼーションが相互に作用・影響を及ぼすこと（相互作用性）に注目し、強調する概念」との定義を与えている。

　現在、浸透するスピードに差こそあるものの、世界各国でリテール決済のキャッシュレス化という現象が生じている。もしこの現象が、①先駆的に

キャッシュレス化に取り組んだ国によってモデルとなるスキームが確立され、②他国はこれに追随して同じスキームの実現を目指す、というかたちで進展しているのであれば、上記の定義に照らす限りはグローカル研究の対象とはなりえない。なぜなら、そこには「グローバルなものをローカル化させる」という過程も、「ローカルで確立されたシステムをグローバル・レベルに還流させる」という過程も存在せず、いわば「グローバリゼーション」の一形態としか解釈できないからだ。しかし、第4節以降で述べるように、現実のキャッシュレス化はこのように画一的なかたちではなく、各国固有の条件に則して多様な形態で進行している。加えて、これも後述するように、欧米先進国よりも遅れてキャッシュレスに取り組んだ中国のような国が短期間でキャッシュレス先進国になり、そこで成功したしくみが世界各国で採り入れられている。それゆえ、グローカリゼーションという視点からリテール決済のキャッシュレス化の分析を行うことは妥当だと考えられる。

　グローカル研究では、「グローバル」に対峙する存在としての「ローカル」を様々なレベルに設定しうる。ここまではローカルのレベルとして「国」を想定してきた。グローカル研究の視点から日本のキャッシュレス化にアプローチする場合でも、もちろんローカルのレベルを「国」に設定した分析は可能である。日本にはもともと他国に類を見ない高質な現金決済のしくみが存在しており、こうした国の固有性を考慮した「ローカル化」の発想なくして、さらなるキャッシュレス化の推進は不可能だと考えられるからだ。もっとも、主要国の多くは既に日本よりもキャッシュレス化が進んでいる。その意味では、たとえ日本で優れたキャッシュレス化推進のスキームが確立されたとしても、このローカライズされたスキームをグローバル・レベルのキャッシュレス化に還流できる余地は小さい。グローカリゼーションの定義に「(グローバリゼーションとローカリゼーションの)相互作用性」が含まれていることをふまえると、この点は「国」をローカルのレベルに設定した分析の無視できない「限界」だといえる。

　そこで、本章ではローカルのレベルをより小規模に狭めていくアプローチをとる。具体的には、信用組合レベルの小規模な地域金融機関が営業基盤と

するような、ごく狭い範囲のコミュニティを想定する。首都圏への一極集中
が止まらない日本では、地方部の共同体の衰退に歯止めがかからず、地域の
経済・社会を活性化させることが長期的な課題となっている。この課題を解
決すべく、2000年代初頭には多くのコミュニティが地域通貨の発行事業を
立ち上げた。その狙いは、コミュニティ内で地域通貨を循環させることを通
じて、相互扶助や消費促進を図ることにあった。しかし、効果に比して管理・
運営にかかる費用が大きかったこともあってこれらのプロジェクトの多くは
失敗に終わり、その後は地域通貨の発行は下火になっていた。だが、近年に
なってFinTech系企業によって低コストで運用可能なコード決済タイプの地
域通貨の発行システムが開発され、この状況に変化が生じつつある。これは、
グローバルなレベルで展開されるキャッシュレス決済サービスをごくローカ
ルなコミュニティでも機能できるようにカスタマイズする動きと解釈するこ
とが可能であり、極めてグローカルな現象だといえよう。加えて、このよう
な電子地域通貨のスキームは「(グローバリゼーションとローカリゼーションの)
相互作用性」という観点からも大きな可能性を秘めていると考えられる。と
いうのも、国の発展段階の違いによって程度の差こそあれ、どの国にも一般
に格差や貧困といった問題が存在するからだ。そうであれば、「停滞するコ
ミュニティの活性化」はグローバルな課題とみなすことが可能であり、日本
の地域コミュニティの事例の考察を通じて課題解決のための施策を提示する
試みは、有意義なグローカル研究だと言えよう。

3.　キャッシュレス決済を支える技術基盤

3.1. キャッシュレス決済の基盤となるネットワーク

　グローカル研究では、グローバルなレベルでの事象とローカルなレベル
での事象の対比が必要となる。よって、まずはグローバルに進行する決済・
送金のキャッシュレス化の状況を把握する。その前段階として、本節では、
キャッシュレス決済を支える技術基盤がこれまでどのように進化してきたの
かを簡単に振り返る。

　小切手のような非現金リテール決済手段は古くから存在しているが、現代におけるリテール決済での主要なキャッシュレス支払手段はクレジット・カード、デビット・カード、プリペイド・カードである。現金が紙媒体で流通するのに対し、キャッシュレス決済が成立するためには、その前提としていくつかの要素から構成されたネットワークが整備されている必要がある。

　第1の要素として、「通信網」が挙げられる。例えばクレジット・カード払いの場合、加盟店側はカード会員の支払能力を事前に確認（オーソリゼーション）できなければ、カードでの支払いには応じられない。特に、支払者が提示しているカードが本物であるか、また、既に月間の利用限度額を超えた購入を行っていないかを確認することが不可欠となる。こうした情報は個々の加盟店が保有しているわけではないから、何らかの通信手段で決済事業者の信用管理セクションに照会するプロセスが生じる。もちろん、デビット・カード払いの場合にも、即時に預金口座から代金を引き落とすためには加盟店と銀行が何らかの通信手段で接続されていなければならない。

　第2の要素として、カード会員側の「情報記録媒体」が挙げられる。例えば、決済事業者の信用管理セクションは、自らが保有する会員の登録情報と、加盟店から送信されてきた情報を照合することで本人確認を行う。クレジット・カード払いの場合、カード会員は支払いのたびに店舗側に詳細な個人情報の申告を求められることはなく、カードを提示するだけで済む。これは本人確認のために必要な全ての情報がカードに格納されているためである。

　第3の要素として、加盟店側の「決済処理端末」が挙げられる。「通信網」の必要性に言及した際、加盟店側が確認したい情報として「（カード会員が）既に月間の利用限度額を超えた購入を行っていないか」を例示した。決済事業者が加盟店にこの情報を提供できるのは、決済事業者が各カード会員の全決済を把握しているからである。実際には加盟店が、

　①カード会員から提示されたカードに格納された個人情報、

　②POSレジ等で管理される支払金額の情報、

　③支払いを受け付けた店舗の情報

を紐づけ、1件ずつ通信網を利用して決済事業者に送っている。こうした

情報の紐づけを担うのが「決済処理端末」である。これにより個別のカード会員の累積利用額を把握できることはもちろん、決済事業者が一定期間後に加盟店の口座に振り込むべき売上金[2]も正確に算定できる。

3.2. 技術進歩による利便性・信頼性の確立

　これらの「通信網」・「情報記録媒体」・「決済処理端末」からなるネットワークは、より正確・安全・迅速な決済情報の伝達を実現するために技術革新を重ね、キャッシュレス決済の利便性・信頼性を向上させてきた。

1）エンボスカードとインプリンターによる決済情報の伝達

　情報を電子データとして記録する技術が確立されていなかった時代には、会員のカードに凹凸で文字や数字を刻印するエンボス加工によって会員の氏名やカード番号を記録し、加盟店側はインプリンターと呼ばれる機器でこれらの情報を専用の用紙に転写し、この用紙に決済金額を記入して決済事業者に郵送していた。一方で、本人の信用確認はその都度電話をかけて行っていた。ただし、この方法では決済情報の伝達に時間がかかり、決済金額を誤記入するリスクも生じる。また、カードに記録できる情報が少ないため、偽造などの不正使用を検知しにくいという弱点もあった。

2）磁気ストライプカードの採用

　技術進歩によって情報を電子データとして記録することが可能になると、記憶媒体として磁気ストライプを付けたカードが採用されるようになった。この方法では、本人確認に必要な会員の個人情報は電子化されてカードの磁気ストライプ部分に格納される。一方で、加盟店側は、磁気ストライプカードを擦りつけて（スワイプして）情報を読み取る機器を POS レジと連動させる。そのうえで、カード会員情報と決済金額の情報を紐づけ、有線回線で決済事業者に送信する。

　磁気ストライプをスワイプして決済情報を伝達する方法の利点として、手作業が不要となるために情報伝達の正確性が高まることが挙げられる。また、

当初は電話回線が用いられたが、インターネットが発達するにつれて情報伝達の速度も向上した。この他、磁気部分に電子的な金銭価値を保存できるようになったため、プリペイド・カードとしても利用できるようになった。しかし、この方式も安全性という面では依然として問題が残った。理由として、磁気ストライプの情報記憶容量が小さく、データを複雑に暗号化して格納できなかったことが挙げられる。このため、パスワード認証のような実用的なセキュリティ対策を付加することが難しかった。さらに、別途リーダーを準備して不法にカード情報を盗み出し、この情報をもとにカードを偽造して不正使用するスキミング犯罪も多発した。

3）接触型 IC チップの搭載によるセキュリティ性の向上

　キャッシュレス決済のセキュリティ面での脆弱性の改善を図るため、IC チップを搭載したカードが発行されるようになった。IC チップは磁気ストライプと比べて格段に記憶容量が大きく、かつ、チップに CPU を装備することも可能なのでセキュリティ対応を強化できる。

　現在、標準的なクレジット・カードには「接触型」の IC チップが搭載され、カード会員の情報はこの IC チップ内に暗号化されたうえで格納されている。加盟店側では、カード情報を読み取る端末を用意し、これを POS レジと連動させて決済情報を決済事業者に送信する。読み取り端末は、会員のカードを挿入し、カードの IC チップ上の端子と端末の端子を接触させることによって情報の伝達が行われる構造になっている。この端末には数字を入力する「テンキー」が装備されており、会員はカードを挿入してからパスコード（PIN：Personal Identification Number）を入力することで本人確認を行う[3]。一連の認証プロセスは一般に"Chip and PIN"と呼ばれる。仮にカード情報が盗難されたとしても、外部から暗号化された情報を復元することは困難なため、偽造などの不正使用も生じにくい。

　接触型 IC チップを用いて情報を伝達する方法は、キャッシュレス決済の安全性を向上させたが、その一方で、決済の迅速性という面では改善の余地が残された。これは"Chip and PIN"のプロセスに時間を要するためであ

る。カナダで調査を実施し、支払方法別の所要時間を分析した Kosse, Chen, Felt, Jiongo, Nield and Welte（2017）によれば、2014 年の調査時点において、現金を用いた場合に支払いにかかった時間の中位数は 11.61 秒だったのに対し、クレジット・カードを "Chip and PIN" で支払った場合の所要時間の中位数は 25.61 秒であった。この結果から判断する限り、接触型 IC チップを搭載したカードでキャッシュレス決済をすると、釣銭のやりとりを伴う現金決済よりもむしろ時間がかかってしまうことになる。

4）非接触型 IC チップの採用による安全性と迅速性の両立

　キャッシュレス決済の安全性を低下させることなく、迅速性を向上させる途を開いた革新的な技術が「非接触型 IC チップ」である。決済カードにこのチップを搭載することで、加盟店側の決済処理端末にカードを直接接触させずとも、端末にかざすだけで近距離無線通信（NFC：Near Field Communication）による情報のやりとりが可能になる。Suica や Pasmo といった日本の公共交通機関の IC 乗車券システムも、この非接触型 IC チップのしくみを採用している。
　こうしたいわゆる NFC 決済では、スワイプや "Chip and PIN" といったプロセスが不要となる。よって、決済所要時間が短縮されることは自明といえる。安全性に関しては、IC チップ内に格納されたカード会員の情報が暗号化されているという点は接触型と同じであり、偽造に対するセキュリティ性は確保されている。ただし、"Chip and PIN" という本人確認のプロセスが省略されることから、カードの紛失・盗難時に不正使用されるリスクはむしろ高まる。よって、クレジット・カードやデビット・カードでコンタクトレス決済を行う場合、実際の運用では 1 回あたりの支払金額に上限を設けたり、上限を上回る金額の決済では PIN 入力を求めることが一般的となっている。
　もっとも、さらなる技術革新によって非接触型 IC チップの小型化が進み、スマートフォンのようなモバイル端末への搭載が可能になったことで、こうした欠点も相当程度は解消されている。具体的には、モバイル端末の生体認証機能や、紛失時の位置検索機能、遠隔ロック機能等と連動させることで、紛失・盗難時の不正リスクを大きく低減させることが可能になった。

5) 普及の阻害要因となるネットワークの構築・維持費用

　これまでの説明からもわかるように、利便性と信頼性の高いキャッシュレス決済サービスを提供するためには、「通信網」・「情報記録媒体」・「決済処理端末」からなるネットワークを整備したうえで、常に技術革新に対応しながらこのネットワークを高質化していくことが求められる。しかし、インターネット網の構築には巨額の投資が必要となるし、非接触型 IC チップに対応できるような先進的な決済デバイスは導入費用も高い。こうした状況が変化しなければ、キャッシュレス化を進められるのは経済基盤が強固な高所得国に限られ、さらに個々の国単位で見ればより豊かな都市部に限定されることになってしまう。

　だが、インターネットの無線回線化が進み、スマートフォンに代表されるモバイル端末が低価格で普及するようになると、キャッシュレス決済を支える技術基盤に大きな変革が起こった。次節では、高価で先進的なデバイスを用いずに利便性の高いキャッシュレス決済サービスの提供を可能にしたコード決済のしくみについて概説する。

3.3.「リープ・フロッグ」を可能にするコード決済

　NFC 決済では、情報自体は消費者側のデバイス（カードやモバイル端末）と店舗側の決済処理端末の間で無線で送受信され、インターネットは介さない。これにより、外部から不正な攻撃にあうリスクは低減される。また、消費者側のデバイスには、セキュリティ確保のためにあわせてセキュア・エレメント（SE）と呼ばれるチップも搭載されている。ただ、セキュリティが頑健であるかわりに、店舗に設置する決済処理端末や消費者のスマートフォンに搭載する SE のコストも高くなる。

　近年はインターネット回線の主流が有線から無線へとシフトしている。無線のインターネット網は相対的に安い費用で整備できることもあり、先進国以外でもスマートフォンが普及するようになった。もっとも、こうした国々で使われているスマートフォンは価格を抑えるために SE を搭載していない

ものも多く、そもそも NFC 決済を行うインフラが整備されていない。一方で、強盗・盗難の発生リスクや偽造紙幣の流通リスクは相対的に高く、消費者・店舗には現金決済を回避したい強い動機がある。こうした状況のもと、所与の技術基盤のもとで創意工夫によってモバイル決済サービスを提供する動きが生じた。画期的な事例として、中国で爆発的に普及したことで知られるコード決済のしくみが挙げられる[4]。

　コード決済では、店舗側と消費者側の端末を無線インターネット回線で結んだうえで、サーバを介して決済情報をやりとりする。その際、店舗と消費者の間で 2 次元コードを読み取ることで取引の正当性が確認される。図 2-1 に示されるように、コードの読み取り方法は「利用者提示型（CPM）」と「店舗提示型（MPM）」の 2 種類がある。

　CPM は、消費者側のスマートフォンに 2 次元コードを表示し、これを店舗側の決済処理端末に備え付けられたコードリーダーで読み取る方式であり、既に POS レジが導入されているような比較的規模の大きなチェーン店などでの導入に向いている。これに対して MPM は、店舗固有の 2 次元コードを発行し、これを消費者側のスマートフォンで読み取る方式である。店舗側は、最低限、2 次元コードを印刷して店頭に掲出しておけばよい[5]。売上情報は決済事業者のサーバに送信・蓄積され、決済手数料を控除した金額が決済事業者から店舗側の預金口座に定期的に振り込まれる。悪意ある第三者に店舗

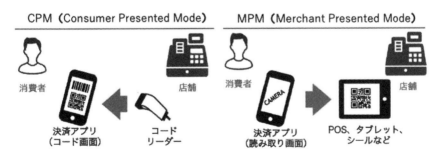

図 2-1　コード決済における 2 次元コードの読み取り方式

【出所】一般社団法人キャッシュレス推進協議会（2018）

のコードをすり替えられるといったリスクはあるものの、店舗側にとって低コストで導入しやすいのは MPM 方式である。

　コード決済では、あらゆる決済情報が決済事業者のサーバで集中管理されることになるため、決済事業者はセキュリティ確保に十分な注意を払うことが求められる。それでも、最低限必要とされるものは、①安定した無線インターネット回線、②店舗側に掲出される 2 次元コード、③消費者側が用いる（決済アプリがインストールされた）カメラ付きのスマートフォンのみであり、NFC 決済と比べてはるかに低コストで導入できる。

　ICT を有効に活用することで、経済・社会の発展に必要なインフラが十分に整備されていなかった国々でも、これまで先進国が段階的に踏んできた過程を全く経ずに一気に経済発展を遂げることが可能にありつつある（いわゆる「リープ・フロッグ」型の経済発展）。コード決済サービスの登場により、リテール決済の領域でもこうした「リープ・フロッグ」を実現できるようになったと言える。

3.4. モバイル決済が普及することの意義

　モバイル決済が普及することには様々な意義がある。例えば、物理カードでキャッシュレス決済を行う場合、使用履歴や残高を把握しにくいという欠点があるが、スマートフォンによるキャッシュレス決済ではアプリでこれらの情報を管理しやすくなる。また、スマートフォンで相手先の電話番号や SNS の ID を指定する（あるいは相手の端末に表示されたコードを読み取る）だけで送金できる便利なサービスも利用可能になる。さらに、決済事業者にも大きな利点がある。消費者が専用アプリをダウンロードしてスマートフォンでコンタクトレス決済をしてくれれば、収集した決済情報を活用してより有効な広告戦略をとれるからだ。例えば、スマートフォンの決済アプリを介して収集した決済情報を解析すれば、特定分野の商品をよく購入する消費者を選別したうえで、アプリ経由で効果的に配信する広告を企業に提案・販売することが可能になり、決済手数料以外の収益獲得手段が得られる。

　この他、新型コロナウイルス感染症の世界的な流行により、最近では決済

を通じたウイルス感染リスクに注目が集まっている。この点に関し、Auer, Cornelli and Frost（2020）では、「紙媒体よりもプラスチックやステンレスのほうがウイルスの残存期間が長い」という興味深い科学的エビデンスが紹介されている。もしそうであれば、物理カードを用いるキャッシュレス決済のウイルス感染リスクは、現金決済を上回ることになる。こうした論点まで考慮に入れると、キャッシュレス決済のなかでも今後は特に、モバイル端末を用いたコンタクトレス決済が普及していくことが望ましいといえる。

4. グローバルに進展するキャッシュレス化の現状

　図2-2 には、一般社団法人キャッシュレス推進協議会によって推計された主要国における 2017 年時点でのキャッシュレス決済比率が示されている[6]。日本のキャッシュレス化は、韓国・中国・シンガポールといったアジア諸国や、ドイツを除く欧米先進各国と比較しても遅れていることがわかる。

　全ての国々が同じプロセスに従ってキャッシュレス化を進めているわけではない。北米の国々ではクレジット・カードの利用が比較的多く、欧州の国々

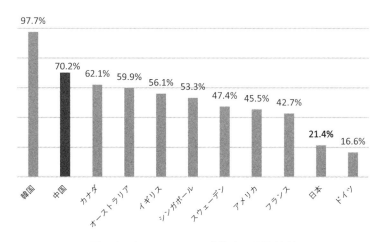

図 2-2　キャッシュレス化比率の国際比較

【出所】一般社団法人キャッシュレス推進協議会（2020）

ではデビット・カードの利用が多いといった差異はあるものの、欧米先進諸国は概ね 3-2 での説明に沿ったいわば「正統的」な段階を踏んでキャッシュレス決済を発展させてきた。欧州では、磁気ストライプカードから IC チップカードへのシフトに早くから取り組んできた。一方で、アメリカは接触型 IC チップカードへの移行は遅れたものの、非接触型 IC チップを用いたスマートフォンによるウォレット・サービスの実用化に積極的に取り組んだ。アメリカからサービスの提供が始まった Apple Pay や Google Pay は今では各国で利用可能になっている[7]。欧州の中でもスウェーデンは、独自の路線でキャッシュレス化を推進しており、国内の主要銀行が連携して 2012 年からモバイル送金サービス Swish が開始され、国民の間で広く浸透していることで知られている。

　これに対し、最もキャッシュレス化比率が高い韓国や中国は、早くからキャッシュレス化先進国だったわけではない。韓国では、アジア通貨危機による深刻な景気低迷を機に，民間消費の刺激と徴税率向上の 2 つを目的として，1990 年代末から政府主導でクレジット・カードの普及に取り組んだ。カード支払額の一部を所得控除の対象としたり、個人向けのクレジットカードレシートに宝くじ番号を付したり、売上が一定額以上の小売店にクレジット・カード払いの受け入れを義務化するなどの施策がとられたことはよく知られている。こうした公的部門の関与もあり、急速にキャッシュレス決済の普及が進んだ[8]。

　中国では、中国国務院・中国人民銀行の主導で 2002 年に銀行カード連合組織の銀聯が設立され、この銀聯によって提供されるデビットカード・サービスが最初に普及した。銀聯は今や VISA や Master と並ぶ国際ブランドとしての地位を確立しているが、中国を世界有数のキャッシュレス大国に押し上げる原動力となったのは、やはりコード決済の支付宝（アリペイ）および微信支付（ウィーチャットペイ）の爆発的な普及であろう。銀聯のようなカード決済サービスを提供する場合、3-2 で述べたようなネットワークを構築する必要があるが、特に都市部と農村部の格差が大きい中国においては、地方の農村部にまで加盟店のネットワークを拡大することは容易ではない。これに対

し、コード決済の場合には、3-3で言及したように、無線インターネット回線と格安スマートフォンさえあれば利便性の高い決済・送金サービスの利用が可能になる。まさに「リープ・フロッグ」的な発展が生じることで、中国のキャッシュレス化が急速に進んだと考えられる。

　注目されるのは、世界的に進行するキャッシュレス化の潮流において「グローカリゼーション」と言える現象が生じていることだ。第1に、欧米（除：ドイツ）と中国でキャッシュレス化が進行しているという「結果」は同じであるが、上述のように中国におけるキャッシュレス化の進行プロセスは明らかに欧米のそれとは異なり、中国固有の事情をふまえてローカライズされている。第2に、グローバリゼーションとローカリゼーションの相互作用性が認められる。例えば、アメリカでは、Apple Pay や Google Pay といった NFC 決済サービスが存在する一方で、Walmart Pay や Chase Pay などのコード決済サービスも提供されるようになった。アメリカでも非接触 IC チップに対応する決済端末の導入費用を負担に感じる加盟店や、高性能なスマートフォンを持つ経済的な余裕がない消費者は存在する。こうした加盟店や消費者のニーズに応える狙いもあると考えられる。また、逆に中国でも、Apple Pay がサービスを提供したり、銀聯が非接触 IC チップを用いた決済サービスを提供する動きもある。

　もっとも、このうち Chase Pay は 2019 年でコード決済サービスを終了してしまった。つまり、相互作用が働くことによって必ずしも各国で「融合」（この場合は、非接触 IC チップ型とコード決済の2種類のコンタクトレス決済が複線的に併存する状況）という帰結になるとは限らず、各国固有の事情に適合させたローカリゼーションに成功した仕組みだけが生き残る「淘汰」が起こる可能性が示唆される点も興味深い。

5. 日本のキャッシュレス化の状況

5.1. 日本のキャッシュレス化が遅れる要因

　日本はキャッシュレス化への取り組みが遅れていたわけではない。一般社

団法人日本クレジット協会によると、日本で初めて 1 回払いのクレジット払いを提供する日本ダイナースクラブが設立されたのは 1960 年である。その後も多くのクレジット・カード会社が設立され、早くからクレジット・カード払いを選択できる状況にあった。また、2000 年 3 月からはほとんどの預金取扱機関が参加して J-Debit（デビット・カード）のサービスも開始されている。非接触 IC チップを用いたコンタクトレス決済サービスの実用化でも先行し、2001 年にはプリペイド型電子マネー Edy（現：楽天 Edy）のサービスが開始され、その後に交通系・流通系の電子マネーが次々と登場した。また、クレジット・カードでも iD や QUICPay のようなコンタクトレス決済が 2005 年から導入されている。なお、2004 年からは、モバイル端末でコンタクトレス決済を行える「おサイフケータイ」のサービスも開始されている。

　それにもかかわらず、図 2-2 からも明らかなように、日本は諸外国と比べてリテール決済のキャッシュレス化が遅れている。その背景について経済学的な視点から論考を行った中田（2019a），中田（2019b），中田（2018）の内容を要約すると、1 つ目の要因として、決済手段選択に影響を及ぼす基礎的条件が諸外国とは大きく異なっていることが挙げられる。現金決済の主な欠点として犯罪被害リスクと運搬の不便が挙げられる。United Nations Office on Drug and Crime が公表している国際比較可能な犯罪統計によれば、2016 年の日本の人口 10 万人あたり窃盗発生件数は 293 件であり、米国の 1750 件やスウェーデンの 3817 件と比べると顕著に少ない。また、日本銀行（2011）によれば、2009 年における流通銀行券 100 万枚当たりの偽造券枚数は、日本の 0.3 枚に対し、米国では 100 枚、英国では 209 枚であった。さらに、OECD によって公表されている統計で比較すると、2014 年時点における日本の 100 km² あたりの道路密度は 334.3 km だったのに対し、米国では 73.5 km、スウェーデンでは 52.8 km であり、日本のほうが交通インフラが緻密に整備されている。これらの統計からもわかるように、諸外国では現金所持に係る犯罪被害に遭うリスクが高い。また、地域間移動の制約も大きく、銀行の支店網や ATM 網に現金を補充する負担が重いことから、現金は利便性の低い決済手段となる。このため、諸外国では現金決済が敬遠され、キャッシュレス決済の利便性・安

全性の向上が目指され、3-2で説明されたイノベーションが生じていったと考えられる。これに対し、日本は治安が良好で交通インフラも充実していることから、現金決済の欠点が顕在化しにくい。この結果、消費者によって現金支払いがより選好されやすく、諸外国とは対照的に、現金決済の利便性を高めるイノベーションも生じている。例えば、最近のスーパー・マーケットでは、店員はバーコードの読み取りだけ行い、来店客自身が自動釣銭機付きの専用端末で代金を支払う方式が増えている。これによって消費者は決済時間を短縮でき、店員は現金取扱の負担が軽減される。

　2つ目の要因として、日本の消費者が他者に個人情報を提供することに対して消極的であることが挙げられる。実際、総務省情報通信国際戦略局情報通信経済室 (2016) では、金融機関や中小企業に個人情報を提供してもよいと考える人の割合は、日本では米国・中国と比較して低くなるという調査結果が示されている。キャッシュレス決済を利用すると、カード会員の個人情報が購買履歴と紐づけられて決済事業者に伝達される。決済事業者によって個人情報が利用されたり、個人情報の流出によってプライバシーが侵害されたり、不正使用の被害に遭う可能性は否定できない。こうしたリスクを警戒する消費者は、キャッシュレス決済よりも現金決済を選ぶことになる。

　その他、消費者庁が実施した「キャッシュレス決済に関する意識調査」(2019年12月調査(回答数：1,795名))で「キャッシュレス決済の不便な点・懸念事項」を尋ねた設問では、使いすぎることへの不安や、紛失・盗難の恐れ、利用可能店舗のわかりにくさ、ブランドの乱立による混乱が上位回答となっている。

5.2. FeliCa を採用した日本独自のコンタクトレス決済基盤

　非接触 IC チップを用いた日本の主要な決済サービスでは、いずれも Sony が開発した非接触型 IC チップの FeliCa が採用されている。FeliCa はもとは JR 東日本の IC 乗車券 Suica 用に開発され、首都圏の通勤ラッシュと複雑な運賃体系に耐えるように設計されているために高速・高性能であることが特徴だ。しかし、決済処理端末の導入費用も高かったため、長い間にわたり中小規模の店舗による導入が進まなかった。

　加えて、FeliCa を採用する国・地域は日本と香港など一部にとどまり、世界では Type A/B という別規格が普及している。この非接触型 IC チップの規格の差異は、日本におけるモバイル決済の普及スピードにも大きな影響を及ぼしたと考えられる。日本のスマートフォン市場では iOS（iPhone）のシェアが高いことが知られている。しかし、かつて Apple 社は世界共通の端末を各国で供給する方針をとり、iPhone は世界で主流の Type A/B 用のコンタクトレス決済にしか対応していなかった。それゆえ、日本の「おサイフケータイ」サービスを利用できるのは FeliCa を搭載した Android OS の端末のみとなり、モバイル端末でコンタクトレス決済を行う消費者がなかなか増えなかった。この状況は、Apple 社が日本市場を重視して新機種を FeliCa にも対応させ、日本国内でも Apple Pay のサービスを提供可能になった 2016 年 10 月まで続いた。

5.3. 日本におけるコード決済サービス開始の意義

　日本では、①店舗側のコスト負担が重かったことと、②スマートフォンでの利用者が増えなかったことという 2 つの要因から、FeliCa ベースのコンタクトレス決済の普及が阻まれてきた。ここで注目されるのが中国で普及したコード決済である。既に第 3 節で説明したように、MPM 方式のコード決済を採用すれば店舗側の導入コストを抑えることができる。また、消費者側はスマートフォンに決済アプリをインストールし、カメラを連動させるだけでよい。これらの要素は、非接触型 IC チップとは違って規格の差異は存在しないため、Android OS・iOS のどちらのスマートフォンでもサービスを利用できる。

　日本では、近年になって通信・SNS・マーケットプレイス運営などを本業とするプラットフォーマー系の事業者がコード決済に積極的に参入し、PayPay・LINE Pay・楽天ペイといったブランド名でサービスを展開している。これらの事業者はプラットフォーマーとして多数の会員を抱えていることを活かし、資金移動業者としても登録して個人間送金サービスもあわせて提供している。決済・送金サービスの価値はネットワークの規模、すなわち

利用者数の多寡に大きく影響されることから、各事業者とも大規模なポイント付与キャンペーンを展開し、さらなる利用者獲得を目指して競争を繰り広げている。また、銀行業界も銀行口座直結の即時払いのコード決済サービス Bank Pay を開始した[9]。

　こうしたタイミングをとらえ、このところは政府もキャッシュレス化推進の取り組みを積極化させている。2019 年 10 月から 2020 年 6 月にかけては「キャッシュレス・消費者還元事業」が実施された。一般社団法人キャッシュレス推進協議会が行った調査では、約 550 の店舗と約 24,000 の消費者から回答を得ているが、店舗の 91.6％、消費者の 83.8％が還元事業の終了後もキャッシュレス決済の受入・利用を継続する意向を示しており、日本にもようやくキャッシュレス決済が浸透する兆しが見えつつある。

　日本のリテール決済のキャッシュレス化の進行プロセスは、グローカリゼーションの枠組みで理解することが可能である。日本の場合、もともと利便性の高い現金決済のしくみが機能しており、諸外国とはキャッシュレス化の初期条件が大きく異なっていた。そこから、FeliCa をベースとするかなりローカライズされたキャッシュレス化が目指されたが、必ずしも順調に進んでいるとは言い難い。一方では、中国ではコード決済の普及によってキャッシュレス化が一気に進展し、いわばローカルなシステムだったコード決済がグローバルなシステムに還流されるに至った。こうした流れの一環として、日本にもコード決済が導入され、日本のキャッシュレス化を再び推進させる起爆剤としての役割を担っているとも解釈できる。

　これまでは日本のキャッシュレス化についてネーションワイドに考察してきた。次節からは、「グローバル」と対峙する「ローカル」のレベルをより小規模に設定し、ごく狭い範囲のコミュニティでのみ流通することが想定される地域通貨を対象として、そのキャッシュレス化が及ぼす影響についてグローーカルな視点を交えて分析する。

6. 電子地域通貨の可能性

6.1. 地域通貨の概要

　日本の地域通貨に関する近年の代表的な研究として、泉・中里(2017)、米山(2017)、矢作・町井(2018)、泉(2018)が挙げられる。以下では、これらの先行研究の記述に依拠して、地域通貨の特徴・役割についてまとめる。

　地域通貨は、特定の地域・コミュニティ内でのみ通用する通貨であり、多くの場合、域内の相互扶助を促進したり、域内の消費を促進したりする目的で発行される。地域通貨が流通するためには、少なくとも域内では信用が確保される必要があるため、当該地域で一定の影響力がある組織(地方公共団体・NPO・商店街等の振興組合・地域金融機関など)が発行主体になることが一般的である。

　地域通貨の発行・付与・流通の形態も様々である。相互扶助の促進に力点が置かれるタイプの場合、ボランティア活動の対価として地域通貨が付与され、これを域内での財・サービスの購入に充てられるようなしくみが多い。より相互扶助的な性格が強い地域通貨では、購入可能なサービスのなかに地域住民による家事代行労働が含まれることもある。域内消費の促進を重視する場合、法定通貨と引き換えに域内でしか使えない地域通貨を発行し(すなわち、現金で地域通貨をチャージしてもらい)、その際にプレミアム分のポイントをつけるといった方法もとりうる。

　地域通貨はコミュニティの結びつきを深めるという狙いをもって発行されることから、この目標を達成するためのひとつの手段として、受け取った地域通貨を域内での他の支払いにそのまま使える「転々流通性」をもたせているものが少なくない。この点は、1回限りの使い切りである地域振興券やプレミアム付き商品券とは異なる。また、域内で循環させることを目指す地域通貨では、その流通速度を高めるために、しばしば有効期限が設定される。

　泉・中里(2017)によれば、日本では1990年代後半から地域通貨が発行されはじめ、特に2001年〜2005年にかけては毎年50前後の地域通貨のプロジェクトが立ち上げられる「地域通貨ブーム」ともいえる現象が起こった。この

背景として、地域活性化の切り札として地域通貨に注目した経済産業省が、これらの実証実験プロジェクトに予算措置を講じたことが挙げられる。しかし、地域内で定着することができず、その後に発行が停止された事例も多い。

6.2. 地域通貨を定着させることの難しさ

　地域通貨はもともと地域活性化を目的としているがゆえに、支払いに使える対象が法定通貨と比べて限定され、前述のように利用を促進する狙いで有効期限が存在することも多い。しかし、購入できる財・サービスの魅力が乏しく、有効期限があまりに短いとかえって逆効果となり、利用者から使いにくい地域通貨と認識されて保有するインセンティブが低下してしまう。一方で、店舗側も支払いに利用される機会が少なければプロジェクトに参加している意義が次第に薄れてしまう。こうした悪循環が発生すると、地域通貨の継続的な流通は困難になる。

　このような問題が生じなかったとしても、地域通貨の発行・流通を管理するための人的・金銭的負担が重くのしかかる。例えば、転々流通性をもたせた地域通貨を紙媒体で発行し、さらに有効期限を設定した場合には、その管理業務は極めて煩雑なものになるだろう[10]。地域通貨の発行主体がこうした費用を自力で負担し続けることは難しく、政府や地方公共団体からの補助が終了したタイミングで発行が停止されるケースが続いた。

6.3. 電子地域通貨の発行

　紙媒体で発行される地域通貨を電子媒体に変更すれば、より効率的な管理が可能になり、運営コストの削減も期待できる。いわば地域通貨の「キャッシュレス化」である。

　電子地域通貨の発行は2000年代初頭の「地域通貨ブーム」に始まった。米山 (2017) では具体例として、長野県の駒ケ根市でスタートした「つれてってカード」と神奈川県大和市で発行された「LOVES」が紹介されている。これらはいずれも経済産業省の IT 装備都市実験事業の指定を受けたプロジェクトで、IC カードを利用して地域通貨を発行するしくみが採用された。ただし、

まだこの時点では先駆的な試みという位置づけであった。なお、「LOVES」の発行は 2007 年に停止されたものの、「つれてってカード」は地域での定着に成功して現在まで発行が続いている。

　2010 年代になると IC カードによる地域通貨の発行事例が増え始めた。このなかには、流通系電子マネー WAON と連携し、FeliCa ベースで運営されているものもある。ただし、既に述べたように、IC チップ対応の決済処理端末は導入費用が比較的高いため、加盟店の拡大を図っていくうえではこのことが障害となりうる。また、プリペイド・カードやポイントという形態で地域通貨を発行した場合、法律上、転々流通させることができない。よって、地域内循環の実現という面でも課題が残る。

　近年になって、こうした問題点への対応がなされた新しい地域通貨の発行・流通システムが FinTech 企業によって開発され、地域通貨が地域の活性化に果たす可能性を拡げる試みとして注目を集めている。以下では代表的な事例として、株式会社フィノバレーが提供するデジタル地域通貨プラットフォームシステムの Money Easy を紹介する[11]。

　フィノバレーは、ファン育成プラットフォーム FANSHIP（旧サービス名 popinfo）のサービスで知られる O2O（Online to Online）マーケティング企業の iRidge（アイリッジ）が立ち上げた FinTech 系スタートアップ企業である。フィノバレーの Money Easy には大きく 3 つの特徴がある。第 1 に、MPM 方式のコード決済を採用しているため、加盟店側の導入コストが低く抑えられている。第 2 に、為替業務を営める地域金融機関と連携できる仕様になっているため、預金口座による送金との組み合わせで、（資金移動業登録をしなくても）実質的に地域通貨の「転々流通性」を実現できる。第 3 に、親会社のアイリッジの「FANSHIP」サービスとの連携によって利用者へのプッシュ通知が可能であり、単なる決済手段の枠を超えたコミュニケーションが図れる。

　Money Easy を採用した電子地域通貨としては、2007 年 12 月からは飛騨信用組合と連携した「さるぼぼコイン」（岐阜県 飛騨・高山地方）、2018 年 10 月からは君津信用組合と連携した「アクアコイン」（千葉県 木更津市）が実用化されており、2021 年 2 月からはふくおかフィナンシャルグループと組んで長崎

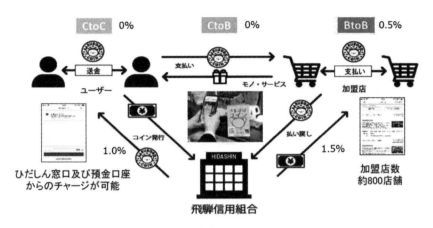

図 2-3　さるぼぼコインのスキーム図

出所：古里圭史（2019）

県南島原市で「MINA コイン」の発行が開始された。**図 2-3** には、このうち
さるぼぼコインのスキーム図が示されている。

　この地域通貨は全体としてはさるぼぼコインの名称で統一的に運用されて
いるが、実際は「さるぼぼ Pay」（プリペイド・カード）・「さるぼぼポイント」（ポ
イント（景品））・「さるぼぼ Bank」（預金口座）の 3 つから構成されている。飛騨
信用組合は（第三者型）前払式支払手段発行者として登録し、スマートフォン
でコード決済として使えるプリペイド・カードを発行する。利用者はスマー
トフォンにさるぼぼペイのアプリをインストールし、チャージ機等でチャー
ジする。その際、インセンティブとして 1% 分のポイントが付与される。域
内消費を促進するため、さるぼぼ Pay やさるぼぼポイントには有効期限が設
けられている。加盟店は店舗固有の 2 次元コードを店頭に掲出すればよく、
特別な決済処理端末を導入する必要はない。店舗に対しては、売り上げとし
て得たさるぼぼコインを払い戻して現金化する際に 1.5%（さるぼぼ倶楽部ファ
ミリー店）もしくは 1.8%（さるぼぼ倶楽部ファミリー店以外）の手数料が発生す
る。この手数料水準も他のキャッシュレス決済手段よりは低く抑えられてい
る。なお、店舗がさるぼぼ Bank アカウントを開設すれば、仕入れ等の際に
他の加盟店に対してさるぼぼコインのまま支払いに用いることもできる。た

だし、0.5％の送金手数料がかかる。なお、利用者側も所定の手続きを経て
さるぼぼ Bank アカウントを開設すれば、送金サービスを利用できる。

　利用者側にはチャージ時にプレミアムポイントが付され、加盟店側には少
ない費用負担で済むことが評価され、古里 (2019) によれば、2019 年 1 月末時
点で利用者は 6,427 人、加盟店は 870 店舗に達している。同じ時点までの決
済件数・決済総額はそれぞれ 139,310 件・5 億 3000 万円であり、現状では地
域通貨として一定の成功をおさめている。

　地域通貨はその定着の難しさからいったんは下火になったものの、コード
決済のしくみを利用した電子地域通貨として発行されることで、地域経済の
活性化に果たす役割が再評価されるようになった。これは、グローバルに進
行するキャッシュレス化がローカライズされたうえで地域の課題解決に貢献
していると解釈することができ、その意味でグローカルな現象だと言えよう。

6.4. 明らかになった課題

　地域通貨は利用できる店舗が限られ、有効期限が存在する。この点では、
ネーションワイドに展開される決済サービスに対して競争力が低い。第 5 節
でも述べたように、我が国では大手のプラットフォーム系事業者が次々と
コード決済に参入している。これらの事業者は、消費者側にはポイントを付
与し、加盟店側には決済手数料を割引くなどして規模の拡大を図っており、
今後、電子地域通貨のコスト・ベネフィット面での優位性までが失われるこ
とになると、電子地域通貨は難しい状況に立たされてしまう。コード決済を
利用する電子地域通貨が今後も定着していくためには、ネーションワイドに
展開される決済サービスには提供できない新たな価値を創出していく必要が
あろう。例えば、さるぼぼコインでは、2018 年 10 月から飛騨市役所の窓口
手数料の支払いに対応した。また、2019 年 8 月からは決済アプリに飛騨市
の災害関連情報をプッシュ通知するサービスも開始した。こうした地域密着
型のサービスを充実させ、単なる決済サービスを超えた存在となっていくこ
とが求められる。

　地域通貨に関するその他の課題として、域内循環させることの難しさが

挙げられる。さるぼぼコインも加盟店間で支払いに使えるシステムにして
いるが、古里 (2019) によれば、2019 年 1 月末までの加盟店間の送金は 196 件、
625 万円に留まっている。この点に関して言えば、域内消費の促進という目
的に限れば、必ずしも転々流通性が確保された地域通貨という形態にこだわ
る必要はないと考えられる。Money Easy のプラットフォームは金融機関を含
めずにプレミアム付き商品券の発行スキームとして機能させることも可能で
あり、2021 年 2 月からは世田谷区商店街振興組合連合会が発行主体となる「せ
たがや Pay (せた Pay)」として実用化された。コード決済のしくみを利用した
プレミアム付き商品券が導入されることで従来の運営費用が大きく削減され、
さらにプッシュ通知機能を有効活用するなどして、より地域に密着したサー
ビスが提供されることが期待される。

7. おわりに

　グローカリゼーションの定義には「(グローバリゼーションとローカリゼーショ
ンの) 相互作用性」が含まれる。では、日本で開発された電子地域通貨のスキー
ムをグローバルに還流させ、世界の課題解決に貢献することはできるだろう
か。

　ひとつの可能性として、各国における格差・貧困問題に関連した支援プロ
グラムへの応用が考えられる。一般に、これらの問題は特に開発途上国の地
方部で深刻化しており、様々な支援プログラムが実施されている。例えば、
バングラデシュには、児童労働を減らして子供の教育へのアクセスを向上さ
せるため、子供が学校に行けば現金が給付されるプログラム (教育のための奨
学金計画 (Primary Education Stipend for Education: PESP)) がある。この他、教育バ
ウチャーのように、使途を限定した給付を行うような支援プログラムを導入
している国々もある。3-3 でも述べたように、近年は途上国でも無線インター
ネット網や格安スマートフォンは普及しつつあることから、こうした給付プ
ログラムに Money Easy のようなコード決済・送金・コミュニケーションの
連動が可能なプラットフォームを導入することで、より効果的かつコスト効

率的な支援が可能になるであろう。

　開発途上国の初等教育に関しては、学校の数が不足しているために子供が危険な長距離通学を強いられることに加え、教員数も十分ではないために均質な教育を提供できないという課題に直面している。タブレットなどのモバイル端末を配布し、教育コンテンツを配信したり、宿題をファイルや画像で送信したりできるようになれば、こうした課題の克服につながるかもしれない。ただ、そのためには、言うまでもなくまず親が子供を学校に通わせることが前提となる。例えば、教育・決済の両機能を内蔵したタブレットを配布するなどすれば、さらに効果的な支援が実現できるのではないだろうか。

注

1　本稿は、文部科学省私立大学研究ブランディング事業（事業名：持続可能な相互包摂型社会の実現に向けた世界的グローカル研究拠点の確立と推進）、日本私立学校振興・共済事業団学術研究振興資金（研究課題：経済のデジタル化の加速に向けた金融制度・税制度の対応のあり方）および成城大学特別研究費助成（研究課題：AI・ITの発展がわが国の決済・金融仲介サービスに及ぼす影響に関する研究）による研究成果の一部である。

2　厳密には、売上金から決済手数料分を控除した金額が振り込まれる。

3　加盟店の中には、顧客の利便性に配慮し、一定金額未満の支払いについてはPINの入力が不要となるように、決済事業者と個別に契約しているところもある。

4　コード決済が登場するより前から、携帯電話のショートメッセージ機能を利用した送金サービスを行っている事例として、ケニアで始まりアフリカで普及したM-Pesaが挙げられる。

5　店舗側がモバイル端末を保有していれば、この端末にコードを表示することもできる。また、売上管理用のアプリケーションをインストールして決済事業者のサーバに接続することで、売上情報を詳細に把握することも可能である。

6　ここでのキャッシュレス決済比率は「キャッシュレス支払手段による年間支払金額／国の民間最終消費支出」と定義されている。この比率は、統一基準で国際比較可能な統計のみを利用して推計されているため、銀行口座からの振替・振込が除外されているなど、その解釈にあたっていくつか留意すべき点がある。詳細は中田（2018）を参照のこと。

7　2020年7月現在、Apple Payは50、Google Payは29の国・地域で利用可能であり、

日本も含まれる。

8　こうした政策は、当初は一定の景気浮揚効果を発現し、2002 年までに消費の大幅な拡大が生じた。しかし、過大なカード債務を抱えて自己破産に陥る消費者も急増し、政府が利用制限などの規制強化を図ったために 2003 年に一気に消費が冷え込んだ（いわゆる「クレジットカードバブル」の崩壊）。

9　BankPay とは別に、GMO Payment 社が提供するシステム（銀行 Pay）を採用して、同様のサービスを展開している銀行もある。（福岡銀行・横浜銀行・ゆうちょ銀行など）

10　また、一定規模の地域通貨をプリペイドマネーとして発行しようとすれば、資金決済法のもとで（第三者型）前払式支払手段発行者として登録する必要が生じる。矢作・町井 (2018) で指摘されるように、この場合には資金決済法が定める様々な規制（供託金の確保、各種表示や情報提供義務など）に対応せねばならず、やはり事務負担が重くなる。

11　この他、バイプト HD 傘下の Fintech 系企業の株式会社エルコインも地域通貨の発行プラットフォームサービスを供給しており、シモキタコイン（東京都世田谷区下北沢エリア）で採用されている。

参考文献

泉留維 (2018)「地域通貨 20 年の盛衰　再活性化のために何が必要か」『月刊 事業構想』2018 年 12 月号、オンライン配信。

泉留維・中里裕美 (2017)「日本における地域通貨の実態について—2016 年稼働調査から見えてきたもの—」『専修経済学論集』52 巻 2 号、39-53 頁。

一般社団法人キャッシュレス推進協議会 (2018)「キャッシュレス推進協議会における QR コード決済の標準化検討について」。

一般社団法人キャッシュレス推進協議会 (2020)「キャッシュレス調査の結果について」。

上杉富之 (2014)「グローバル研究を超えて—グローカル研究の構想と今日的意義について—」『グローカル研究』1 巻、1-20 頁。

公正取引委員会 (2020)『QR コード等を用いたキャッシュレス決済に関する実態調査報告書』。

消費者庁 (2020)「(参考・12 月 (確報)) キャッシュレス決済に関する意識調査結果」。

総務省情報通信国際戦略局情報通信経済室 (2016)『IoT 時代における新たな ICT への各国ユーザーの意識の分析等に関する調査研究 報告書』(委託先みずほ情報総研株式会社)。

中田真佐男 (2018)「国内リテール決済におけるキャッシュレス化の進展に向けた論点整理」全国銀行協会『金融調査研究会 報告書「キャッシュレス社会の進展

と金融制度のあり方」』95-136 頁。

中田真佐男（2019a）「キャッシュレス化推進のために何が必要か？：消費者、小売・サービス事業者の視点から（特集 経済学で見る新しい決済と金融）」『経済セミナー』710 号、22-26 頁。

中田真佐男（2019b）「キャッシュレス社会を展望する（第 1 回〜第 10 回）」日本経済新聞 朝刊連載「やさしい経済学」（2019 年 11 月 21 日〜 2019 年 12 月 4 日）。

西部忠編著（2013）『地域通貨』ミネルヴァ書房。

日本銀行（2011）「Focus BOJ 銀行券の流通 日本のお金をきれいにする」『にちぎん』27 号、24-27 頁。

古里圭史（2019）「地域通貨が潤す地域経済～電子地域通貨『さるぼぼコイン』とは～」関東財務局「【第 21 回】東京活性化サロン〜 FinTech Bridge Tokyo 〜（平成 31 年 2 月 25 日開催）」発表資料。

矢作大裕・町井克至（2018）「地域通貨は地域金融システムに何をもたらすか」『大和総研調査季報』2018 年春季号 Vol.30、50-67 頁。

米山秀隆（2017）「地域における消費、投資活性化の方策－地域通貨と新たなファンディング手法の活用－」富士通総研経済研究所 2017 年研究レポート No.447。

Auer, R., G. Cornelli and J. Frost（2020）"Covid-19, cash, and the future of payments", *BIS Bulletin*, 3 :1-7.

Kosse, A., H. Chen, M.H. Felt, V. D. Jiongo, K. Nield and A. Welte（2017）"The Costs of Point-of-Sale Payments in Canada," Bank of Canada, Staff Discussion Paper 2017-4.

第Ⅱ部　理論編

第3章　情報非対称性と信用割当：Stiglitz and Weiss (1981) の再検討と拡張

小平　裕

本章の概要：金融市場において資金需要者に現行水準より高い利子率を支払う意思があるにも関わらず、何らかの理由で資金の借入を拒否される現象すなわち信用割当は、伝統的には人為的低金利政策によってもたらされる不均衡現象として理解されてきた

　しかし、Stiglitz and Weiss (1981) は、外部の資金提供者が資金需要者の選択全体を詳細に観察できない状況すなわち情報が非対称である状況では、資金提供者は資金需要者の選択を直接に観察して制御することができないことが、均衡において信用割当が行われる原因となることを指摘し、情報非対称性が金融市場に及ぼす影響を分析するその後の多くの研究の出発点となった。

　本章は、Stiglitz and Weiss の枠組みを再検討して、非対称情報の問題を解消するための融資契約設計を検討する (第2節) と同時に、非対称情報の下で双務的契約締結が繰り返される動学的逆選択の問題を取り上げて、エイジェントのタイプがひとたび抽出されると、時間の流れの上で固定される場合 (第3節) と、毎期、新らたに独立に抽出される場合 (第4節) に分けて動学モデルへの拡張を試みる。これは、隠された情報の下での契約締結という一般的な問題のうち、情報を持たない当事者により設計される最適契約問題 (逆選択) に焦点を合わせた考察になる。

　最後に、情報非対称性の存在は金融市場で実現される資金配分が効率的水準より過少になることを一般命題として意味するのかという資金配分の効率性の問題を、残された課題として指摘して分析を終わる (第5節)。

1.　はじめに

　Stiglitz and Weiss（1981）は、逆選択（adverse selection）の概念を用いて資金供給が量的に制約される現象、すなわち信用割当（credit rationing）を解明して、情報非対称性が金融市場（貸出市場）に及ぼす影響を分析するその後の多くの研究の出発点となった。

　ここで、信用割当とは、金融市場において資金需要者（企業などの借り手）に現行水準より高い利子率を支払う意思があるにも関わらず、何らかの理由で資金の借入を拒否される現象である。資金供給者（銀行、投資家などの貸し手）、需要者ともに利潤極大化を追求する合理的行動を採る限り、完全競争の下では受給が一致するまで利子率が調整されて、最終的には市場均衡が成立すると考えられるが、この市場均衡利子率の実現を阻止する制度的要因が存在するとき信用割当が発生する。この現象は伝統的に[1]、人為的低金利政策によってもたらされる不均衡現象として理解されてきた（**図3-1**）。ミクロ経済学的にいえば、利子率（＝価格）が何らかの理由で均衡水準よりも低く設定されるために、超過需要が残る状況と説明される。

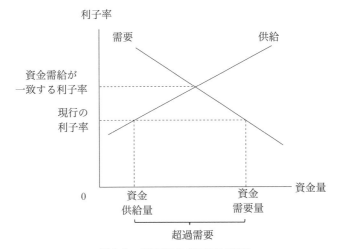

図 3-1　信用割当（伝統的理解）

　しかし、Stiglitz and Weiss は、情報非対称性にともなう逆選択に起因する信用割当の可能性を指摘して、利子率が適切な資源配分機能を果たさなくなることを強調した。すなわち、資金供給者が需要者の信用度（リスクの違い）を識別できないとき、貸出利子率を高くすると、ハイリスクの資金需要者のみが応募してくることとなることから（逆選択）、需要者全体の平均的債務不履行率は上昇し、供給者の期待利潤は低下する。こうした状況では、市場に満たされない需要があったとしても資金供給者は利子率を引き上げない。供給者の合理的行動の結果として、均衡において信用割当が発生することを指摘した。これは、資金供給曲線が右下がりとなり、場合によっては需要曲線と交点を持たなくなる可能性が生じるためである。このとき、資金の需給が均衡せず、資金需要者は必要な資金を調達できない状態に陥り、信用割当が発生することとなる。言い換えれば、Stiglitz and Weiss は、金融市場に何らかの情報非対称性が存在するとき、利子率は資金市場の需供を一致させる機能を失う可能性を示した。

　本章は、Stiglitz and Weiss（1981）モデルを再検討すると同時に、動学モデルへの拡張を試みることを目的とする。本章の構成は以下の通りである。次節では、金融市場における非対称情報の問題を取り上げて、融資する価値のある [2] 投資計画の一部にしか実際には融資されない信用割当がある均衡の可能性を明らかにする。Stiglitz and Weiss は、資金需要者の経営計画決定に関わる誘因は選択する資金調達方法の違いによって変化することから、資金調達に関する決定は自分の活動からのキャッシュフローに影響することを示した。外部の資金供給者（金融機関や投資家など）が資金需要者の選択全体を詳細に観察できない状況（すなわち、情報が非対称である状況）では、供給者は需要者の選択を直接に制御できない。このことが、均衡において信用割当の原因となる。

　第2節ではさらに検討を進めて、このような状況において融資契約をどのように設計すれば、非対称情報の問題が解消されるかを明らかにする手掛かりを得たい。資金需要者本人が必要な投資資金を全額出資する自己資金の場合には、投資資金の提供者と投資の意思決定者は同一人である。したがって、

利害は完全に調整されるので、情報非対称性の問題は生じない。しかし、投資資金を外部から借り入れる場合には、外部の資金供給者は投資を決定する資金需要者の行動を考慮に入れて資金供給するとしても、需要者の意思決定に直接関わることはできないので、情報非対称性の問題が生じる。そして、この場合には逆選択の結果として、均衡において信用割当が成立する可能性がある。

　Stiglitz and Weiss の結論は静学モデルに基づき導かれている。そこで、第 3 節、第 4 節では、非対称情報の下で双務的 (bilateral) 契約締結が繰り返される動学的逆選択の問題を取り上げて、動学モデルへの拡張を試みる。これは、隠された情報の下での契約締結 (contracting under hidden information) という一般的な問題のうち、情報を持たない当事者 (uninformed party) により設計される最適契約問題に焦点を合わせた考察になる。この主題はミクロ経済学 (例えば、Mas-Colell, Whinston, and Green (1995)) や契約理論 (Salanie (1997)、Laffont and Martimont (2002)) において誘因と情報の問題としてこれまで取り上げられてきたが、本章では 1 人のプリンシパル (資金供給者) が 1 人のエイジェント (需要者) と契約締結する双務的な契約締結状況に着目して、エイジェントの「タイプ」、すなわちエイジェントのリスクに関する情報がエイジェントの私的情報であり、プリンシパルはそれを知らない場合を取り上げる。

　この問題設定は、自分の製品について未知の評価を持つ需要者 (買い手) に対峙する独占的供給者 (売り手) の非線形価格付けの問題と類似している。すなわち、双務的契約が 1 回だけ締結される静学的な設定においては、需要者の評価分布の可能な範囲を考えて、供給者の生産費用が需要者の可能な評価の下限未満であっても、供給者は価格を自分の供給する財が決して購入されないような非常に高い水準に設定することがある。これは逆選択の下での配分効率性と情報準地代の獲得という古典的な二律背反の例である。しかし、双務的契約締結の機会が時間の流れの上に複数回存在するとき、もし需要者がタイプ L であり、1 回目の機会に契約締結を躊躇するならば、供給者はその事実から需要者はタイプ L であると推量する。そして、需要者行動から顕示される情報が、2 回目以降の契約内容に影響を与えることになる。つま

り、需要者行動から顕示される情報は、供給者に価格を一層低めることを促すから、事後的 Pareto 改善になる。しかし、仮令需要者がタイプ H であっても、需要者は当初価格では購入を控えるという自分の行動が供給者に売り出し価格の引き下げを促すと期待できるので、需要者の買い控え行動は、事前の視点からは供給者に損害を与えることになる。つまり、契約が繰り返し締結される状況では、継起的最適化は全体的な事前最適化とは異なり、契約が持つ情報準地代を獲得するという能力は制限される。

　第 3 節がひとたび抽出されたエイジェントのタイプが、時間が経過しても固定されたままである場合に注目するのに対して、第 4 節はエイジェントのタイプが毎期新たに独立に抽出される場合を取り上げる。前者の状況では、時間が経過するにつれて情報非対称性が漸進的に排除されるために動学的契約締結問題が生じる。後者では、そのエイジェントの情報準地代を削減するために、配分の歪みを異時点間に分配するという問題が発生する。第 3 節では、私的情報を持つ側と持たない側の間の恒久的関係からの利得は全く存在しないことが明らかにされる。より正確には、その 2 人の当事者達が匿名な市場において時間を超えて互いに影響を及ぼし合うとき、情報を持たない当事者の最大の 1 期間当たり平均利得は、契約締結が 1 回だけのときよりも低くなる。契約締結が複数回繰り返される状況において情報を持たない当事者が望める最善は、最適な静学的契約を繰り返すことに限られると主張される。

　他方、第 4 節の分析からは、情報を持たない当事者には長期的関係から利得を獲得する可能性が存在することが示される。このように、結論が対照的になる理由は、エイジェントのタイプが変化するとき、任意の期間に自分のタイプを顕示しても将来の複数の期間における自分の交渉的立場は必ずしも損なわれず、よって当該エイジェントは顕示を躊躇する必要がないことである。将来の契約締結から共有される取引の利得は、エイジェントのタイプを選別する追加的な手段を初期に提供することである。

　タイプが変化する場合の逆選択の下での動学的契約締結問題の古典的な例は、時間の上で私的に観察される所得あるいは選好の衝撃が観察される状況で、金融契約を利用して最適な異時点間消費分配を選択する資金需要者の問

題である。第 4 節では、この論脈において動学的契約締結問題を取り上げて、流動性衝撃が消費と投資に及ぼす効果と、所得に部分保険を掛けることができる場合に繰り返される所得衝撃が長期的富分布に及ぼす効果という 2 つの基本的問題を解明する。第 5 節では、情報非対称性の存在は金融市場で実現される資金配分が効率的水準より過少になることを一般に意味するのか（資金配分の効率性）という残された課題を指摘して、本章のむすびに代える。

2.　Stiglitz and Weiss（1981）の再検討

　最初に、Stiglitz and Weiss のモデルを復習しておこう[3]。金融市場の需要側には、多数の需要者が存在する。各需要者はリスク中立的であり、いずれも同額の投資資金 I を必要とする相互に排他的な 2 つの投資計画 $i=L, H$ から 1 つを選択する。投資計画 i は 1 期後に収益を生み出す。ここで、各 $i=L, H$ について、

(2.1)　　$\mathrm{Prob}(\tilde{x}_i = S_i) = p_i$

　　　　　$\mathrm{Prob}(\tilde{x}_i = 0) = 1 - p_i$

と想定する。すなわち、投資計画 i は確率 p_i で成功して利得 S_i を生み出すか、あるいは失敗して収益 0 という結果に終わる。ここで、両計画は実行する価値があるが、計画 H は L よりも高い期待収益を生み出すと仮定する。また、計画 H は L よりも高い成功確率を持つ一方で、計画 L は成功すれば H より高い利得を生み出すと仮定する。つまり、

(2.2)　　$p_H S_H > p_L S_L > I$

(2.3)　　$1 > p_H > p_L > 0$

(2.4)　　$S_L > S_H$

と想定する。また、資金需要者の効用 U は資金調達費用を控除した後の投資計画の期待収益によって決まる。需要者がどの投資計画も実行しなければ、需要者の獲得する収益は 0 になり、この場合の効用は $\overline{U}=0$ である。

　先ず、資金需要者が投資計画 $i=L, H$ に必要な資金 I を全て自己資金（の一部）で賄う場合を考えると、計画 i を選択したとき、需要者の期待利潤は $p_i S_i - I$

である。需要者は明らかに自分の期待利潤を最大化する投資計画を選択するから、(2.1) の下では需要者は常に計画 H を選択して、期待効用

(2.5)　　$U_E = p_H S_H - I$

を獲得する。これはまた、効率的な計画選択である。

　次に、資金需要者が投資計画に必要な資金 I 全額を借入により調達する場合を考える。需要者は供給者から、1 単位の借入に対して 1 期後に r 単位を返済するという条件で資金調達できるとする[4]。ただし、資金供給者が需要者の計画選択を観察することはできず、観察できるのは当該投資計画が成功したか失敗したかの最終結果だけである。融資契約は、供給者は需要者に投資資金 I を貸し付け、計画が成功した場合には、供給者は返済 R を受け取る。他方、失敗した場合には、供給者は当該計画の利得 $\tilde{x}_i$ の全額を差し押さえる（債務不履行）という内容である[5]。計画成功の事象においては、もし $R \leq S_i$ であれば、R を返済することが需要者にとって利益になる。与えられた計画 i に対して、資金供給者は貸付から S_i 以上を回収することできない。つまり、最適返済 R は常に、需要者が実際に返済できる最大金額以下になる。

(2.6)　　$R \leq \max\{S_L, S_H\}$

ここでは、(2.6) の成立を想定する。

　計画 i が選択されたとき、資金需要者の期待効用は $p_i(S_i - R)$ である。よって、計画 H と L の期待効用を比較して、

　　　　$p_H(S_H - R) \geq p_L(S_L - R)$

つまり、

(2.7)　　$R \leq \hat{R} \equiv \dfrac{p_H S_H - p_L S_L}{p_H - p_L}$

である場合そしてその場合に限り、需要者は効率的な計画 H を選択する。逆に、$R > \hat{R}$ である場合には、需要者は非効率な計画 L を選択する。ここで、$\hat{R}$ は資金需要者にとって両計画が無差別になる融資条件である。

　投資資金を借入で賄う場合と自己資金で賄う場合とでは、資金需要者の選択が異なる理由は次のように説明される。計画 L の成功確率が計画 H より低いとしても、L を選択すれば、資金需要者は成功の事象において H よりも大きな利潤（＝投資収益−返済）を獲得する。返済 R が十分に高い場合には、成

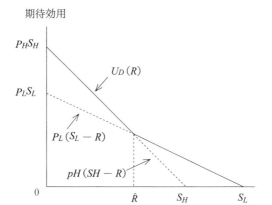

図 3-2　投資資金を借入により調達する資金需要者の期待効用

功時のより高い収益が成功確率の低さを十分に補償する。$R = S_H - \varepsilon$（ただし、ε は非常に小さな正の値）という極端な場合を考えよう。このとき、確率 p_L で $S_L - S_H$ を獲得することに比べて、計画 H を選択しても、確率 p_H で資金需要者が獲得できる利潤は殆ど 0 である。

　融資条件 R が与えられたときの資金需要者の最適な計画選択を考慮すると、投資資金全てを借入により賄う場合の需要者の期待効用は、

$$(2.8) \qquad U_D(R) = \begin{cases} p_H(S_H - R) & R \leq \hat{R} \\ p_L(S_L - R) & R > \hat{R} \end{cases}$$

により与えられる（**図 3-2**）。この $U_D(R)$ を (2.5)（投資資金全てを自己資金で賄うときの期待効用 U_E）と比較すると、R が $\hat{R}$ より大きい範囲では、投資資金を自己資金により調達する場合のキャッシュフローは、借入による場合のそれとは異なることが判る。

　ここで情報構造を次のように想定する。資金供給者は需要者にはタイプ H と L があることと、全体に占める各タイプの比率を知っているが、需要者をタイプごとに識別することはできない。よって、金融市場で締結される契約は、資金需要者全員に同じ利子率が提示される一括均衡に限られる。このような市場では、タイプ H の資金需要者がタイプ L と偽って金融市場に参入する逆選択が生じて、事態を複雑にする。

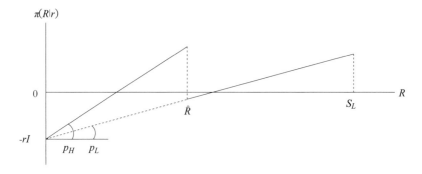

図 3-3　資金供給者の期待利潤

　次に、資金供給者の期待利潤を検討する。供給者は貸付 1 単位当たり r という費用を負担して、融資原資を預金市場で集めている。ここでは、資金供給者は需要者の計画選択を観察できないので、需要者の意思決定に直接影響を及ぼすことはできない。しかし、供給者は自分が提示する融資条件が需要者の計画選択に影響を及ぼすことは知っている。このことから、資金供給者の期待利潤は、

$$(2.9) \qquad \pi(R|r) = \begin{cases} p_H R - rI & R \leq \hat{R} \\ p_L R - rI & R > \hat{R} \end{cases}$$

により与えられる。

　期待利潤 (2.9) は返済 R の関数として表され、$R = \hat{R}$ で不連続になる（**図 3-3**）。これは、返済が $\hat{R}$ を超えると、融資を利用する需要者の選択する投資計画が計画 H から L に変更され、それに伴い返済確率が p_H から p_L に低下するので、資金供給者の期待利潤が不連続になるためである。複数の供給者が金融市場で互いに激しく融資競争しているとしても、供給者の期待利潤が不連続であるために、正の利潤が期待される投資計画であっても、供給者は実際には融資しない均衡の可能性が生まれる。

　以上で、金融市場の均衡を検討する準備が整った。金融市場の需要側には n 人の資金需要者、供給側には複数の供給者が参加しており、競争的であるとしよう。資金需要者はリスク中立的であり、それぞれが投資資金 I を必要

する投資計画を持つ。融資資金を利子率 r-1 で利息を払って預金として集めている供給者もリスク中立的であり、需要者に融資契約を提供しようと互いに競争している。つまり、供給者の貸付費用は融資 1 単位当たり r、預金供給は $L(r)$ と表される。ただし、$L(0) > 0$ かつ $L'(r) > 0$ と仮定する。預金市場は競争的であり、資金供給者はここでは価格受容者として行動する。

　資金需要者は供給者に融資を申し込み、供給者は融資条件を決定して、需要者に提示する。もし需要者がある供給者の示す融資条件に満足できなければ、別の供給者を訪れ、改めて融資を申し込む[6]。

定義：融資資金が制限されない状況の市場均衡
　複数の資金供給者が預金市場において費用 r で融資資金 $L(r)$ を獲得可能であるとき、金融市場の市場均衡は以下の条件を満足する。すなわち、
(i)　資金需要者は自分の期待効用を最大化する。
(ii)　資金供給者の期待利潤は 0 になる。
(iii)　他の資金供給者が提案する均衡融資契約 $R*$ が与えられたとき、ある
　　　資金供給者が正の期待利潤を獲得できる融資契約は存在しない。

　資金供給者はそれぞれ、資金 1 単位当たり費用 r で預金市場を通じて融資資金を獲得できる。仮にある供給者が正の期待利潤を獲得できる融資契約 R を提案できるとすると、需要者は返済 $R - \varepsilon$（ただし、ε は小さな正の値）を要求する別の供給者を見付けることができる。後者の供給者は前者よりも需要者に有利な条件で喜んで融資しようとする。競争的金融市場においては、需要者が供給者を切り替えても、融資総額（すなわち、必要とされる預金総額）は変化しないので、預金利子率 r-1 は変化しない。よって、均衡における資金供給者の期待利潤は 0 である（第 1 の均衡条件）。

(2.10)　　　$\pi(R^*|r^*) = 0$

　明らかに、投資を全く実行しない（そのときの利得は 0）ときよりも自分が良化する場合に限り、資金需要者は融資提案を受け入れ、投資計画を実行する。この個別合理性制約は第 2 の均衡条件として、

(2.11)　　　　$U(R^*) \geq 0$

と表される。

　均衡融資契約数を n^* とすると、全体としての融資総額（預金需要）n^*I は、資金供給者が集める預金総額（預金供給）$L(r)$ に等しい。よって、

(2.12)　　　　$n^*I=L(r)$

さらに、融資総額は、資金需要者全員（n 人）が必要とする計画資金の総額を超えることはないから、

(2.13)　　　　$n^*I \leq nI$

これらより、第 3 の均衡条件

(2.14)　　　　$n^*I = L(\pi^*) \leq nI$

を得る。

　最後に、信用割当がない場合とある場合に分けて、第 4 の均衡条件を導く。信用割当がない場合には、$n=n^*$ に対してある R^* で、均衡条件 (2.10) (2.11) (2.14) が満足される。条件 R^* で全ての投資計画に対して資金が融資される均衡の存在を示すために、どの資金供給者も当該融資条件 R^* から別の条件 R へ逸脱することによって、利潤を増やせないことを確認する。もし利潤を増やすことができる供給者が 1 人でもいれば、R^* は均衡ではない。$U(R) > U(R^*)$ であり、したがって需要者が受け入れようとする契約に対しては、現行の貸付費用 r^* で供給者の期待利潤は負になる。すなわち、

(2.15)　　　　$\pi(R|r^*) < 0$　　　　　　　　$R \neq R^*$ に対して

　n 人の需要者は全員、投資資金を借入により賄うことができるので、r^* は考慮すべき適切な貸付費用である。したがって、ある供給者が均衡契約条件 R^* から逸脱して、需要者を他の資金供給者に切り替えるように促しても、金融市場における融資総額 nI は不変である。これが、資金供給者の貸付費用が r^* から変化しない理由である。以上より、信用割当のない場合の第 4 の均衡条件

(2.16a)　　　　もし $U(R) > U(R^*)$ かつ $n^*=n$ であれば、$\pi(R|r^*) < 0$

を得る。

　ここでは、2 種類の均衡が可能である（**図3-4** と **図3-5**）。どちらの均衡に

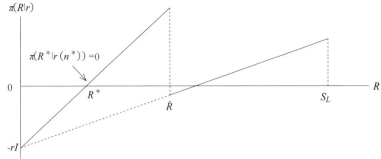

図 3-4　効率的な計画 H が選択される信用割当のない均衡

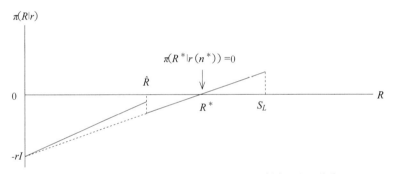

図 3-5　非効率的な計画 L が選択される信用割当のない均衡

も、利潤が増すという意味で資金供給者にとって好ましい逸脱は存在しない。というのは、需要者は条件 $R*$ で融資を受けることができるので、他の条件 $R>R*$ を受け入れようとする需要者はいないからである[7]。また、$R<R*$ では、供給者の期待利潤は負になる。図 3-4 では均衡融資条件 $R*$ で効率的な計画 H が選択されるのに対して、図 3-5 では非効率的な L が選択される。

　他方、信用割当がある場合には、$n>n*$ に対してある $R*$ で、(2.10) (2.11) (2.14) が満足される。ただし、$r* \equiv \pi(n*)$ である。ここでは、n-$n*$ 人の資金需要者は融資する価値のある投資計画を持つにも関わらず、融資を受けられない[8]。このとき、$n*$+1 人目の需要者に融資を申し出て融資総額を拡大しようとする資金供給者の期待利潤は、当該需要者が受け入れると期待される融資

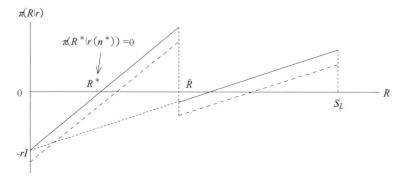

図 3-6　$R^* < \hat{R}$は信用割当のある均衡にはなり得ない

条件 R では負になる。期待利潤が正であれば、当該供給者は実際に融資総額を拡大し、結果として信用割当は解消されるからである。しかし、(2.10) は、預金調達費用が $r(n*)$ であるときに融資条件 $R*$ での $n*$ 件の 1 件当たり I という融資は、期待利潤が 0 であることを主張する。このとき、自分が受け入れても良いと判断する融資提案がない資金需要者の 1 人に対しては、$U(R)$ >0 であるから、融資条件 $R<S_L$ を設定すれば十分である。資金調達費用 $r(n)$ が与えられたとき、資金供給者の利潤が $R*$ で最大化されている場合に限り、以上の条件は満足される。

　背理法により証明するために、$\pi(R*|r(n*)) = 0$ は資金調達費用 $r(n)$ で達成可能な最大利潤ではないとする。このとき、利潤のある逸脱が存在して、ある資金供給者が融資資金を増やし、融資を受けていない n-$n*$ 人の資金需要者の少なくとも 1 人に融資を提案することを示そう。**図 3-6** は、$R^* < \hat{R}$ は信用割当のある均衡（の一部）にはなり得ないことを示す。ただし、実線は $\pi(R*|r(n*))$ のグラフ、破線は $\pi(R|r(n^* + 1))$ のグラフを描いている。このとき、融資総額が $(n*+1)I$ に増加すると、貸付費用は $r(n*+1) >r*$ に上昇する。他方、ある融資条件、例えば $\hat{R}$ で追加的な貸付を提供する利潤のある機会が存在する。考察されている状況において、資金供給者の利潤は明らかに、（与えられた $r(n)$ に対して）$R*$ で最大化されていない。供給者が全体で $n*+1$ 件の融資を行うために必要な預金を集めれば、貸付費用は高くなるが、それでも融資を

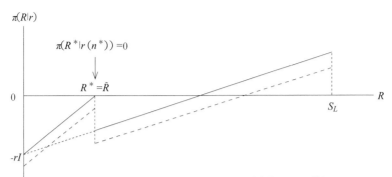

図 3-7　$\pi(R^*|r(n^*)) = 0 < \pi(S_L|r(n^*))$ が成立しない状況

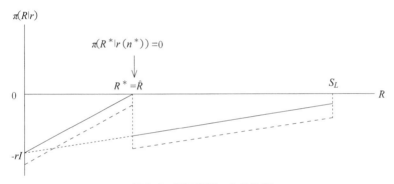

図 3-8　信用割当のある均衡

増やして、条件 $\hat{R}$ で貸し出せば、供給者の期待利潤は増加する。したがって、融資条件 R^* は均衡ではない。

　図 3-7 は、$R^* = \hat{R}$ で、条件 $\pi(R^*|r(n^*)) = 0 < \pi(S_L|r(n^*))$ が成立しない状況を描いている。ただし、実線は $\pi(R|r(n^*))$ のグラフ、破線は $\pi(R = S_L - \varepsilon|r(n^*))$ のグラフである。この状況においても、供給者の利潤が増える逸脱が存在する。すなわち、融資条件を $R = S_L - \varepsilon > R^*$ と設定して、融資総額を拡大すれば、供給者の利潤は増加する。したがって、融資条件 R^* は均衡ではない[9]。これで証明を終わる。

　以上より、信用割当のある均衡 ($n^*<n$) が存在するのは、資金需要者が受け

入れようとする（つまり、$U(R) > 0$ である）融資条件 $R \neq R^*$ への利潤のある逸脱が存在しない場合に限られると結論される。これより、信用割当のある場合の第4の均衡条件

(2.16b)　　　　　もし $R \neq R^*$ かつ $(n-n^*)\,U(R) > 0$ であれば、$\pi(R|r^*) < 0$

を得る（**図 3-8**）。均衡条件 (2.16b) が成立する場合には、融資を追加すると、結果として貸付費用 r が高くなり、資金供給者の利潤は減少する。したがって、融資条件 $\hat{R} = R^*$ は均衡になる。

　均衡において信用割当のない場合 (2.16a)、ある場合 (2.16b) をまとめて、第4の均衡条件を得る。

(2.16)

　　　　　もし $U(R) > U(R^*)$ であれば、

　　　　　あるいはもし $R \neq R^*$ かつ $(n-n^*)\,U(R) > 0$ であれば、$\pi(R|r^*) < 0$

　よって、もし $\hat{R} = R^*$ かつ $\pi(\hat{R}|r(n^*)) > \pi(S_L|r(n^*))$ であれば、信用割当のある均衡 ($n^* < n$) が存在する。期待利潤は 0 であるという条件を満足していると、$r(n)$ の下での利潤は 0 に等しい。すなわち、$\pi(\hat{R}|r(n^*)) = 0$ である。資金供給者の利潤 π は $R \leq \hat{R}$ に関して増加的であり、r に関して減少的である。さらに、$R > \hat{R}$ では資金需要者は非効率な計画 L に切り替えるので、供給者利潤は $\hat{R}$ で不連続である。さらに、$\hat{R}$ で最大化されるので、供給者は融資条件 $R > \hat{R}$ を提案して融資総額を増加しようとはしない。もし $\pi(\hat{R}|r(n^*)) = 0$ が成立する $r(n)$ で集めることができる預金総額が、n 件全ての融資計画に必要な投資資金を賄うのに十分でないならば、すなわち $n^* < n$ であるならば、均衡において信用割当が発生する。このとき、$\hat{R} < S_H$ であり、よって $U(R^* - \hat{R}) = p_H\,(S_H - R^*) > 0$ であることに注意せよ。

　要約すると、信用割当のある均衡は、

　　　　　$R^* = \hat{R}$

　　　　　$\pi(\hat{R}|r^*) = 0$

　　　　　$\pi(S_L|r^*) < 0$

　　　　　$L(r^*) = n^*I < nI$

により特徴付けられる。$\pi(\hat{R}|r^*) > \pi(S_L|r^*)$ でなければならないので、

(2.17)　　$p_H\hat{R} > p_L S_L$

すなわち、

(2.18)　　$\dfrac{p_H}{p_L} = \dfrac{S_L + \sqrt{S_L{}^2 - S_H S_L}}{S_H}$

が成立しなければならない。つまり、信用割当のある均衡が存在するには、両投資計画の成功確率が十分違っていなければならない。

(2.19)　　もし $0 = \pi(\hat{R}|r^*) = p_H \hat{R} - \pi^* I$ であれば、　$\pi^* = \dfrac{p_h \hat{R}}{I}$

という事実より、次の命題を得る。

命題：(2.19) が成立して、$L\left(\dfrac{p_h \hat{R}}{I}\right) < nI$ であると想定せよ。このとき、信用割当のある均衡 $(R*, r*, n)$ は、

$$R^* = \hat{R}$$

$$r^* = \frac{p_h \hat{R}}{I}$$

$$n^* = \frac{L\left(\dfrac{p_h \hat{R}}{I}\right)}{I}$$

により定義される。信用割当のある均衡では、融資を受ける資金需要者は効率的計画 H を選択する。さもなければ、その均衡では信用割当は生じず、$n*=n$ が成立する。需要者は、もし $R^* \leq \hat{R}$ であれば、効率的計画 H を選択し、もし $R^* > \hat{R}$ であれば、非効率な L を選択する。

　以上の検討により、もし 2 つの計画の成功確率が十分に異なっており、(2.18) が成立するならば、そしてもし預金利子率 $r*$-1 での預金供給が十分少ないならば、均衡において信用割当が行われることが明らかにされた。信用割当のある均衡では、計画 H を全て実施することが正の利潤を増やすことになるとしても、n 人の需要者全員が融資を受けられる訳ではない。資金需要者全員が融資を受けることができるとしても、融資する価値のある計画 H 全てが実施されるとは限らない理由は、金融市場の情報非対称性により逆選択が生じるために、資金供給者は需要者全員に非効率な計画 L ではなく効率的な H を選択するように促す適切な誘因を与えることができないためである。

　n 人の需要者全員の投資計画に融資することは、預金市場の制約により実行可能ではない可能性があるうえ、与えられた貸付費用 $r(n)$ に対しては融資しないことが効率的である可能性がある。これらは信用割当につながる。成功の事象において計画 L は H より収益が高いので、返済額 R が高いときに、資金需要者にとって計画 L は魅力的である。信用割当は生じないとしても、その均衡では返済 $R > \hat{R}$ が成立しており、このことは資金需要者の選択を歪めて、非効率的な計画 L を選択する誘因を与えるので、非効率性が生じる可能性がある。

3.　動学モデルへの拡張：タイプが固定される場合

　本節では静学モデルを拡張して、エイジェントのタイプはひとたび抽出されると時間の流れの上で固定される場合の動学的逆選択の問題を取り上げる。ここでは最初に、供給者は自分が対峙する需要者の評価を知らないとの想定の下で需要者と供給者の動学的問題を記述して、情報を与えられていない (uninformed) 供給者が直面している長期契約の Pareto 改善的再交渉を行わないという約束の欠如と、短期契約締結の下で日和見主義的行動を採らないという約束の欠如について検討する[10]。

　動学的逆選択の設定においては、情報を与えられない当事者が情報を持つ当事者に対してソフトになることが有益であるときはいつでも、相互に効率的な再交渉の機会があることが問題になる。このような再交渉は、例えば評価が不確実である需要者達と対峙する独占者にも生じる (交渉と耐久財独占の問題)。相互に効率的な再交渉は、当初計画はこれまでになされた支出 (埋没費用) のために採算が合わないことが判っているが、それでも当該企業家との取引中止を望まない資金供給者達にも生じる (ソフトな予算制約 (soft-budget-constraint))。一般的に、長期契約により当事者達が保護されている場合でも、相互に利益のある契約変更を繰り返さないと約束できないときは何時でも、再交渉の問題が生じる。

　動学的逆選択の設定におけるもう 1 つの問題は、片務的契約締結の利得に

関わる。短期契約だけが締結可能であるとき、契約履行を通じて顕示される
情報があるため、事後的機会が生まれる。その結果として、もし情報を与え
られていない当事者が自分の生産性（あるいは世間の評価）は自分が考えてい
るよりも高いことを知るならば、当該当事者は情報を持つ当事者に自分に一
層有利な契約を提案することが考えられる（歯止め効果（ratchet effect））。短期契
約締結の仕組みは、再契約を伴う長期契約締結の仕組みとは多少異なる。し
かし、情報を与えられていない当事者の事後的な片務的利得は、情報を持つ
当事者にとって既知であるので、情報を与えられていない当事者にとっての
事後的な片務的利得が何であるかは事前の視点からは有害である。

　これらの問題は以下の方法で緩和ないしは回避できる。第 1 は、事後的な
再契約締結機会の制限である。すなわち、情報を持つ当事者の配分を（部分
的に）一括することにより、情報を持つ当事者のタイプに関して契約履行を
通じて顕示される情報量を制限する契約を設計することである。第 2 は、第
1 の方法より極端であるが、情報を与えられていない当事者が情報を持つ当
事者の契約選択を観察できないようにすることである（例えば、適切な監視制
度を設置しない）。これは、最適な静学契約よりも簡単かつ厳密な契約になる。
最後に、より一般的には、仮令当事者達は将来の Pareto 改善的な再交渉を行
わないと約束できないとしても、当事者達が事後的な日和見主義的行動を取
らないようにすることである。このようにすれば問題は緩和され、長期契約
の便益がある。

　契約が繰り返し履行されると、独占者が獲得する現在と将来の利潤の間の
異時点間競争が作り出されて、独占力が削減される（潜在的効果）。すなわち、
独占者がある耐久財を長期にわたり供給している状況では、当該耐久財の過
去の購入者達は当該財を中古市場で販売する可能性がる。このように、耐久
財市場では独占的供給者は過去の需要者達からの競争に直面することがあり、
異時点間競争が独占力を削減する潜在的効果がある。Coase（1972）はこのこ
とから、割引のない世界において耐久財を販売している独占的供給者は、本
質的に限界費用で販売することを余儀なくされると推論した。この推論は、
もし初期の需要者達が自分達の購入後に当該耐久財の将来価格は低下すると

予期するとしたら、初期需要者達は独占価格を受け入れないという論理に基づいている。もし当該耐久財の総需要が固定されているならば、期待価格は実際に継続的に下落するであろう。Stokey（1981）、Bulow（1982）、Fudenberg and Tirole（1983）、Gul, Sonnenschein, and Wilson（1986）、Hart and Tirole（1988）が強調したように、Coase の基礎的論理はエイジェントのタイプが時間の流れの上で固定されているあらゆる動学的な契約締結状況に一般的に当てはまる。

　本節では、短期および長期の契約の間の比較を詳しく検討した Hart and Tirole（1988）に従い、危険中立的な需要者と供給者の双務的契約を取り上げる。需要者の当該財の各期間の評価を v_i（ただし、$0<v_L<v_H$、添え字 $i=L, H$ は需要者タイプ）、供給者のそれを 0 とする。需要者のタイプは共有知識であり、タイプ H である確率を $\Pr(v_H) = \beta$、需要者 i が当該財を期間 t に消費する確率を x_{it} と表す。また、需要者の目的は消費の現在価値と供給者への支払いの差の最大化、供給者のそれは期待収入の純現在価値の最大化とする。両者の割引要素 $\delta \leq 1$ は共通である。

　最初に 2 期間の世界について、需要者は供給者が提案する 2 期間契約を受諾するか拒絶するかを選択する問題を検討し、このような交渉の余地はない契約により何が起きるかを考える。純現在価値を $\Delta = \delta^0 + \delta^1 = 1 + \delta$、$X_i = x_{i1} + \delta x_{i2}$ と定義して、タイプ i の需要者が供給者に支払う純現在価値を T_i とする。本節では需要者のタイプは固定されているので、完全約束の下での供給者の問題は次のように定式化される。

(3.1)
$$\max_{T_i}(1 - \beta)\,T_L + \beta T_H$$
subject to
$$v_i X_i - T_i \geq 0 \qquad i=L, H$$
$$v_i X_i - T_i \geq v_j X_j - T_j \qquad i, j=L, H$$

ここで制約のうち、上は参加制約、下は誘因両立性制約である。供給者は最大化問題 (3.1) を解いて、需要者に契約 $\{(X_L, T_L), (X_H, T_H)\}$ を申し出ることになる。

　最適では、$i=L$ に対する参加制約と、$i=H$ および $j=L$ に対する誘因制約は拘束的であるから、(3.1) は、

(3.2)　　　$\displaystyle\max_{X_i}(1-\beta)\,v_L X_L + \beta[v_H X_H - (v_H - v_L)X_L]$

と書き換えられる。そして、

(3.3)　　　$\beta' = \dfrac{v_L}{v_H} > \beta$

が成立する場合には、つまりタイプ L に遭遇する確率が十分高いならば、(3.2)の解は $X_H = X_L = \Delta$ となり、このとき $T_L = v_L = T_H = v_H$ が成立する。実際に、両タイプの需要者に販売することは、タイプ L だけを集めていることを意味する。逆に、

(3.4)　　　$\beta > \beta' = \dfrac{v_L}{v_H}$

が成立する場合には、つまりタイプ L に遭遇する確率が十分低いならば、タイプ L を排除して、$X_L = T_L = 0$ とし、$T_H = v_H$ と設定する設定することが最善になる。この問題は線形であるので、事後効率的均衡または一方のタイプの消費を 0 にする均衡（端点解）の何れかが成立する。

　ここでは、(3.4) が成立する場合に限定して検討を進める。この限定により、第 1 期の選択後の需要者の行動に違いが生まれる。需要者が第 1 期に消費を差し控えると、供給者はその事実から需要者の評価が v_L であることを知り、第 2 期価格を引き下げることが自分の利益になると判断する。そして、需要者もこのような供給者の反応を第 1 期に予期している。

　最初に、当該耐久財が販売され、所有権が独占的供給者から需要者に移動する場合を考察する。このとき、第 1 期の購入者は当該財を第 1 期および第 2 期に利用できるうえに、第 2 期に中古市場で販売することもできる（結果として、供給者の競争相手になる）。第 t 期に供給者が需要者に対して、価格 P_t で当該財をその期に引き渡すという現物契約だけを提案できる状況の完全 Bayesian 均衡を考えよう。第 1 期価格 P_1 が提案された後に、需要者が第 1 期に実際に購入するなら、ゲームはそこで終了する。しかし、需要者が第 1 期に購入を選択しないときは、供給者は当該需要者はタイプ H であるという確率評価 $\beta(P_1)$ を持つ。この評価は Bayes 規則と両立しなければならない。

　第 2 期の継続均衡（continuation equilibrium）は、継起的合理性により、$\beta(P_1) > \beta'$ であれば、$P_2 = v_H$ であり、反対に $\beta(P_1) < \beta'$ であれば、$P_2 = v_L$ である。いずれの場合にも、タイプ L の第 2 期余剰は 0 になる。つまり、

(3.5)　　　$P_1 \leq v_L \Delta$

である場合そしてその場合に限り、タイプ L は第 1 期の提案を受諾する。

　同様に、もしタイプ H が $P_2 = v_H$ を期待するならば、

(3.6)　　　$P_1 \leq v_H \Delta$

である場合そしてその場合に限り、タイプ H は第 1 期の提案を受諾する。反対に、もし $P_2 = v_L$ を期待するならば、H は第 1 期の購入を躊躇する。よって、当該需要者が第 1 期の提案を受諾するのは、

(3.7)　　　$P_1 \leq v_H \Delta - \beta(v_H - v_L) = v_H + \delta v_L \equiv P'$

である場合そしてその場合に限られる。

　このとき、供給者の第 1 期の選択肢は 3 通り考えられる。第 1 は、供給者が $P_1 \leq v_L \Delta = v_L(1 + \delta)$ を設定することである。この場合には、供給者は確率 1 で第 1 期に販売することができる。供給者がこのような第 1 期価格付けから獲得可能な収入は、最も高い価格を設定するときに最大になるので、最大収入は $v_L(1 + \delta)$ である。

　第 2 は、供給者が第 2 期に価格を v_L に引き下げて、タイプ L に販売することである。反対に、第 1 期は H だけに販売することにすれば、可能な最も高い第 1 期価格は P' になる。したがって、供給者の収入は、

(3.8)　　　$(1 - \beta)\delta v_L + \beta P' = (1 - \beta)\delta v_L + \beta(v_H + \delta v_L) = \beta v_H + \delta v_L$

により与えられる。(3.4) が成立するとき、供給者の収入が大きいという意味で、第 2 選択肢は第 1 よりも供給者にとって好ましい。

　第 3 は、供給者が第 1 期価格を P' 以上、$v_H(1 + \delta)$ 以下の範囲に設定することである。この場合の継続均衡は混合戦略になる。すなわち、$P_2 = v_L$ であると、タイプ H は第 1 期購入を望まないから、$P_2 = v_L$ は継続均衡にはなり得ない。同様に、$P_2 = v_H$ であっても、H は第 1 期購入を望まないから、$P_2 = v_H$ も継続均衡にはなり得ない。供給者が第 2 期価格を v_L に設定することと、v_H に設定することとの間で無差別であるには、$v_L = \beta(P_1)v_H$ でなければならない。これは、タイプ H が確率 γ で第 1 期の提案を受諾することを意味する。ただし、

$$\beta' \equiv \frac{v_L}{v_H} = \frac{\beta(1 - \gamma)}{\beta(1 - \gamma) + (1 - \beta)}$$

すなわち、

$$(3.9) \qquad \gamma = \frac{\beta - \beta'}{\beta(1 - \beta')}$$

である。

　次に、需要者は P_1 を受諾することとこれを拒絶することの間で無差別でなければならない。このことは、P_1 が与えられたときに $P_2 = v_H$ である確率 $\sigma(P_1)$ が、

$$(3.10) \qquad v_H(1 + \delta) - P_1 = \delta[1 - \sigma(P_1)](v_H - v_L)$$

を満たすことを意味する。(3.10) より、

$$(3.11) \qquad \sigma(P_1) = 1 - \frac{v_H(1 + \delta) - P_1}{\delta(v_H - v_L)}$$

が得られる。つまり、第 1 期価格 P_1 は、供給者の申し出を（一定の）確率 γ で受諾するタイプ H による無作為化により決定され、第 2 期価格は供給者が確率 $\sigma(P_1)$ で高い価格を、確率 $[1 - \sigma(P_1)]$ で低い価格を申し出る無作為化により決定される。このときの供給者の期待収入は、

$$(3.12) \qquad \beta\gamma P_1 + [\beta(1 - \gamma) + (1 - \beta)]\delta v_L$$

となる。そして、それぞれの無作為化の中で可能な最高価格、すなわち $P_1 = v_H(1 + \delta)$ と $\sigma(P_1) = 1$ に対して、供給者の期待収入は最大化され、その最大値は、

$$(3.13) \qquad \beta\gamma v_H(1 + \delta) + [\beta(1 - \gamma) + (1 - \beta)]\delta v_L$$

により与えられる。(3.9) (3.13) より、

$$(3.14) \qquad \frac{\beta - \beta'}{1 - \beta'} v_H(1 + \delta) + \left(1 - \frac{\beta - \beta'}{1 - \beta'}\right)\delta v_L$$

を得る。

　この最大期待収入を、供給者が第 1 期にだけタイプ H に確実に販売する第 2 価格付け戦略の下での収入 (3.8) と比較しよう。(3.14) は β に関して増加的であるから、$\beta \to \beta'$ に対して、無作為化は第 1 期の販売は非常に小さいことを意味するので、期待収入を高めるという意味で、第 1 期に H に確実に販売することは無作為化より望ましい。代わりに、$\beta \to 1$ に対して、供給者

は無作為化より第1期に高価格 v_H で高い確率で販売することができるので、無作為化は第1期に確実に販売することよりも望ましい。すなわち、β がそれ以上であれば、無作為化が選好され、それ以下であれば、タイプ H に確実に販売することが選好されることになる β の閾値が存在する。

つまり、約束が欠如していることは、供給者が需要者の評価について一層悲観的になるときに、供給者は価格引き下げを回避できない。第1期にタイプ H に確実に販売することから、需要者は第2期価格が低くなることを予期できるので、約束の下よりも低い第1期価格を承知させることを意味する。そして、価格を高く維持することは、第1期販売が難しいことを受け入れることを意味する。タイプ L と遭遇する確率は低いので、第2期に L から多くの収入を獲得することは望めないときには、供給者にとって価格を高く維持する戦略が有利になる。

こんどは、当該耐久財の所有権を販売するのではなく、利用権を取引する場合（賃貸）を取り上げる。需要者は第1期に利用するために第1期に賃貸料 R_1 を支払う。第2期に利用するためには、供給者が設定する第2期賃貸料 R_2 をさらに支払う。所有権ではなく利用権を取引対象にすることは、独占者である供給者にとって販売の場合によりも有利になると考えられる（Tirole (1988)）が、この推論は需要者の匿名性という仮定に依拠することが判る。供給者は匿名の需要者の連続体に対峙していると想定すると、販売の場合にはタイプ H が早期購入を躊躇するようになるから、供給者は先ずタイプ H に供給しながら、価格を後に引き下げるとは約束できない。需要者のタイプが固定されている場合には、供給者は毎期々々同じ需要曲線に直面する上に、これまで誰に販売したかを記録できない（需要者の匿名性）が、賃貸にすればこの問題は解決される。

しかし、需要者が非匿名であると、事情は異なる。販売の場合には、タイプ L に対峙していると考えるときに、供給者は価格を将来下げないと約束できないことが供給者にとって問題であった。反対に、タイプ H に対峙していると考えるときに、価格を将来上げないと約束できないことも問題であった。H はこの歯止め効果（ratchet effect）も考慮する。

完全 Bayesian 均衡を考える。第2期は販売の場合と同様である。与えられた $\beta(R_1)$ に対して、$\beta(R_1) > \beta'$ であれば、$R_2 = v_H$ であり、さもなければ $R_2 = v_L$ である。そして第1期の状況は3つに分かれる (販売の場合と同様)。第1は、第1期には両タイプに賃貸して、$R_2 = v_H$ と設定することである。すなわち、L は v_L を超える R_1 を拒絶するので、(3.4) の下での供給者の選択肢の1つは、$R_1 = v_L$ と設定することである。

第2は完全分離均衡である。ここで、H が受諾する最も高い第1期貸借料 R_1 は、

$$(3.15) \qquad v_H - R_1 \geq \delta(v_H - v_L)$$

を満足する。実際に、第1期に賃貸を選択して分離することは、第2期に余剰を獲得しないこと ($R_2 = v_H$) を意味するのに対して、第1期に賃貸しないことは第2期の低い貸借料 ($R_2 = v_L$) 獲得を意味する。この場合には、供給者の収入は、

$$\beta[v_H - \delta(v_H - v_L)] + \delta[\beta v_H + (1 - \beta)v_L]$$

となるが、これは、

$$(3.16) \qquad \beta v_H + \delta v_L$$

に等しく、(3.4) の下では $\delta \leq 1$ に対する第1の戦略の期待収入よりも高い。この結果は、需要者が販売契約を申し出られた場合に完全分離において供給者が獲得する収入に等しい。しかし、ここの R_1 に関する制約は、

$$(3.17) \qquad R_1 \leq (1 - \delta)v_H + \delta v_L$$

であり、$\delta \leq 1$ に対してのみ、分離は可能であることが判る。

第3に半分離 (semiseparation) 均衡も可能である。すなわち、販売の場合と同様に、タイプ H の需要者を確率

$$(3.18) \qquad \gamma = \frac{\beta - \beta'}{\beta(1 - \beta')}$$

で賃貸するように誘導すれば、供給者は $R_2 = v_L$ と設定することと $R_2 = v_H$ と設定することの間で無差別になる。(3.18) は、

$$(3.19) \qquad \sigma(R_1) = 1 - \frac{v_H - R_1}{\delta(v_H - v_L)}$$

を意味する。販売の場合と同様に賃貸の場合にも、供給者にとって最善であるのは、可能な最も高い貸借料、すなわち $R_1 = v_H$ である。このときの供給者の収入は、

$$(3.20) \qquad \beta\gamma v_H(1+\delta) + [\beta(1-\gamma) + (1-\beta)]\delta v_L$$

であり、(3.9) を代入して、

$$(3.21) \qquad \frac{\beta - \beta'}{1-\beta'} v_H + \left(1 - \frac{\beta - \beta'}{1-\beta'}\right)\delta v_L$$

を得る。このように、2 期間の場合には、販売でも賃貸でも同じ結果になる。

　しかし、3 期間以上の場合には販売と賃貸の結果は異なる。3 期間以上の場合には、タイプ L 向けには賃貸料を低めたい、H 向けには賃貸料を高めたいという供給者の抱える動学的誘因問題が、契約をタイプ別に分離することを制限するので、賃貸の結果は販売の場合よりも歯止め効果のために厳密に悪化する。実際、供給者の動学的誘因問題のために、タイプ L が第 1 期に確率 1 で分離提案を受諾することはない。

　具体的に、T 期間モデル (ただし、$T \geq 3$) を設定して、需要者が第 1 期から第 t-1 期まで供給者の申し出を繰り返し拒絶してきたときに、供給者が第 t 期に当該需要者をタイプ H と考える確率評価を β_t とする (つまり、$\beta_1 = \beta$)。このとき、3 期間以上の問題において、

$(3.22) \qquad$ もし $\delta + \delta^2 \geq 1$ であれば、全ての $t \leq T-1$ について、$\beta_t \geq \beta'$ である

と主張される。証明は背理法による。$\beta_t < \beta'$ となる最初の期を $t \geq 2$ とする。もし $t \leq T-1$ であり、かつ需要者がそれまでの申し出を拒絶してきたならば、供給者には第 t 期以降の賃貸料を v_L に等しく設定する誘因がある。もし需要者が第 t-1 期以前に申し出を受諾したことがあれば、供給者はそのとき以降の賃貸料を v_H に等しく設定する。タイプ H が第 t-1 期に申し出を受諾するならば、

$$(3.23) \qquad v_H - R_{t-1} \geq (v_H - v_L)(\delta + \cdots + \delta^{T-t+1}) \geq (v_H - v_L)(\delta + \delta^2)$$

が成立する。ここで、(3.23) は、

$$(3.24) \qquad R_{t-1} \leq v_L$$

を意味するが、これは両タイプの需要者が申し出 R_{t-1} を受諾することを意味

するので、$\beta_{t-1} \geq \beta' > \beta_t$ に矛盾する。ゆえに、(3.22) が成立する。

このように、賃貸の場合には最終の 2 期間前までに顕示されるタイプの情報量は限られている。この制限はとりわけ、β が β' に十分近く、完全分離が最適であるとき、2 期間の設定における販売の結果は 3 期間の賃貸よりも厳密に良いことを意味する。実際、3 期間の設定では供給者は第 1 期にタイプ H に価格 $P_1 = v_H + (\delta + \delta^2)v_L$ で販売し、第 2 期に L に価格 $P_2 = (1 + \delta)v_L$ で販売することも可能である。ここでは、供給者の選択肢は次の 2 通りに限られる。第 1 は、供給者は $\beta_2 = \beta'$ となるように $R_1 > v_L$ と設定することである。しかし、供給者が無作為化して v_L とは異なる賃貸料を設定しても利得は 0 に留まるので、第 2 期までの利得は $(1 + \delta)v_L$ だけである。さらに、第 1 期には $R_1 \leq v_H$ であり、賃貸の確率は H に遭遇する確率よりも厳密に小さいから、この結果は販売の結果よりも厳密に悪い。第 2 は、第 2 期から始まる 2 期間完全分離が成立するように、$R_1 = v_L$ と設定することである。しかし、これは第 1 期を第 2 期に置き換えた販売の結果と同様である。しかし、$\delta < 1$ かつ $\beta v_H > v_L$ であるので、割引を考慮するとこれは一層悪い。

以上の販売の 3 期間の例と比較すると、非匿名の需要者達を相手にする賃貸は最適ではない[11]。要約すると、耐久財独占問題において、もし需要者達が匿名のままであれば、賃貸が販売を支配するが、さもなければ、販売が賃貸を支配すると結論される。

ここまで、完全約束解（full commitment solution）と約束なしの現物契約締結解（no-commitment, spot-contracting solution）を比較してきた。完全約束解では特に、供給者は日和見主義的行動を取らない（歯止め効果）、あるいは供給者は相互に合意可能な条件で販売するために価格を引き下げるといった Pareto 改善的提案をしないと仮定される。しかし、これらの中間形態として、長期契約は可能であるが、供給者は当初契約を改訂した新契約を、仮令需要者がそれを受諾可能と判断するとしても、第 2 期期首に提案しないと約束できない場合がある。この場合の結果は上とは異なる。

この長期契約と再交渉という中間形態は現実的である。契約履行は、一方の当事者が日和見主義的契約違反を犯して害を与え、被害者となる当事者を

保護することを意味するので、契約履行は被害者が相手の契約違反に抗議し、双方の当事者が当初契約を破棄して新しい契約を締結することに合意することが拒まれる状況に限定される [12]。ここでも、第 2 期に Pareto 最適であるとしても、第 1 期に Pareto 最適ではない可能性があるので、Pareto 改善的再交渉は興味深い主題である。

　再交渉しないという約束を欠く最適な長期契約を考えよう。継起的 Pareto 最適性は、供給者は継起的に最適である第 2 期価格、すなわちもし $\beta(P_1) > \beta'$ であれば $P_2 = v_H$ を、さもなければ $P_2 = v_L$ を設定することを意味する。これは、賃貸の場合と同じ制約である。したがって、販売の場合に、供給者は約束なしの結果より良い結果を得ることはない。

　再交渉ありの最適な長期販売の下で、販売の場合の結果は次のようにして履行することができる。完全分離の場合には、需要者は価格 $v_H + \delta v_L$ で両期に購入する、あるいは第 2 期にのみ第 1 期価格 δv_L で購入するという選択肢を第 1 期にもつ。他方、半完全分離の場合には、需要者は 2 回選択の機会がある長期契約を第 1 期に提案され、先ず当該財を第 1 期に購入するかしないかを選択する。そして第 1 期に購入する場合には、第 2 期にも購入を選択して、第 1 期に合計 $v_H(1 + \delta)$ を支払う。他方、第 1 期に購入しない場合には、当該需要者は第 2 期に購入するかしないかを再度選択し、第 2 期に購入する場合には δv_H を支払い、第 2 期にも購入しない場合には支払いはない。

　これは、再交渉耐性原理（renegotiation-proofness principle）の一例である。これまでの契約も実際のところ再交渉耐性である。すなわち、完全分離の下で、再交渉は事後効率的であり、したがって両タイプは消費する。そして、半分離の場合には、タイプ H が第 1 期に消費することを選択する確率が、

(3.25) $$\gamma = \frac{\beta - \beta'}{\beta(1 - \beta')}$$

であるならば、厳密な Parcto 改善はここでも排除される。この場合には、第 2 期における高価格は暫定（interim）効率的であるが、事後効率的ではない。需要者だけが自分のタイプを知っているとき、供給者は新しい契約を提案して自分の利得を高めることはできない。一層の消費を促すことは、その価格

を v_L まで低めることを意味するし、そのことが供給者の第2期利潤を当初契約に比べて厳密に改善することはない。

　販売の場合には現物契約締結と再交渉を伴う長期契約締結の間に違いはないが、賃貸の場合には違いが生じる。実際、長期契約は歯止め効果を免れる。これまでの長期契約は以下のように再交渉耐性長期賃貸契約として容易に解釈し直すことができる。第1に完全分離では、第1期に2つの選択肢のある長期契約が需要者に提案される。つまり、需要者は第1期に v_H、第2期に v_L という賃貸料で両期に当該財を利用するか、あるいは賃貸料 v_L で第2期のみに利用するかの何れかを選択する。第2に半分離均衡では、第1期に提案される長期契約には3通りの選択肢がある。すなわち、需要者は第1期に当該財を利用するかしないかを選択する。第1期に利用を選択すると、当該需要者は第2期にも利用することになり、それぞれの期に賃貸料 v_H を支払う。第1期に利用を選択しない場合には、第2期に2回目の選択をする。第2期に実際に利用する場合には賃貸料 v_H を支払うが、第2期にも利用しない場合には支払いはない。

　需要者の支払いを適切に割り引けば、この結論は上の結果と全く同じである[13]。要約すると、第1に、再交渉が可能な長期契約の下では、販売と賃貸の結果は一致して、現物契約の結果と一致する。第2に、最適な再交渉ありの長期契約は、一般性を失うことなく、再交渉耐性契約として設計可能である。ただし、再交渉耐性原理はそれ程頑強ではない。この設定において最適な結果は再交渉なしに達成可能であるが、それらの最適な結果は均衡経路に沿って再交渉された複数の契約を通じても達成可能であることが多い。

　固定されたタイプの下で繰り返される逆選択の分析から得られる知見の1つは、情報を持っている当事者のタイプが固定されているとき、恒久的関係からの利得は全くないことである。より正確には、当事者達が匿名な市場において1回限りの現物契約を締結する場合よりも、時間を超えて互いに影響し合う場合に情報を持たない当事者の1期間当たり最大平均利得は低くなる。情報を持たない当事者間では、最適な静学的契約を繰り返すことが最善である。

　タイプが固定されている場合の動学的逆選択を検討した本節の分析は、長

期契約は一方的な契約違反から当事者を守るが、当事者が将来の Pareto 改善的再交渉に関わらないと約束できない場合や、法律を一方的に変更できる政府がプリンシパルである状況で短期契約だけが利用可能である場合には、約束は欠如することを明らかにした。その理由は、前者ではプリンシパルはエイジェントに将来にわたって過度にソフトにならないと約束できない（耐久財独占問題、ソフトな予算制約問題）ためであり、後者ではプリンシパルが過度にタフにならないと約束できない（歯止め効果）ためである。いずれにしても、プリンシパルが継起的最適と考える結果は事前最適とは一致しないので、プリンシパルの利得は損なわれる。契約履行を通じて顕示される情報は、事前の視点からプリンシパルの利得を損なう再契約締結の機会を生み出すので、約束が重要な問題になる。したがって、契約履行の経路において顕示される情報を制限すること、すなわち（部分的）一括を伴う契約を締結することは望ましいことが従う。

4.　動学モデルへの拡張：タイプが変化する場合

前節ではエイジェントのタイプが時間の上で固定された動学的逆選択モデルを考察した。そこでは、契約履行を通じて開示される情報が主要な論点であった。本節は、エイジェントのタイプが毎期、新らたに独立に抽出される場合を取り上げる。ここでの主要な論点は期間内危険共有と異時点間消費円滑化の間の二律背反であり、タイプ固定の場合とは対照的な結論が導かれる[14]。

以下では、最適な長期契約締結問題の定式化から始めて、次に契約が締結されない状況（自給自足）、競争的金融市場における借入と貸付という状況との比較を行う。最適契約は資金供給者（銀行など）と需要者（借り手）の間の流動性を制約とする効率的取り決めであるから、この制度的取り決めを競争的金融市場における取引を通じて獲得される均衡結果と比較して、制度に基づく金融体制と市場に基づく金融体制（Allen and Gale（2000））の違いを明らかにする。すなわち、前者は後者より優れた異時点間危険共有あるいは消費円滑

化を提供する可能性がある一方で、資金供給者が危機に陥る可能性があり、
金融を不安定にすることである。

　本節では 3 つの問題を取り上げる。第 1 は、2 期間の計画視野を持つ需要
者の消費時期の選択（Diamond and Dybvig (1983)）である。これは、単一の消費
衝撃[15] が想定されるとき、第 1 期に消費するか第 2 期まで消費を延期する
かを第 1 期に判断するという消費時期を決定する問題である。第 2 は、2 種
類の独立に分布している所得衝撃を想定する 2 期間の枠組みにおいて、単純
な借入契約と保険契約を比較する (Townsend (1982))。最後に、第 3 の問題と
して無限の計画視野を考察する。

　資金供給者の主要な機能の 1 つは流動性変換である。高収益をもたらす投
資であっても、数年後に初めて正の純収益を生み出すような長期計画（例え
ば、完成までに 10 年以上の期間を要するダム建設計画）は仮令社会的に望ましい
としても、資金調達が困難であることが多い。資金需要者の多くは資金を長
期間、1 つの投資計画に固定しておけないので、社会的有用性にも関わらず、
そのような計画への投資は過少になりがちである。多数の預金者から資金を
集める金融機関などが、そのような長期計画に資金を供給することになる。
このように、資金供給者は流動性変換サービスを提供することにより、預金
者と資金需要者の間の仲介者として行動し、預金者が何時でも貯蓄を引き出
すことを可能にして、預金者が当該計画の将来収益が実現される前に当該計
画の将来収益からの利益を受け取ることを可能にする。預金者が全員同時に
それぞれの預金を引き出すことないという統計的正則性により、資金供給者
は流動性変換サービスを提供することができる。

　流動性需要と資金供給の変換機能は、非対称情報の下での最適契約締結
を検討した Diamond and Dybvig (1983) により分析された。本節では、彼らの
モデルを多少一般化して、2 期間の寿命を持つ資金需要者の連続体から構成
されるモデルを設定する。各需要者は第 1 期期首（＝期日 0）に 1 単位の資金
を持ち、2 種類の計画の一方あるいは両方に投資する。第 1 は、第 1 期期末
（＝期日 1）に粗収益 $r \geq 1$ を受け取る短期計画であり、これは第 2 期期首（＝
期日 1）に再投資して、第 2 期期末（＝期日 2）に粗収益 r^2 を受け取るように繰

り返すことができる。第2は、期日0に1単位の資金を投資し、期日2に粗収益 $R > r^2$ を受け取る2期間の長期計画であり、これは投資期間の満期前に収益を分配するものではないが、第1期末に現金化して、L という清算価値（liquidation value）を受け取ることも可能である。

　需要者の将来の選好（タイプ）には、第1期に消費することを選好する気短かなタイプ1と、もしそうすることが自分にとって価値があるならば、第1期ではなく第2期に消費しようとする気長なタイプ2があるが、需要者は期日0には自分のタイプを知らない。需要者の選好は、タイプを条件とする効用関数

$$(4.1) \qquad U(c_1, c_2; \theta) = \begin{cases} u(c_1 + \eta c_2) & \theta = \theta_1 \\ u(\mu c_1 + c_2) & \theta = \theta_2 \end{cases}$$

により表される。ただし、$\eta < 1$ と $\mu < 1$ はそれぞれ、タイプ1については第2期の消費、タイプ2については第1期の消費による効用損失を表すパラメーターであり、$u(\cdot)$ は連続微分可能、厳密に増加的な凹関数である [16]。

　需要者は自分のタイプを第1期中に正確に知り、選好に関する不確実性は第1期末（＝期日1）までに解消される。ただし、この情報は私的情報に留まる。タイプ1であることの事前確率を $\Pr(\theta = \theta_1) = \gamma$ とすると、期日1に割合 γ でタイプ1と、割合 $(1-\gamma)$ でタイプ2が存在する。このとき、選好不確実性から需要者を守るために、投資の最適な組み合わせと収入共有の最適規則を決定するという非対称情報の下での最適契約締結問題は、資源制約と誘因両立性制約の下で、代表的需要者の期日0における期待効用の最大化として定式化される。

　需要者のタイプは共有知識であるとして、各タイプについて短期計画への投資額 $x \in [0,1]$ を決定する問題を解くことから始める。タイプ $i=1, 2$ の第 t 期 $(t=1, 2)$ の消費量を c_{it} と表すと、各タイプの選好が与えられたとき、最善な最適消費配分は、

$$(4.2) \qquad c_{12}^* = c_{21}^* = 0$$

を満足する。

　投資選択について、もし $r \leq L$ であれば、投資資金の全額を期日0に長期計画に一旦投資の上、第1期末（＝期日1）にそのうちの割合

(4.3)　　$y = \dfrac{c_{11}^* \gamma}{L}$

を現金化することが最適である[17]。他方、もし $r>L$（そして $r^2<R$）であれば、割合

(4.4)　　$x = \dfrac{c_{11}^* \gamma}{r}$

を短期計画に、残りを長期計画に投資することが最適である。以下では、$r>L$ と仮定して分析を続ける。最後に、最適保険は第1期と第2期の消費の間の限界代替率と限界変形率の均等

(4.5)　　$ru'(c_{11}^*) = Ru'(c_{22}^*)$

を要求する。

　次善の世界においては、最善契約は一般的に実行不可能である。実行可能であるのは、この契約が誘因両立性制約

(4.6)

$$u(c_{11}^*) \geq u(\eta c_{22}^*)$$
$$u(c_{22}^*) \geq u(rc_{11}^*)$$

を満足する場合に限られる。(4.6) の第1式はタイプ1が投資からの高収益を獲得することを狙って気長であることを装っても、利得は増加しないことを意味する。他方、第2式はタイプ2が気短かであることを装っても、利得は増加しないことを意味する。両制約の重要な違いは、タイプ2は第1期に自分の資金を資金供給者から引き出して短期計画に再投資することができるから、タイプ2が気短かを装うときには第1期に消費する必要はないことである。

(4.7)　　$1 \geq \eta r$

である場合に限り、誘因両立性制約 (4.6) は満足される。

　しかし、(4.7) は常に成立する訳ではない。しかも、仮令 (4.7) が成立するとしても、最善契約が常に利用可能とは限らない。例えば、$\eta = 0$ であり、したがって (4.6) 第1式は常に満足されると仮定しよう。このとき、$c_{22}^* \geq rc_{11}^*$ である場合に限り、最善契約は (4.6) 第2式を満足する。しかし、この仮定は、(4.5) ではなく、

(4.8)　　$ru'(c_{11}^*) \leq Ru'(c_{22}^*)$

が成立することを意味する。しかし、例えば、効用関数が逓減的相対的危険回避[18]を示せば、(4.8) は成立しない。このことは、次善の世界においては

最善契約が常に実行可能であるとは限らないことを意味する。つまり、次善契約は選好の衝撃に対して不完全な保険しか提供できず、$c_{21}>0$ であるような事後的に非効率な消費配分をもたらす可能性がある。

　これより以下の知見が従う。第 1 に、次善配分$(c_{11}^{SB}, c_{12}^{SN}, c_{21}^{SB}, c_{22}^{SB})$は、需要者に要求払い預金により、その資金を集めて投資計画に適切に配分する資金供給者により履行される (Diamond and Dybvig (1983))。次善配分は最善配分c_{it}^*と一致することもあるが、この経済では金融仲介は内生的に出現して、資金供給者による効率的な流動性変換機能を通じて、需要者は第 1 期に$(c_{11}^{SB}, c_{12}^{SN})$あるいは$(c_{21}^{SB}, c_{22}^{SB})$を自由に選択する。第 2 に、同じ配分は期日 0 に需要者に株式を発行し、第 1 期末(＝期日 1)に、

$$\gamma c_{11}^{SB} + (1 - \gamma) c_{21}^{SB}$$

を配当する公開企業 (publicly traded firm) を設立しても達成される。このとき、タイプ 1 と 2 は第 1 期の証券流通市場において、配当と配当落ち株式を取引する。つまり、需要者が複数のオープン型投資信託 (mutual fund) に投資し、これらの投資信託が複数の公開企業の株式を保有するという仕組みは、流動性を変換する点において資金供給者と同程度に効率的である。

　第 3 に、需要者が第 1 期に獲得した資金を再投資できない場合には、次善配分は一般的に厳密に改善されている。この点を理解するには、誘因制約

$$(4.9) \quad \begin{aligned} u(\mu c_{21}^{SB} + c_{22}^{SB}) &\geq u(\mu c_{11}^{SB} + c_{12}^{SN}) \\ u(\mu c_{11}^{SB} + c_{12}^{SN}) &\geq u(r c_{21}^{SB} + c_{22}^{SB}) \end{aligned}$$

を比較すれば十分である。再投資を選択できない場合には、(4.9) の第 1 式が成立する。第 2 式は再投資が許容される場合に成立し、したがって第 1 式より要求が厳しい。Jacklin (1987)、Diamond (1997)、Allen and Gale (2000) 他が主張するように、銀行に基づく金融制度は、第 1 期の貯蓄再投資を回避するから、公開企業の株式を保有し流通市場において運用するオープン型投資信託よりも流動性衝撃に対する保険としては優れている。換言すると、取引されない手段を使い保険を提供することが最適である。第 4 に、しかし Diamond and Dybvig (1983) が強調するように、最適な要求払い預金契約は銀行取付の原因になる可能性がある。というのは、タイプ 2 全員がタイプ 1 を模倣する

とき、預金引き出し全額に応じるのに十分な資金が資金供給者にはないことがあるからである。このような事象になれば供給者は破綻するし、破綻期待は銀行取付の引き金となる。金融市場が取付耐性である限り、最適な要求払い預金契約は預金者が第 1 期に自分の貯蓄を短期的投資に再投資することを許容する金融仲介の解を弱支配する。

　ここで第 2 の問題、すなわち危険回避的需要者と危険中立的資金供給者の間の動学的契約締結問題に進む。このために、計画視野は 2 期間のままであるが、需要者は時点 0 に 2 種類の独立な衝撃に直面すると想定する。需要者の効用関数は時間分離的であるとして、第 t 期 (t=1, 2) の消費を c_t と表すと、

$$u(c_1) + u(c_2)$$

により与えられる。差し当たり、$u(\cdot)$ は厳密に増加的かつ厳密に凹であり、$u'(0) = +\infty$ であると仮定する [19]。需要者の各期の所得 w は確率的な衝撃を受けて変化するが、第 1 期、第 2 期に独立同分布しており、確率 p で w=1、確率 $(1\text{-}p)$ で w=0 という値を取る。資金供給者は十分な資産を持っており、需要者が望むだけの資金を貸し付けることができる。簡単化のために、均衡利子率を 0 とする。

　この枠組みにおいて、最適契約は賦存量条件付き移転 $\{b_1(w_1); b_2(w_1; w_2)\}$ として表される。$w^1 = (w_1)$ かつ $w^2 = (w_1; w_2)$ としよう。このとき、最善問題は制約付き最大化問題

(4.10) 　　　　$\max E\left[u[w_1 + b_1(w^1)] + u[w_2 + b_2(w^2)]\right]$

　　　subject to

(4.11) 　　　　$E[b_1(w^1) + b_2(w^2)] \leq 0$

の解として与えられる。ここでは利子率を 0 としているので、個別合理性制約 (4.11) は資金供給者から需要者への期待移転は非負でなければならないことを意味する。λ を制約 (4.11) の Lagrange 乗数として、最大化問題 (4.10) の Lagrange 関数を求め、$b_t(w^t)$ に関して微分して、1 階の条件

(4.12) 　　　　$u'[w_t + b_t(w^t)] = \lambda$　　　　　　　　t=1, 2

を得る。(4.12) より、

(4.13) 　　　　$w_t + b_t(w^t) = p$

すなわち、危険回避的需要者の最適消費は一定になる。これは、

(4.14)
$$b_1(0) = b_2(w_1; 0) = p$$
$$b_1(1) = b_2(w_1; 1) = p\text{-}1$$

を意味し、最善契約は需要者に完全保険を提供することと、長期契約を締結しても利得は増えないことが判る。静学的契約、すなわち短期契約 [$b(0) = p$, $b(1) = p\text{-}1$] の反復は (4.14) と同じ配分を実現する。所得実現 w_t は需要者にとって私的情報であるとしよう。所得 $w_t = 1$ を実現する需要者は $\hat{w}_t = 0$ と偽って、自分の賦存量を保有して正の純移転 $b_t(\hat{w}_t) = p$ を受け取ろうとする。

　最善が短期契約の反復を通じて履行可能でないとすれば、短期契約の唯一の誘因両立的反復は保険ではないことが判る。これを理解するために、最終期日 $t=2$ から後ろ向きに検討する。需要者は常により高い純移転を選択する誘因を持つので、純移転に違いがある ($b_2(0) \neq b_2(1)$) とすれば、それは誘因両立性が満足されていないことを意味する。それゆえに、期日 $t=2$ には保険はあり得ない。後ろ向きに第1期に戻ると、第1期にも純移転の違いは全く存在し得ないことが判る。しかし、所得衝撃が私的に観察されるとき、この観察は保険の余地が全く存在しないことを意味する訳ではなく、資金供給者と需要者が長期契約を締結できるときには、何らかの保険が可能である。

　Townsend (1982) は、利子率が0である場合の単純な借入契約

(4.15)　　$b_2(w_1; w_2) = \text{-}b_1(w_1)$

を取り上げて、この可能性を示した。このとき、需要者は、生涯期待効用の最大化問題

(4.16)　　$\max_{b_1(w_1)} u[w_1 + b_1(w_1)] + E\{u[w_2 - b_1(w_1)]\}$

を解き、その解 $b_1(w_1)$ を選択する。この最適な $b_1(w_1)$ は Euler 方程式

(4.17)　　$u'[w_1 + b_1(w_1)] = E\{u'[w_2 - b_1(w_1)]\}$

を満足する。(4.17) の解は一般的に $b_1(1) < 0 < b_1(0)$ であり、需要者が貸借を通じて第1期に部分保険を購入することを意味する。しかし、需要者は期間を超えて均等化された期待消費よりも、第1期により多くを消費する異時点間消費を厳密に選好するという意味で、この部分保険は異時点間消費円滑化をある程度諦めるという代償を払うことを示している。

　Townsend の分析からは、単純な貸借契約 (4.15) は一般的に事前効率的ではないことも判る。このことは、顕示選好 $u(\cdot)$ との厳密な凹性により、需要者の誘因制約

(4.18)
$$u[1+b_1(1)]+E\{u[w_2-b_1(1)]\} > u[1+b_1(0)]+E\{u[w_2-b_1(0)]\}$$
$$u[b_1(0)]+E\{u[w_2-b_1(0)]\} > u[b_1(1)]+E\{u[w_2-b_1(1)]\}$$

は共に厳密な不等式で成立することから理解される。つまり、単純な貸借契約 (4.15) よりも優れた長期契約が存在する可能性がある。

　次善の長期契約を特徴付けるために、最初に任意の誘因両立的な長期契約は、需要者のタイプから独立している第 2 期の純移転を必要とすること、すなわち、

(4.19) $\qquad b_2(w_1;0) = b_2(w_1;1) \equiv b_2(w_1) \qquad\qquad w_1=0,\ 1$

が成立することに注目する。というのは、(4.19) が成立しなければ、需要者には第 2 期の所得を偽る誘因があるからである。このことから、次善契約締結問題は以下のように定義される。

(4.20)
$$\max_{b_t(w_1)} p\{u[1+b_1(1)] + [pu(1+b_2(1)) + (1-p)u(b_2(1))]\}$$
$$+(1-p)\{u[b_1(0)] + [pu(1+b_2(0)) + (1-p)u(b_2(0))]\}$$

　　　subject to

(IC0) $\quad u\{1+b_1(1)\}+\{pu[1+b_2(1)]+(1-p)u[b_2(1)]\}$
$$\geq u[b_1(0)] + \{pu[1 + b_2(0)] + (1 - p)u\{b_2(0)\}\}$$

(IC1) $\quad u\{b_1(0)\}+\{pu[1+b_2(0)]+(1-p)u[b_2(0)]\}$
$$\geq u[b_1(1)] + \{pu[1 + b_2(1)] + (1 - p)u\{b_2(1)\}\}$$

(IR) $\qquad p[b_1(1) + b_2(1)] + (1 - p)[b_1(0) + b_2(0)] \leq 0$

なお、制約のうち、(IC1) だけが最適で拘束的である。w_1 が実現するならば、単純な貸借契約 (4.15) は最適ではあるが、第 1 期の所得衝撃に十分な補償を提供しないため、最適な次善契約にはならない。

　以下では、最適な次善契約が異時点間消費円滑化を犠牲にして、第 1 期の危険共有をどの程度改善するかを理解するために、効用関数の関数形を Townsend (1982) に従い、

(4.21)　　　$u(w) = w - \gamma w^2$

と特定する。ただし、$\gamma < \frac{1}{2}$である。ここでは、$p = \frac{1}{2}$とし、また所得状態の間の移転は期間毎に相殺される、すなわち

(4.22)　　　$b_t(1) + b_t(0) = 0$　　　　　　$t = 1, 2$

が成立するクラスに契約を限定する。

　このクラスの契約は、制約 (IR) を常に満足するが、移転は時間を超えて相殺されるという条件

(4.23)　　　$b_1(w_1) + b_2(w_1) = 0$

を要求しないので、単純な (4.15) よりも自由度が高い。しかし、(4.22) を要求するという意味で (4.15) よりも制約的である。このクラスの契約は (4.15) を改善するが、必ずしも次善最適ではない。

　結局のところ、2次関数の効用 (4.21) を想定しても、次善の最適契約の完備な特徴付けはかなり複雑になり、直観的な理解は難しい。ここでは (4.22) を満足するクラスの契約は (4.23) を満足するクラスの契約を支配することを証明する。

　$b_2 = -\alpha b_1$ とし（ただし、$0 \le \alpha \le 1$）、状態を超えて相殺し合うと仮定すると、需要者の最適化問題 (4.20) は、

(4.24)
$$\max_{b_1, \alpha} \left\{ 1 - b_1 - \gamma(1 - b_1)^2 + \frac{1}{2}[1 + \alpha b_1 - \gamma(1 + \alpha b_1)^2 + \alpha b_1 - \gamma(\alpha b_1)^2] \right\}$$
$$+ \left\{ b_1 - \gamma(b_1)^2 + \frac{1}{2}[1 - \alpha b_1 - \gamma(1 - \alpha b_1)^2 - \alpha b_1 - \gamma(-\alpha b_1)^2] \right\}$$

subject to
$$1 - b_1 - \gamma(1 - b_1)^2 + \frac{1}{2}[1 + \alpha b_1 - \gamma(1 + \alpha b_1)^2 + \alpha b_1 - \gamma(\alpha b_1)^2]$$
$$= 1 + b_1 - \gamma(1 + b_1)^2 + \frac{1}{2}[1 - \alpha b_1 - \gamma(1 - \alpha b_1)^2 - \alpha b_1 - \gamma(-\alpha b_1)^2]$$

と書き換えられる。ここで、制約 (IC0) は拘束的ではないと仮定すると、b_1 と α に関する1階の条件より、

(4.25)　　　$\alpha = \dfrac{1 - 2\gamma}{1 - \gamma} < 1$

(4.26)　　　$b_1 = \dfrac{1}{2(1 + \alpha^2)}$

を得る。

　代わりに、単純な貸借契約 (4.15) の下では需要者は最初の所得実現の後に、望むだけの資金を借り入れることができる。第 1 期に不運であった需要者の問題は、

$$(4.27) \qquad \max_{b_1} b_1 - \gamma(b_1)^2 + \frac{1}{2}[1 - b_1 - \gamma(1 - b_1)^2 - b_1 - \gamma(-b_1)^2]$$

と書き換えられ、その解は $b_1 = \frac{1}{4}$ である。他方、第 1 期に幸運であった需要者の問題は、

$$(4.28) \qquad \max_{b_1} 1 - b_1 - \gamma(1 - b_1)^2 + \frac{1}{2}[1 + b_1 - \gamma(1 + b_1)^2 + b_1 - \gamma(b_1)^2]$$

となり、その解も $b_1 = \frac{1}{4}$ である。つまり、効用関数 (4.21) を持つ需要者は自分が不運であった後に借り入れるのと同額を、自分が幸運であった後に貯蓄する。したがって、需要者の行動は (4.22) を満足し、構築により $\alpha = 1$ である。これはまた $b_1 = \frac{1}{4}$ である契約の特殊な場合である。ここで、単純な貸借 (4.15) が最適状態に及ばない理由は、(4.15) は第 1 期の所得衝撃に対して最適未満の保険しか提供しないためである。つまり、$\gamma < \frac{1}{2}$ であるとき、

$$(4.29) \qquad \alpha = \frac{1 - 2\gamma}{1 - \gamma} < 1$$

であるので、

$$(4.30) \qquad \frac{1}{4} < \frac{1}{2(1 + \alpha^2)}$$

が成立する。

　(4.23) が要求されない場合には、消費の一部は第 2 期の所得実現の高低に関わらず、常により低い第 2 期消費だけではなく、幸運であった第 1 期のより低い消費によっても補填されるので、需要者は不運であった所得実現後に第 1 期消費を増やす。しかし、最善であっても次善であっても、保険は第 1 期には部分的である。第 1 期の保険が誘因両立的であるためには、第 2 期に同期の所得実現から独立である補償的移転を必要とする。このような移転は第 2 期消費を不安定にするので、第 1 期の完全保険の魅力は失われる。

　要約すると、2 期間モデルの分析から次善の危険共有では単純な貸借 (4.15)

よりも異時点間消費の円滑化の犠牲は大きいことが判る。これは Diamond and Dybvig の結論を裏付ける。そして、競争的金融市場における負債請求権の取引を通じて行われる均衡危険共有は一般的に最適ではないことも示される。資金供給者が異時点間変形率を自由に設定できるとき、資金供給者が発行する取引不可能な請求権は危険共有を改善し得る。

　ここまでの議論からは、次善保険は部分的でしかないと結論されるが、幸運であった需要者と不運であった需要者に間に内生的な所得不平等が出現することも判明した。この知見から、時点の数が $t=3$ 以上に増すにつれて、次善の危険共有の下で所得分布がどのように展開するかという、無限の寿命を持つエイジェントと次善の危険共有という第3の問題が提起される。本節の残り部分では Townsend（1982）の契約締結問題を無限計画視野の枠組みに拡張して、この疑問を検討する。

　しかし、2期間の設定で明らかになったように、一般的な凹効用関数 $u(\cdot)$ を想定するとき最適契約の明確な特徴付けは困難である。計画視野の無限大への拡張はこの困難を加速度的に高める。以下では、エイジェントの効用関数を扱い易い相対的危険回避一定（constant absolute risk averse）の効用関数（以下、CARA 効用関数）

(4.31) $\qquad u(c) = -e^{-rc}$

に限定する [20]。

　ここでも、危険中立的な資金供給者と危険回避的な需要者を想定して、両者の割引因子 $\delta \in (0,1)$ は共通であるとする。2期間の設定と同様に、需要者の所得は独立同分布の2項過程により与えられ、任意の期間の所得は確率 p で $w=1$、確率 $(1-p)$ で $w=0$ であるとする。需要者は資金供給者と長期契約を締結することができる。もし所得が観察可能であれば、供給者は需要者に一定の消費フロー p を提供し、残りの危険を全て引き受けることが可能である。よって、需要者にとって可能な最善の消費フローの効用水準は $u(p) = -e^{-rp}$ となり、この定常的消費フローの割引現在価値は、

(4.32) $\qquad v_{FB} = -\dfrac{1}{1-\delta} e^{-rp}$

により与えられる。需要者にとって最悪の結果は、保険が全く利用できない自給自足である。この場合には、期待される消費の効用フローは $-[pe^{-r}+(1-p)]$ により、また自給自足の下での確率的な消費の割引現在価値は、

$$(4.33) \qquad v_A = -\frac{1}{1-\delta}[pe^{-r}+(1-p)]$$

与えられる[21]。

　これまでの分析から、所得衝撃が私的情報であるとしても、需要者は誘因両立的長期保険（あるいは借入）契約を利用して、自分の期待効用フローを改善できることが判っている。期間 $\tau = 0$ から $\tau = t$ までの所得の標本経路の集合を $S^t = \{0, 1\}^t$ として、時点 t までの所得実現の歴史を $h^t = (w_0; w_1; ...; w_t) \in S^t$ と表すとき、長期契約は $t = 0, ..., \infty$ に対する条件付き純移転 $b_t(h^t)$ の点列により与えられる。最適な誘因両立的長期契約を求めることはとても困難であるが、問題の定常性を利用すれば、簡単な特徴付けは可能である。

　最適契約締結問題を、2期間の場合には需要者の対峙する制約付き最大化問題として定式化したが、無限計画の場合には扱い易さを考慮して、需要者の個別合理性制約と誘因両立制約の下で資金供給者の期待収益を最大化するという双対問題として定式化する。需要者の外部選択肢を v と表すと、需要者の個別合理性制約は、

$$(4.34) \qquad E\left[\sum_{t=0}^{\infty} \delta^t \{u[b_t(h^t) + w_t]\}\right] \geq v$$

と表され、これは最適で常に拘束的である。

　他方、誘因両立制約については、需要者が第 t-1 期までの所得実現の歴史 $\hat{h}^{t-1}$ を報告しており、期日 t に実現される所得が1または0であるとき、資金供給者から需要者への第 t 期の移転をそれぞれ、$b_1(\hat{h}^{t-1})$ または $b_0(\hat{h}^{t-1})$ と表そう。需要者の各期の所得は独立同分布しているので、当該契約の時点 t における期待将来割引価値は、実際の歴史 h^t ではなく報告される歴史に基づく過去の移転に依存する。ここでは所得は貯蔵不可能であるので、需要者が将来に受け取ると期待する移転が重要であり、これは過去に実現した所得に関して報告された歴史に依存する。したがって、この契約の下の時点 t の

需要者の継続価値はそれぞれ $v_1(\hat{h}^{t-1}) \equiv v[b_1(\hat{h}^{t-1})]$ と $v_0(\hat{h}^{t-1}) \equiv v[b_0(\hat{h}^{t-1})]$ と表され、誘因両立性制約は、全ての $\hat{h}^{t-1} \in S^{t-1}$ と全ての $t \geq 0$ に対して、

$$u[b_1(\hat{h}^{t-1}) + 1] + \delta v_1(\hat{h}^{t-1}) \geq u[b_0(\hat{h}^{t-1}) + 1] + \delta v_0(\hat{h}^{t-1})$$

(4.35)
$$u[b_0(\hat{h}^{t-1})] + \delta v_0(\hat{h}^{t-1}) \geq u[b_1(\hat{h}^{t-1})] + \delta v_1(\hat{h}^{t-1})$$

により与えられる。

続いて、無限計画視野における最適契約締結問題の目的関数を記述する。資金供給者の継続価値は将来の返済の期待現在割引価値

$$-E\left[\sum_{t=0}^{\infty} \delta^t b_t(h^t)\right]$$

と定義される。契約締結問題の再帰的構造を利用すると、資金供給者の価値関数は Bellman 方程式

(4.36)
$$C(v) = \min_{\{(b_1, v_1),(b_0, v_0)\}}\{p[b_1 + \delta C(v_1)] + (1-p)[b_0 + \delta C(v_0)]\}$$

subject to

(IR) $\qquad p[u(b_1 + 1) + \delta v_1] + (1-p)[u(b_0) + \delta v_0] = v$

(IC1) $\qquad u(b_1 + 1) + \delta v_1 \geq u(b_0 + 1) + \delta v_0$

(IC0) $\qquad u(b_0) + \delta v_0 \geq u(b_1) + \delta v_1$

の解として一意に定まる。

資金供給者が所得過程を観察できるとき誘因制約は無視できるから、需要者は、

$$-e^{-e(b_1^{FB}+1)} = -e^{-rb_0^{FB}} = u$$

すなわち、

(4.37) $\qquad 1 + b_1^{FB} = -\frac{1}{r}\log(-u) = b_0^{FB}$

が成立する純移転 b_0^{FB} と b_1^{FB} を選択することによって、フローの効用水準 u（負である）を最小費用で実現する。つまり、資金供給者が効用水準 $u = (1-\delta)v$ を享受するためのフロー費用は、

(4.38) $\quad pb_1^{FB} + (1-p)b_0^{FB} = -\frac{1}{r}\log(-u) - p = -\frac{1}{r}[\log(1-\delta) + \log(-v)]\log(-u) - p$

により与えられる。これより、資金供給者の最善割引期待費用 $C^{FB}(v)$ は、

$$(4.39) \qquad C^{FB}(v) \equiv \frac{1}{1-\delta}[pb_1^{FB} + (1-p)b_0^{FB}] = -\left[\frac{\log(1-\delta) + \log(-v) - rp}{(1-\delta)r}\right]$$

と表される。

　資金供給者が需要者の所得過程を観察できないときには、完全保険を与える誘因両立的契約は提供されない。資金供給者は同じフロー効用水準 u を維持するために、保険料を追加して支払う必要があるので、資金供給者の費用負担は所得過程が観察可能であるときより高くなる。ここで、$u_0 \equiv -e^{-rb_0}$ と $u_1 \equiv -e^{-rb_1}$ を定義すると、誘因制約（IC1）と（IC0）は、

$$(\text{IC1}') \qquad e^{-r}u_1 + \delta v_1 \geq e^{-r}u_0 + \delta v_0$$

$$(\text{IC0}') \qquad u_0 + \delta v_0 \geq u_1 + \delta v_1$$

と書き換えられ、両制約より、

$$(4.40) \qquad u_0 - u_1 \geq \delta(v_1 - v_0) \geq e^{-r}(u_0 - u_1)$$

を得る。

　ここでも、Townsend（1982）と同様に、最適では、

$$(4.41) \qquad u_1 < u_0 \quad \text{かつ} \quad v_0 < v_1$$

が成立すると期待される。すなわち、需要者は不運であるときに純移転を受け取るが、誘因両立性のために継続効用は低くなるという犠牲を払う。したがって、両制約が次善最適で同時に拘束的である可能性は低い。さらに、$b_1^{FB} < b_0^{FB}$ であるので、拘束的である誘因制約により、高所得タイプが低所得タイプを模倣することは阻止される。すなわち、（IC1）は、

$$(4.42) \qquad e^{-r}(u_1 - u_0) = \delta(v_1 - v_0)$$

を意味する。よって、資金供給者の最適契約設計問題は、

(4.43)

$$C(v) = \min_{\{(u_1,v_1);(u_0,v_0)\}}\left\{p\left[-\frac{1}{r}\log(-u_1) - 1 + \delta C(v_1)\right] + (1-p)\left[-\frac{1}{r}\log(-u_0) + \delta C(v_0)\right]\right\}$$

subject to

$$v = p(e^{-r}u_1 + \delta v_1) + (1-p)(u_0 + \delta v_0)$$
$$e^{-r}(u_1 - u_0) = \delta(v_1 - v_0)$$

と表される。

最善費用関数 (4.39) から、次善費用関数 $C(v)$ の関数形は、

$$(4.44) \qquad C(v) = k - \frac{\log(-v)}{(1-\delta)r}$$

と予想される。ただし、k は未知の定数である。実際、Bellman 方程式 (4.36) に (4.44) を代入して整理すると、

$$(4.45) \quad
\begin{aligned}
C(v) = \min\Big\{ & p\left[-\frac{1}{r}\log(-u_1) - 1 + \delta\left(k - \frac{\log(-v_1)}{(1-\delta)r}\right) \right] \\
& + (1-p)\left[-\frac{1}{r}\log(-u_0) - 1 + \delta\left(k - \frac{\log(-v_0)}{(1-\delta)r}\right) \right] \Big\}
\end{aligned}$$

あるいは、

$$(4.45') \quad
\begin{aligned}
C(v) = \min\Big\{ & \delta k - 1 - \frac{1}{r}\Big[p\left(\log\left(\frac{u_1}{v}\right) + \frac{\delta}{1-\delta}\log\left(\frac{v_1}{v}\right)\right) \\
& + (1-p)\left(\log\left(\frac{u_0}{v}\right) + \frac{\delta}{1-\delta}\log\left(\frac{v_0}{v}\right)\right) \Big] - \frac{\log(-v)}{(1-\delta)r} \Big\}
\end{aligned}$$

を得る。ここで、

$$(4.46) \quad
\begin{aligned}
f(k, v. v_i, u_i) \equiv & \ \delta k - 1 - \frac{1}{r}\Big\{ p\left[\log\left(\frac{u_1}{v}\right) + \frac{\delta}{1-\delta}\log\left(\frac{v_1}{v}\right) \right] \\
& + (1-p)\left[\log\left(\frac{u_0}{v}\right) + \frac{\delta}{1-\delta}\log\left(\frac{v_0}{v}\right) \right] \Big\}
\end{aligned}$$

とおくと、Bellman 方程式 (4.36) の解は

$$(4.47) \qquad C(v) = \min\left\{ f(k, v. v_i, u_i) - \frac{\log(-v)}{(1-\delta)r} \right\}$$

により与えられ、要求される関数形 (4.44) になることが示される。

　ここで $C(v)$ は v で測った効用であるから、2 つの比率 $\frac{u_i}{v}$ と $\frac{v_i}{v}$ により表されるので、

$$(4.48) \qquad v_i \equiv a_i v, \quad u_i \equiv g_i v$$

とおけば、資金供給者の問題 (4.43) の表現は簡潔になる[22]。このとき、資金供給者は、

$$(4.49) \quad \min_{(a_1, g_1); (a_0, g_0)} -\frac{1}{r}\left\{ p\left[\log g_1 + \frac{\delta}{1-\delta}\log a_1 \right] + (1-p)\left[\log g_0 + \frac{\delta}{1-\delta}\log a_0 \right] \right\}$$

subject to

(IC1)　　　　　$\delta(a_1 - a_0) = -e^{-r}(g_1 - g_0)$

(IR)　　　　　$p(e^{-r}g_1 + \delta a_1) + (1-p)(g_0 + \delta a_0) = r$

を解く $(a_1; g_1; a_0; g_0)$ を選択する。ただし、効用は全て負であり、したがって a_i と g_i は正であることに注意せよ。

　最小化問題（4.49）の解は k から独立であり、最適解は、

$$a_1 < a_0 \qquad と \qquad g_0 < g_1$$

により与えられる。これは、$u_1 < u_0$ と $v_0 < v_1$ を意味する。この解はもう一方の誘因制約（IC0）も満足する[23]。2 期間モデルと同様に、需要者はこのように異時点間消費円滑化（$v_0 < v_1$）を犠牲にして、逆の所得衝撃に対する期間内保険（$u_0 > u_1$）を獲得する。

　以上の分析から次の知見が従う。第 1 に、$v_1 > v_0$ であるので、高い所得衝撃を持つ幸運な需要者と不運な需要者の間の厚生の不平等は、時間の経過と共に拡大する。第 2 に、需要者の第 t 期期首の効用 v_t は、殆ど確実に $-\infty$ に収束する（Thomas and Worrall（1990））。この結果は、$C'(v_t)$ が martingale であること、すなわち、

(4.50)　　　　　$E[C'(v_{t+1})] = C'(v_t)$

を用いて示される。（4.50）が成立すれば、martingale 収束定理により、$C'(v_t)$ は殆ど確実にある極限に収束する。Thomas and Worrall は、この極限が 0 になること、つまり

(4.51)　　　　　$\lim_{t \to \infty} v_t \to -\infty$

が成立することを示す。v_t の極限が $-\infty$ であることの直観的理由は、将来の v_t は常に極限には一致しないから、有限の極限が生じる確率は 0 であることである。具体的には、自分の所得衝撃が負であるとき、収入を上回る消費を続けて累積した負債の返済という苦痛を将来に先延ばしする手段として、無限に生き続ける需要者を考えれば良い。需要者が将来を割り引くとき、そのような行動は合理的である。複合効果は $C(v)$ の凸性に依拠する。他の条件が等しければ、v_i の分散が大きい程、誘因両立性を維持するための資金供給者費用は大きくなる。v の値が小さいとき、$C(v)$ の曲率はより緩やかであるから、v が小さい程、v_1 と v_0 の乖離を維持する費用は低くなり、よって資金

供給者が v_t を低めようとする誘因も小さくなる。次善最適過程 v_t には 2 つの潜在的制約がある。第 1 に、負債が累積するにつれて、需要者が債務不履行を選択する可能性が高まる。債務不履行を回避するために、資金供給者は需要者が累積できる負債総額を制限し、それにより需要者が借入によって収入を上回る消費を行う能力を制限する。結果として、期間内保険は小さくなり、異時点間消費は一層円滑になる。第 2 に、もし複数の資金供給者が存在して資金供給者間に競争があり、需要者は取引する資金供給者を何時でも取り替えられるならば、供給者は期間内保険を増やそうとする。これは、異時点間消費円滑化の犠牲を小さくする。実際、不運な需要者に一層有利な貯蓄条件を申し出ることによって、v_t を低めることは行われなくなる。

本節は、エイジェントのタイプが毎期、新たに独立に抽出される場合の動学的逆選択の問題を取り上げ、3 つの場合を考察した。第 1 に、2 期間の寿命を持つエイジェントが、消費を第 1 期に行うか第 2 期まで延期するかを第 1 期期首に決定する 2 期間モデル (Diamond and Dybvig (1983))。この簡単な流動性衝撃モデルは、資金供給者の便益と預金契約の便益だけではなく、独立分布している個々の流動性衝撃を一括する方法として普通株式と社債の契約に関しても用いられている (Jacklin (1987)) [24]。

第 2 に、独立分布している 2 種類の所得衝撃の例 (Townsend (1982))。各需要者は常に純移転受取りを最大にするように所得実現を選択すると考えられるので、静学的設定では保険と異時点間消費円滑化の間に二律背反は生まれない。しかし、2 種類の所得衝撃が存在する動学的設定においては、第 1 期に報告される所得に一定の第 2 期移転を条件付けることが可能になり、この問題を取り上げることができる。負 (正) の第 1 期所得実現の場合には、需要者は最適な正 (負) の移転を受け取るが、このことは第 2 期の負 (正) の移転受け取りにつながる。第 1 期における負 (正) の所得衝撃の場合には、需要者の第 1 期限界効用は当該需要者の第 2 期の期待限界効用よりも高 (低) く、厚生は改善される。一時的な所得衝撃に対する保護は、部分的には単純な貸借によっても可能であるが、最適な長期契約は単純な貸借を超えて期間内保険を可能にする [25]。

第 3 に、Townsend モデルの無限計画視野への拡張 (Lucas (1992)、Thomas

and Warrall（1990）、Atkeson and Lucas（1992））。2 期間モデルと同様に、負の所得衝撃を経験する需要者は将来消費を犠牲にして正の純移転を受け取る。本節ではこの問題の定常解を求めて、時間が経過するにつれて富の分散は拡大すること、さらに富 0 に達する確率は 1 に収束すること（Thomas and Warrall（1990））を示した [26]。

5.　残された課題

　本章では、資金供給が量的に制約されるという信用割当現象を逆選択の概念をもちいて解明した Stiglitz and Weiss（1981）を出発点として、金融市場における情報非対称性に起因する諸問題を検討した。具体的には、第 2 節で Stiglitz and Weiss の静学モデルを詳細に再検討した上で、エイジェントのタイプがひとたび抽出されると、時間の流れの上で固定される場合と毎期、新たに独立に抽出される場合に分けて、動学モデルへの拡張を検討した（第 3 節、第 4 節）。各節で得られた知見はそれぞれの節でまとめたので、ここで繰り返すことはせず、残された課題を述べてむすびに代える。

　本章では十分に検討できなかったが大切な課題の 1 つは、資金配分の効率性である。すなわち、情報非対称性の存在は金融市場で実現される資金配分が効率的水準より過少になることを一般に意味するのかという問題である。de Meza and Webb（1987）や Hillier and Ibrahimo（1992）は、市場での情報非対称性について Stiglitz and Weiss と異なる想定をおく場合は、資金配分が過少となる可能性だけでなく過剰となる可能性があることを明らかにしている。これらの指摘は、金融市場の成果を評価し、また市場機能の改善のための適切な政策手段を工夫するうえでも改めて検討を要する主題である。

　議論の基礎となるのは、資金供給者が情報劣位なため金融市場で逆選択が発生する一括均衡モデルである。Stiglitz and Weiss は、企業の収益リスクが不明だが同一の期待収益を持つことが知られている資金需要者グループに貸し付ける場合、社会的に見て望ましい低リスクの投資計画であっても資金が配分されないことを示した（第 2 節）。これに対して、de Meza and Webb は、資

金供給者は需要者の融資計画の期待収益は知らないが、同一のリスク・クラス（信用度）にあることを知っている場合に注目して、このときは社会的に望ましくない低い期待収益の投資計画にも資金が配分されるという過剰性を明らかにした。

　このように対照的な結果が導かれた理由は、投資計画が失敗したとき資金需要者は債務返済を免れるという貸出契約の有限責任性にある。期待収益が一定でリスクが不明な場合には、資金供給者は高リスク需要者を選別して融資を拒むことができないため、市場全体に相対的に高い利子率を課して貸出を抑制することが合理的である。他方、リスクが一定で期待収益が不明な場合は、高収益需要者から得る資金供給者の期待利益が大きいため、競争の結果として市場利子率は相対的に低くなり、融資総額は大きくなるのである。

　Hillier and Ibrahimo はさらに情報非対称性の範囲を拡大して、資金供給者が需要者の期待収益とリスクに関する情報を持たない2次元非対称情報のもとでの金融市場を検討した。そして、そこでは資金配分の過剰性と過少性が共存することを明らかにした。出現する非効率性の形態が異なる理由は、資金供給者の利用可能な情報が限られるとき、供給者は信用度を同一とみなす資金需要者グループには共通の利子率を設定せざるを得ない。このとき同一グループではあるが、実際には信用度の異なる資金需要者の間で内部補助が発生してしまう。そして利用できる情報が変わると内部補助のパターンが変わり、資金を実際に獲得する資金需要者が変化するためである。

　これらの研究はいずれも、異なる非対称情報の想定のもとでの市場における資金配分を効率的資金配分と比較している。しかし、それぞれの非対称情報の想定の違いがもたらす市場における資金配分の相互比較はなされていない。とくに、2次元非対称情報は非対称性が最も顕著な場合であり、Stiglitz and Weiss と de Meza and Webb は2次元情報非対称性から、それぞれ異なる方向であるが部分的に改善された1次元非対称情報の状態である。情報が部分的に改善されたため、融資総額の過大と過少が共存する当初の状態から、全体的として過少あるいは過剰という状態に変化している。このような情報の増加によって、当初に共存していた過剰性と過少性の程度はどのように変化

したのか、またそれは望ましい変化なのか[27]。2 次元非対称情報モデルを手掛かりとして、情報改善の効果を明らかにすることは重要な課題である。

注

1　例えば、McKinnon (1973)、館 (1982) を見よ。

2　「融資する価値のある」の意味については、以下の注 8 を見よ。

3　本節は加筆修正された小平 (2017) に基づく。

4　資金供給者は融資資金を預金として集めるために、預金者に利息を支払う必要があると想定して、この r は内生化される。

5　本節では、失敗時の投資収益を $\bar{x}_i = 0$ と想定している。

6　資金供給者の融資資金が制限されている状況や、融資獲得をめぐって資金需要者が競争をする状況の定式化も可能である。

7　資金需要者の期待利潤は R に関して厳密に減少的である。図 3.2 を見よ。

8　ここでは、「融資する価値のある」とはその融資資金の機会費用を差し引いて正の期待価値を持つことを意味する。よって、自己資金を持つ資金需要者が自分の投資計画に充当するかあるいは当該資金を利子率 $r\text{-}1$ で預金するかの選択に直面するとき、（自己資金による資金調達には計画 L と H の間の選択を歪める道徳的危険の問題はないので）自分自身の投資計画に出資することになる。

9　融資件数は整数であるので、資金供給者の利潤は階段関数になる。したがって、融資件数を $n*$ から $n*+1$ へ限界的に増やすと、利潤は不連続に離散的に変化することになるが、ここでは整数問題を無視する。この整数制約のために、$\pi(R^*|r(n^*)) = 0$ と同時に、$\pi(S_L|r(n^* + 1)) < 0$ が成立する場合には、仮令 $R < R^* < S_L$ であるとしても、可能性として均衡において信用割当が行われることがある。

10　本節は加筆修正された小平 (2018a) に基づく。

11　Hart and Tirole (1988) を見よ。

12　当事者同士が自発的に再交渉を行うことを阻止するために、当初契約に高額の報酬を受け取る第三者を含めることも考えられる。しかし、もしこの第三者が外生的な約束力を持たないならば、この計画は機能しない。その第三者は、Pareto 改善的再交渉が存在するなら、その再交渉が作り出す正の余剰の一部を受け取るためにその再交渉を認めてしまうからである。

13　Hart and Tirole (1988) が示したように、これらの結果は T 期間ゲームでも成立する。

14　本節は加筆修正された小平 (2018b) に基づく。

15　単一の消費衝撃は分析を簡単にするための仮定である。

16　Diamond and Dybvig は、効用関数に一層強い仮定

$$-c\frac{u''(c)}{u'(c)} > 0$$

を置く。

17　Diamond and Dybvig は $r=L=1$ を仮定する。これは、需要者は投資資金全てを長期計画に投資することを意味する。

18　実際のところ、不等式 $ru'(c) \le Ru'(rc)$ は、

$$-c\frac{u''(c)}{u'(c)} \le -rc\frac{u''(c)}{u'(c)}$$

を意味する。$r \ge 1$ であるとき、上式は効用関数 $u(\cdot)$ が逓増的相対危険回避であることを意味する。

19　後に、(4.21) で特定の関数形を仮定して、具体的な解を得る。

20　Green (1987)、Thomas and Worrall (1990) を見よ。効用関数が $u(c) = \frac{1}{1-r}(c^{1-r} - 1)$ により与えられる場合の技術的分析については、Atkeson and Lucas (1992) を見よ。

21　ここでは、所得は貯蔵不可能な財により与えられると暗黙裡に仮定している。

22　需要者の効用関数は CARA 型であるので、確実性等価を使い契約の価値を $v(b_i) = u(b_i + \pi)$ と表すことができる（ただし、π は危険プレミアム）。このことは、$v_i = \frac{a_i}{g_i}u_i$ を意味する。

23　(IC0) は、$g_0 v + \delta a_0 v \ge g_1 v + \delta a_1 v$ と書き換えられる。v は負であるので、これは、$\delta(a_1 - a_0) = (g_1 - g_0)$ と同値であるが、拘束的な誘因制約 (IC1) が与えられたとき、上式は成立する。

24　Diamond and Dybvig モデルは金融機関の流動性提供に関する研究の出発点となっている。展望については Bhattacharya and Thakor (1993) を見よ。

25　Townsend (1982)、Haubrich and King (1990) も見よ。

26　この予測の妥当性については Lucas (1992) を、限定的契約失効については Kocherlakorta (1996)、Ligon, Thomas, and Warrall (2002) を見よ。

27　Hellmann and Stiglitz (2001) は 2 次元非対称情報モデルを用いて、貸出と株式の両方を利用できる場合の信用割当と株式発行への割当を検討している。また de Meza and Webb (2000) は類似のモデルを用いて、逆選択と道徳的危険が混合して作用する状況にある金融市場での信用割当を検討している。

参考文献

Allen, F., and D. Gale (2000), *Comparing Financial Systems*, MIT Press.

Atkeson, A., and R. E. Lucas (1992), "On Efficient Distribution with Private Information," *Review of Economic Studies,* 59: 77-96.

Bhattacharya, S., and A. V. Thakor (1993), "Contemporary Banking Theory," *Journal of Financial Intermediation*, 3: 2-50.

Bulow, J., (1982), "Durable-Goods Monopolists," *Journal of Political Economy*, 90: 314-332.

Coase, R. H., (1972), "Durability and Monopoly," *Journal of Law and Economics*, 15: 143-149.

de Meza, D., and D. Webb (1987), "Too Much Investment: A Problem of Asymmetric Information," *Quarterly Journal of Economics*, 101: 281-292.

de Meza, D., and D. Webb (2000), "Does Credit Rationing Imply Insufficient Lending?" *Journal of Public Economics*, 78: 215-292.

Diamond, D. W., (1997), "Liquidity, Banks, and Markets," *Journal of Political Economy*, 105: 928-956.

Diamond, D., and P. Dybvig (1983), "Bank Runs, Deposit Insurance, and Liquidity," *Journal of Political Economy*, 91: 401-419.

Fudenberg, D., and J. Tirole (1983), "Sequential Bargaining with Incomplete Information," *Review of Economic Studies*, 50: 221-247.

Green, E. J., (1987), "Lending and the Smoothing of Uninsurable Income," in E. C. Prescott and N, Wallace eds., *Contractual Arrangements for Intertemporal Trade*, 3-25, University of Minnesota Press.

Gul, F., H. Sonnenschein, and R. Wilson (1986), "Foundations of Dynamic Monopoly and the Coase Conjecture," *Journal of Economic Theory*, 39: 155-190.

Hart, O., and J. Tirole (1988), "Contract Renegotiation and Coasian Dynamics," *Review of Economic Studies*, 55: 509-540.

Haubrich, J. G., and R. G. King (1990), "Banking and Insurance," *Journal of Monetary Economics*, 26: 361-386.

Hellman, T., and J. E. Stiglitz (2001), "Credit and Equity Rationing in Markets with Adverse Selection," *European Economic Review*, 44: 281-304.

Hillier, B., and M.V. Ibrahimo (1992), "The Performance of Credit Markets under Asymmetric Information about Project Means and Variances," *Journal of Economic Studies*, 19: 3-17.

Jacklin, C. J., (1987), "Demand Deposits, Trading Restrictions, and Risk Sharing," in E. C. Prescott and N. Wallace eds., *Contractual Arrangements for Intertemporal Trade*, University of Minnesota Press, 26-47.

Kocherlakorta, N., (1996), "Implications of Efficient Risk Sharing Without Commitment," *Review of Economic Studies*, 63: 595-510.

Laffont, J. J., and D. Martimont (2002),*The Theory of Incentives: The Principal-Agent Model*, Princeton University Press.

Ligon, E., J. Thomas, and T. Warrall (2002), "Informal Insurance Arrangements in Village Economics," *Review of Economic Studies*, 69: 209-244.

Lucas, R., (1992), "On Efficiency and Distribution," *Economic Journal*, 102: 233-247.

Mas-Colell, A., M. D. Whinston, and J. Green (1995), *Microeconomic Theory*, Oxford University Press.

McKinnon, Ronald I., (1973), *Money and Capital in Economic Development*, Brookings Institution.

Riley, John, (1987), "Credit Rationing: A Further Remark," *American Economic Review*, 77: 224-

227.

Salanie, B., (1997), *The Economics of Contract: A Primer*, MIT Press.

Stiglitz, Joseph E., and Andrew Weiss (1981), "Credit Rationing in Markets with Imperfect Information," *American Economic Review* 71: 393-410.

Stiglitz, Joseph E., and Andrew Weiss (1987), "Credit Rationing: Reply," *American Economic Review,* 77: 228-231.

Stokey, N. L., (1981), "Rational Expectations and Durable Goods Pricing," *Bell Journal of Economics,* 12: 112-128.

Thomas, J., and T. Worrall (1990), "Income Fluctuation and Asymmetric Information: An Example of a Repeated Principal-Agent Problem," *Journal of Economic Theory*, 51: 367-390.

Tirole, J., (1988), *The Theory of Industrial Organization*, MIT Press.

Townsend, R. M., (1982), "Optimal Multiperiod Contracts and the Gain from Enduring Relationships under Private Information," *Journal of Political Economy,* 90: 1166-1186.

Wette, Hildegard C., (1983), "Collateral in Credit Rationing in Markets with Imperfect Information: A Note," *American Economic Review,* 73: 442-445.

小平裕（2017）、「非対称情報と信用割当」、『成城大学経済研究』216 号、81-97 頁。

小平裕（2018a）、「タイプが固定される場合の動学的逆選択」、『成城大学経済研究』221 号、1-21 頁。

小平裕（2018b）、「タイプが変化する場合の動学的逆選択」、『成城大学経済研究』222 号、1-26 頁。

館龍一郎 (1982)、『金融政策の理論』、東京大学出版会。

追　記

　　私は、成城大学における私立大学研究ブランディング事業「持続可能な相互包摂型社会の実現に向けた世界的グローカル研究拠点の確立と推進」に平成 28 〜 30 年度の 3 年間参加した。そして、各年度の成果報告として、「道徳的危険とプリンシパル・エイジェント・モデル（Ⅱ）」（成城大学『経済研究』第 213 号、2016 年 7 月）、「道徳的危険：基本モデルと拡張」（同第 214 号、2016 年 12 月）、「非対称性情報と信用割当」（同第 216 号、2017 年 3 月）、『金融市場における誘因と情報の問題』（成城大学経済研究所研究報告 80 号、2018 年 2 月）、『検証可能な私的情報と開示』（同 84 号、2019 年 2 月）を執筆し公表した。今回、本事業の最終報告書を刊行するにあたり、執筆の機会を与えられたことに感謝する。

第4章　企業規模別サーベイデータを用いた構造変化と循環変動の把握

後藤康雄

本章の概要：景気判断に用いられるサーベイデータの中で、日本銀行「全国企業短期経済観測調査」（日銀短観）はひときわ重要度が高いとみなされている。日銀短観は、通常、景気全体をとらえる観点で注目をされるが、公表される内容は多岐にわたり、いまだ十分に活用されているとは言い難いように思われる。特に、企業規模別のデータが公表されている点は、短観の大きな強みである。本稿では、日銀短観のデータを企業規模別に分析することで、①わが国の近年の企業部門の構造変化のエビデンスを探るとともに、②企業規模階層ごとの循環的な変動の特徴を概観する。①については、グローバル化や人手不足といった構造変化とも解釈されるエビデンスが観察され、②については大企業と中小企業の変動がおおむね同時性を有する、との結果を時差相関等により確認した。日銀短観をはじめとするサーベイデータを企業規模別の視点から分析することで、現実の経済の動きや変化について有益な情報を抽出できる余地は大きいと考えられる。

1.　はじめに

　我々が経済を見る際の視点には様々なものがあるが、現実の立場からは、経済状況の良し悪し、つまり「景気」はもっとも重要かつ関心の高い視点といえよう。景気を判断するための様々な経済統計が作られ、実際の判断に用いられている。

　そうした統計の中で、何らかの基準によって抽出された回答者にアンケートを行う形式で作成される「サーベイデータ」は、景気指標の重要なグループを形成している。その中で、日本銀行が作成する「全国企業短期経済観測調査」、いわゆる"短観"は、とりわけ市場関係者はメディアの関心が高い。その理由として、作成主体である日銀の政策運営上の参考情報になるという統計の役割や、時系列の長さ、統計としての信頼性、カバーする情報の広さなどが挙げられる。短観は様々な利点を有しているが、大企業・中堅企業・中小企業という企業規模別に集計をしている点は、大きな特徴のひとつである。

　本章では、日銀短観の企業規模別の情報が未だ十分に活用されていないのではないか、という問題意識のもと、日銀短観を用いて、①循環変動のみならず、近年の企業部門の"構造変化"につながる手がかりを探り、また②企業規模別の観点から循環変動の特徴点を分析することを試みる[1]。

2.　構造変化の状況──DI を用いた試行的検証

　本来、日銀短観は景気判断の手がかりとして用いる統計である。しかし、時として、経済の構造変化についての手がかりを示唆してくれる局面がある。今回は、政権交代や消費税率引き上げといったかく乱要因が生じる以前のデータ（2020 年初までの期間）を概観する。

　まず全体の状況を簡単に確認しておくと、2019 年 12 月調査結果では、大企業、中堅企業、中小企業の製造業、非製造業の業況判断 DI は、企業規模3 区分それぞれの製造業・非製造業の 2 区分（＝計 6 セグメント）のいずれも前期に比べ悪化した（**図 4-1**）。大企業、中小企業とも製造業は 2017 年末頃に、

・製造業　　　　　　　　　　　　　　　　　・非製造業

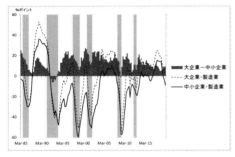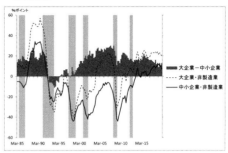

図 4-1　製造業、非製造業の業況判断 DI の推移

出所：日本銀行「全国企業短期経済観測調査」より筆者作成

非製造業は約 1 年後の 2018 年末〜 2019 年初頃に山を迎え、その後は悪化傾向を続けている。特に、中小企業の業況判断 DI の悪化テンポが大企業より速く、大企業と中小企業の DI の格差が拡大している点が注目される。格差の拡大は、製造業では 2018 年末頃から、非製造業では 2019 年初頃から始まっている。

　格差が広がり始めた時期以降の状況を、製造業、非製造業別にさらに詳しくみてみよう。まず製造業だが、2018 年 12 月調査では大企業と中小企業の業況判断 DI の格差（大企業－中小企業）は 5 ％ポイントだったが、直近では 9 ％ポイントと、1 年間で 4 ％ポイントの拡大となっている。**図 4-2** は、この間の製造業を構成する各業種がどれだけこの格差拡大に寄与したかをみたものである。際立って影響が大きかったのは鉄鋼業（拡大に 3.9 ％ポイントの寄与）で、非鉄金属（同 1.7 ％ポイント）がそれに次いでいる。この 2 業種の寄与分だけで製造業全体の格差拡大を上回る。鉄鋼業をはじめとする金属関連の素材産業では、グローバルな需給が緩んでいる。市況が軟調に推移しているほか、数量面での競合も激化しており、中小企業が中心の電炉メーカーなどが苦戦を強いられている。輸出を通じて海外との競争に直接さらされていなくても、中小企業がグローバル競争の影響を受ける時代となっている。

　この間、非製造業では、2019 年 3 月調査から直近にかけてやはり業況判断

・製造業

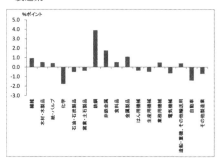

・非製造業

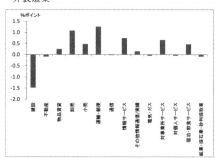

図 4-2　業種別にみた業況判断 DI の企業規模間格差の変化

注 1：企業規模間格差は、大企業の DI から中小企業の DI をひいた値（図 4-3、4-4 も同様）。
注 2：製造業は 2018 年 12 月調査から 2019 年 12 月調査にかけて、非製造業は 2019 年 3 月調査から 2019
　　　年 12 月調査にかけての変化（図 4-3、4-4 も同様）。
出所：日本銀行「全国企業短期経済観測調査」より作成（図 4-3、4-4 も同様）。

DI の大企業／中小企業間の格差は 4％ポイント拡大している。ただし、建
設業で大幅に格差が縮小している一方で、人手不足等を映じて運輸・郵便を
はじめ幅広い業種で格差が拡大している構図にあり、製造業とは事情が異な
る点には留意する必要がある。

　念のため、業界の需給と雇用の状況について、同じ短観の DI から確認し
ておく。**図 4-3** は国内需給判断 DI について、図 4-2 と同様の手法で業種別
の状況をみたものである。やはり、鉄鋼と非鉄金属が際立って需給が緩んで
いることがわかる（プラス値は需給が緩む方向に変化していることを示す）。

　雇用判断 DI に対して同様の手法を用いると、**図 4-4** の通り、卸売、運輸・
郵便をはじめ、大企業よりも人手不足の度合いを強めている業種が多くなっ
ている。マイナス値は、大企業よりも中小企業のほうが人手不足方向に変化
していることを示す。

　業況判断 DI から推察される構造変化が、他の判断項目にも現れているよ
うに見受けられる。グローバル化による新興国等との競合激化や、少子高齢
化を反映した人手不足といった構造要因が、中小規模階層への逆風となって
いる構図が窺われる。

・製造業

・非製造業

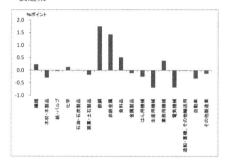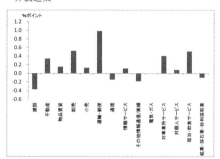

図 4-3　業種別にみた国内需給判断 DI の企業規模間格差の変化

・製造業

・非製造業

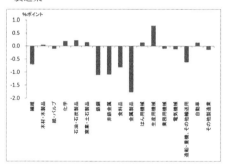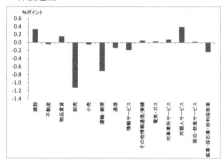

図 4-4　業種別にみた雇用人員判断 DI の企業規模間格差の変化

3. 循環変動に関する先行研究

　我々は通常の会話レベルで「景気」という言葉を当たり前に使う。しかし、景気とは何か、となるとその定義はそう簡単ではない[2]。ひとつの見方は、今日のマクロ経済学の主流派の考え方として、何らかの予期せぬショック（生産性、需要、金融など）に適応する経済船体の動きとみるものである。こうした見方においては、景気は変動（fluctuation）という性格が強い。ここでは、この見方を「変動派」と呼んでおく。変動派の体系は経済理論の基礎づ

けが強固なことが強みであり、幅広い理論的・実証的研究が進められてきたが、企業規模別の視点ではそれほど多くの分析はなされていない。こうした中、マクロ変動と企業規模による反応度合いの関連性を分析した Gertler and Gilchrist (1994) は重要な先行研究である。彼らは、情報の非対称性を背景とする資本市場の不完全性により、中小企業では金融制約が強いと考え、金融政策ショックの影響が大企業よりも強く表れる可能性を示した。同様の問題意識に基づくものに Ehrmann (2004)、小川 (2007a, b) などがある。

　一方、景気とは法則性をもった循環 (cycle) として把握できるとの見方もある (「循環派」と呼んでおく)。その多くはサイクルそのものの把握や統計的検証に重きを置いている。理論的な基礎づけもさることながら現実のマクロ的経済変動の把握を目指すこうした考えは、バーンズ─ミッチェル (Burns and Mitchell 1946) が確立したものであり、多くの批判を浴びながらも、現実的な意義の大きさから広範に受け入れられている。今日、わが国の景気判断の最終的なよりどころとなる内閣府「景気動向指数」のような比較的簡便な方法から、より精緻で洗練された手法まで幅広く開発され、政策判断などに用いられている (Stock and Watson 2010、福田他 2003)。企業規模の応じた循環性の違いについては、企業の"柔軟性"と関連付ける見方が示されている。Mills and Schumann (1985) は、Stigler (1939) の提起した技術柔軟性の考え方に着目し、現実の統計を用いて、中小企業は需要変動を柔軟に吸収する技術の選択を通じて順循環的な動きを示す、と主張した。これとは逆に Vianen (1993) は、中小企業のほうが価格調整を柔軟に行うため、売上高の変動は中小企業のほうが小さい可能性を指摘した。この場合、景気循環において中小企業は景気変動を抑制するカウンターシクリカルな役割を果たすことになる[3]。なお、企業規模とシクリカリティ（循環性）の関係については、近年、特に雇用の観点から議論が活発化しており、Moscarini and Postel-Vinay (2012)、Haltiwanger, Jarmin and Miranda (2013) などが、大企業と中小企業のいずれの雇用変動が大きいかという議論を行っている。

　以上は総じて、景気全体の動きに対して中小企業がどの程度大きく反応するか、という視点の先行研究であるが、景気の循環性に関心を持つ立場から

はもうひとつ重要な着眼点がある。それは景気の転換点の判定である。政策担当者や市場関係者など実務家にとって、景気が拡張局面にあるのか後退局面にあるのかの判断はもっとも重要な関心事である。景気の転換点を判定するための手法やそれを用いた実証分析は循環派を中心に多くの蓄積があるが、企業規模と景気転換点の関係を扱ったものはほとんどみられない。わが国では、景気と密接な関係を持つと考えられている在庫循環を対象に、企業規模に着目した篠原 (1961) や、原田 (2007) による内閣府「景気動向指数」に採用されている中小企業関係の指標 (中小企業出荷指数、中小企業売上げ見通し DI) の妥当性の検証など、ごく限られている。

4.　企業規模別の循環変動──データ分析

　以下では実際のデータを用いてわが国の中小企業の状況をみていく。分析の枠組みは、先に整理した景気の捉え方でいえば「景気循環」の考え方に基づく。分析に用いるデータである日銀短観は、わが国を代表するサーベイデータとして知られている。特に景気を判断するための指標としては、業況判断 DI が用いられる。企業経営者に対するアンケート結果を集計した同インデックスは、経営環境を総合的に表すマインド指標として注目度が高い。資本金額を基準に大企業、中堅企業、中小企業の 3 つの規模区分で計数が公表されている。企業規模は、対比を明確にするため大企業と中小企業の 2 区分とした。対象業種は全産業で、データのサンプル期間は、統計が開始された1983 年第 1 四半期以降）から 2010 年代半ばリーマンショック直前の 2008 年第 1 四半期まで、頻度は四半期である[4]。

4.1. 景気全体との相関

　はじめに、大企業と中小企業の業況判断 DI の推移を図 4-5 でビジュアル的に概観しておこう。この段階のビジュアル・チェックからいえることは、大企業と中小企業は基本的に連動性が高いということである。

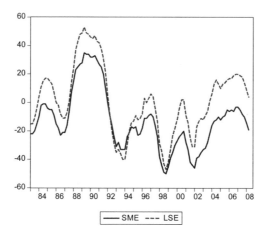

図 4-5　業た業況判断 DI の企業規模間格差の変化

注：SME は中小企業、LSE は大企業。
出所：日本銀行「全国企業短期経済観測調査」より作成

　ここで重要なのは、いずれの企業規模が景気全体との連動性が強いかである。これをみるために、景気全体を表す指標として実質 GDP との時差相関係数を整理したのが**表 4-1** である。これをみると、いずれも期数ゼロ（すなわち同時点）の相関がもっと高くなっており（もっとも相関係数の高い期数を網掛けしている）、中小企業も大企業も景気全体との連動性は強いことが分かる。かし、その相関係数を比べるといずれについても大企業のほうが高くなっている。また、標準偏差もストック・ワトソン型指標を除き大企業のほうが大きくなっている。全体としてみれば、わが国においては大企業の景気のほうが中小企業よりもプロシクリカルな傾向にあるといえる。これは米国製造業を対象とした Mills and Schumann (1985) を支持する結果である。

　景気に対する循環性をみる場合、雇用指標が使われることも多い。そこで、参考までに、総務省「労働力調査」の雇用者数（除く官公）を用いて同様の作業を行った。その結果、先ほどとは逆に、大企業がカウンターシクリカルな動きをしている状況が明確にみてとれる。米国では雇用についても大企業のほうがプロシクリカルとの結果を示す分析結果が多く、日米の労働市場の違い

表 4–1　実質 GDP との時差相関

	サンプル期間	企業規模	標準偏差	時差相関係数										
				(GDPに先行)					(GDPに遅行)					
				(ラグ期数)-5	-4	-3	-2	-1	0	1	2	3	4	5
業況判断DI (日銀短観)	1983.2Q-2013.1Q	中小企業	20.40	0.35	0.43	0.49	0.55	0.56	0.54	0.45	0.29	0.12	-0.04	-0.17
		大企業	23.54	0.35	0.43	0.51	0.58	0.61	0.59	0.48	0.29	0.10	-0.10	-0.24
雇用者数 (労働力調査)	1968.1Q-2013.1Q	中小企業	0.82	-0.16	-0.08	0.00	0.15	0.28	0.41	0.51	0.55	0.44	0.30	0.17
		大企業	1.57	-0.27	-0.32	-0.37	-0.26	-0.16	-0.04	0.06	0.15	0.22	0.31	0.34

注1：短観 DI は、季節性やトレンドを除いた回答に基づいているため、特にフィルタリング等による
　　循環成分の抽出は行っていない (つまり、原計数を使用した)。それに対し、雇用者数は、対数値か
　　ら HP フィルターによって抽出した循環成分を使用した。
注2：雇用者数の企業規模区分は従業者数 500 人を境界値とした。
出所：日本銀行「全国企業短期経済観測調査」、総務省「労働力調査」、内閣府「国民経済計算」のデータ
　　を用いて筆者作成。

を示唆するものである。

4.2. 先行・遅行性

　景気循環の視点からいえば、シクリカリティの度合いもさることながら、
景気の転換点の判断への関心が高い。今回の問題意識に置き換えると、中小
企業と大企業の景気転換点はどちらが先行するのか、ということである。し
かし、先行研究でも述べた通り、景気転換点の判定手法などの一般的な研究
の進展に対し、企業規模別の分析を行った事例は極めて少ない。以下では、
こうした手つかずの分野ともいえる企業規模別の先行・遅行関係について確
認する。

　今回、具体的には 2 つの手法を用いた。まず 1 つは、一般的な時系列デー
タを扱うもっとも簡便で汎用性の高い手法であり、前節でも用いた時差相関
係数である。どの期数においてもっとも値が高くなるかをみることにより、
先行・遅行関係をとらえる。

　もう 1 つは、景気循環の「サイクル」という要素を明示的に意識した手法
であり、景気の拡張、後退という各局面がいつから始まったのかという景
気の転換点の判定に照準を当てて Bry and Boschan (1971) が開発したブライ－
ボッシャン法 (BB 法) である。これは、景気の山と谷を判定するアルゴリズ

ムであり、わが国の政府（内閣府）や、米国 NBER、国際機関などの景気判断において現在も幅広く用いられている。移動平均を主たる操作としつつ、①山はその後の値より高い（谷は逆）、②山・谷は系列の終了時点から 6 ヵ月以上離れている、③山同士、谷同士は 5 ヶ月以上離れている、④山と谷も 5 ヵ月以上離れている、などのあらかじめ設定した条件に基づき、山と谷を判定する。今回、BB 法によって各指標の転換点（山・谷）をとらえ、その前後関係を確認する。

まず、大企業と中小企業それぞれの業況判断 DI の原データと 1 次階差について、時差相関係数を算出した。結果は、いずれの系列においても、ラグ数ゼロにおける相関係数が最大となり、大企業と中小企業の循環変動の連動性が極めて高いことを示すものとなった。

次に、原データに BB 法を適用し、山と谷のタイミングを識別し、大企業と中小企業のラグを確認した。その際、山谷のメルクマールとして、政府による公式の景気転換日付を参照した。基本的に、大企業、中小企業とも、政府による景気日付の近傍で転換を迎えている。山と谷に分けて平均ラグ（単位は四半期）をまとめたのが**表 4-2** である。その差は 1 四半期未満であり、やはり中小企業と大企業のタイミングの連動性を確認する内容である。むしろ、今回のデータからいえば、中小企業は、若干ではあるが山谷ともに先行している。今回得られた程度の値では頑強なラグ関係を確認したとはいえないが、少なくとも大企業が先行しているとは言い難い。景気判断指標として日銀短観を用いるのであれば、中小企業の集計結果をさらに活用していく余地があるように思われる。

表 4-2　BB 法による先行・遅行判断の整理

先行四半期数		
山	谷	山・谷（合計）
0.3	0.4	0.3

注：中小企業と大企業の山・谷の先行・遅行関係を平均期数（単位は四半期）で示したもの。プラス値は中小の先行を表す。

4.3.「ジェット機の後輪」論——先行・遅行性の文脈からの考察

　景気と企業規模の関連において、中小企業を「大型ジェット機の後輪」に例える見方がある。ジャンボ機の後輪は、離陸時（すなわち景気回復期）には最後に地面から離れ、着陸時（景気後退期）にはまっさきに滑走路に着地する、という比喩である（例えば川上 2006）。これは、景気変動において中小企業はもっとも割を食う弱者という見方と言い換えられる。

　しかし、少なくとも今回の分析結果は、そうした仮説を支持するものではなかった。中小企業と大企業を大括りで捉え、景気の転換点の前後関係という観点で比較すると、両者は高い連動性を持っている。また、景気変動における"予期せぬ需要ショック"を中小企業に吸収させるというエビデンスは得られていない。少なくとも今回用いたデータからみれば、景気に対する振幅の大きさは、むしろ大企業のほうがプロシクリカルに大きい。

　それでは「ジェット機の後輪論」は印象論に基づく空想の産物なのだろうか。ここでひとつの解釈としては、地域経済との関係が考えられる。もし地方経済が都市経済に対して、「ジェット機の後輪」の関係にあるならば、中小企業のウエートが高い地方経済の変動パターンが、中小企業のパターンと受け止められている可能性がある。確かに「後輪論」は中小企業に対してだけでなく、地方経済を語る際にも往々にして引き合いに出される例えである。その可能性について簡単な確認をしておこう。

　もし地方経済に関する「後輪論」が正しいならば、地方の景気は都市部に比べ、景気拡張局面は短く、後退局面は長くなければならない（これだけでは後輪論が成立することにはならないが、少なくとも必要条件ではある）。**表 4-3** は、日銀の各支店が発表する短観の業況判断 DI（製造業）を、都市圏と地方圏の 2 グループに集計し、それぞれの景気局面の長さを比べたものである（都市圏と地方圏のカバレッジは表注を参照）。サンプル期間は 1974 年第 2 四半期から 2013 年第 2 四半期である（四半期データ）。これをみると、7 つの景気拡張局面のうち地方圏のほうが短かったのは 2 回で、むしろ長かったのが 3 回（同じ長さが 2 回）である。後退局面も 7 回あったが、地方のほうが長かったのは 1 回のみである（短かったのが 4 回、同じだったのが 2 回）。

表4-3　都市圏、地方圏の業況判断 DI からみる景気局面の長さ

（景気拡張局面）　　　　　　　　　　　　　　　　　　　（単位：四半期）

局面の始期	1977/1Q	80/1Q	85/2Q	91/1Q	97/2Q	00/2Q	08/1Q
都市圏支店分	7	6	7	9	12	8	19
地方圏支店分	5	8	8	10	11	8	19

（景気後退局面）

局面の始期	1977/4Q	83/1Q	86/4Q	93/4Q	99/1Q	02/1Q	09/1Q
都市圏支店分	5	14	9	19	7	5	10
地方圏支店分	5	13	6	14	8	5	9

注1：都市圏は関東、中部、近畿、地方圏はそれ以外。各支店が発表した業況判断 DI（全産業）を、企業数によって加重平均。
注2：局面の始期は政府の公式判定による景気判断日付に基づく。業況判断 DI の山谷はブライ＝ボッシャン法による。
出所：日銀各支店発表資料より筆者作成。

　都市圏と地方圏という2分法では、やはりマクロ的に「後輪論」を支持するようなエビデンスになっていない。もちろん、「後輪論」が当てはまるような地域や中小業種が存在する可能性は否定しない。しかし、それをもって、中小企業全体がジェット機の後輪のごとく景気全体のなかで厳しい立場に置かれているとみるのは、個別の事例を一般化し過ぎではないかと思われる。

　それでもなお「後輪論」を否定できない可能性も残されている。本章の分析では、中小企業と大企業をそれぞれまとめて把握したが、個別企業の立場からは違った見え方となる状況はあり得る。中小企業は、参入・退出・成長を通じて活発なダイナミクスが恒常的なセクターである。既存の大多数の中小企業は離陸が遅い一方で、景気の立ち上がり期に多くの参入があったり、一部の先導的な中小企業が成長に大きく寄与するようなパターンになっていれば、中小企業の多数派にとっての実感が「ジェット機の後輪」となる事態は考え得る。今後、こうしたミクロベースのデータを用いた検証は、中小企業の景況感を正しく評価する意味でも重要であろう。

5.　むすび

　本章では、日銀短観の企業規模別データを分析し、まず通常とは異なる"構

造変化"の視点からの分析を試みた。そこでは、グローバル化や人手不足といったわが国をめぐる環境の変化を示唆するエビデンスを観察することが出来た。また、循環変動についても、時差相関、BB 法という 2 つの手法を用いて検証し、総じて大企業と中小企業のマクロ的な変動についての同時性を確認する結果を得た。特に、景気の転換点に焦点をあてた BB 法においてもそれが成立していたということは、景気の局面判断にいずれか片方のみを用いたとしても、大きく判断は変わらないことを意味する。日銀短観では大企業(特に製造業)の DI が注目されているが、一定の妥当性を持っているといえよう。

　しかしながら、それは同時に、中小企業部門をさらにきめ細かく観察することの意義も示している。また、景気判断だけではなく、時に構造変化のエビデンスとも解釈される情報を我々に与えてくれる可能性もみた。今後さらに日銀短観をはじめとする企業規模別のデータや手法を工夫して分析を蓄積し、現実の経済に関するより豊かな情報を抽出する努力を進める意義は大きように思われる。

注

1　実は、学術研究においても景気と企業規模の関係に関する研究は多くない。経済学における経済変動の重要性と現実の中小企業のプレゼンスの高さを併せ鑑みると、Cravo (2011) が指摘するようにこれは驚くほど意外なことといえよう。

2　景気についての解説書は多数あるが、包括的なものとして、例えば田原 (1998)、景気循環学会・金森編 (2002) がある。

3　もっとも、ヴィアネンが試みた検証において、得られたエビデンスはそれを裏付けるものにはならなかった。

4　時系列データを用いた近年の経済分析で常に問題となるのが、リーマンショック以降のデータを含めるか否かという点であるが、今回は時系列データとしての定常性が満たされ、公式な景気の山谷の判断が確定している点を鑑み、リーマンショック以前をサンプル期間とした。

参考文献

小川一夫 (2007a)「金融危機と設備投資―1990 年代における日本の経験―」林文夫編

『金融の機能不全』勁草書房、35-63 頁。

小川一夫 (2007b)「金融危機と雇用調整—1990 年代における日本の経験—」林文夫編
　『金融の機能不全』勁草書房、125-149 頁。

川上義明 (2006)「下請中小企業の経営に関する一考察－新しい視点からの検討－」
　『福岡大学商学論叢』51 巻 1 号、1-20 頁。

景気循環学会・金森久雄編 (2002)『ゼミナール 景気循環入門』東洋経済新報社。

篠原三代平 (1961)『日本経済の成長と循環』創文社。

田原昭四 (1998)『日本と世界の景気循環』東洋経済新報社。

原田信行 (2007)「中小企業の景気と景況感」浅子和美・宮川努編『日本経済の構造変
　化と景気循環』東京大学出版会、276-303 頁。

福田慎一・小野寺敬・中込一朗 (2003)「確率的な景気指標の有用性」、『景気循環と
　景気予測』東京大学出版会、137-156 頁。

Burns, A. F. and W. C. Mitchell (1946) *Measuring Business Cycles*, New York: NBER.

Cravo, T. A. (2011) "Are small employers more cyclically sensitive? Evidence from Brazil" *Journal of Macroeconomics,* 33(4): 754-769.

Ehrmann, M. (2004) "Firm Size and Monetary Policy Transmission-Evidence from German Business Survey Data," CESifo Working Paper No.1201.

Gertler, M. and S. Gilchrist (1994) "Monetary Policy, Business Cycles, and the Behavior of Small Manufacturing Firms," *Quarterly Journal of Economics,* 109(2): 309-340.

Haltiwanger, J., R. S. Jarmin and J. Miranda (2013) "Who Creates Jobs? Small vs. Large vs. Young," *Review of Economics and Statistics,* 95(2): 347-361.

Mills, D. E. and L. Schumann (1985) "Industry Structure with Fluctuating Demand," *American Economic Review* , 75(4): 758-767.

Moscarini, D. and F. Postel-Vinay (2012) "The Contribution of Large and Small Employers to Job Creation in Times of High and Low Unemployment," *American Economic Review* , 102(6): 2509-2539.

Stigler, G. (1939) "Production and Distribution in the Short Run," *Journal of Political Economy* , 47(3): 305-327.

Stock, J. and M. Watson (2010) "Indicators for Dating Business Cycles: Cross-History Selection and Comparisons," *American Economic Review,* 100(2): 6-19.

Vianen, J. (1993) "Small Business Developments in the Long Run and through the Business Cycle: Lessons from the Past in the Netherlands," in C. Karlsson, B. Johannisson and D. Storey eds., *Small Business Dynamics: International, National and Regional Perspectives*, London: Routledge, 18-38.

第Ⅲ部　途上国の金融自由化・中小企業金融

第5章　メキシコの金融自由化のインパクト

柿原智弘

本章の概要：メキシコの金融システムは伝統的に構造的な脆弱さを有しており、その結果、1982 年の債務危機、1994 年の金融危機を引き起こすに至った。1994 年の金融危機後、メキシコ政府は積極的な金融自由化を行い、外資資本の金融機関誘致により銀行部門を中心とする金融システムの健全化を目指した。その結果、本国の親銀行の資本に依存せず、資金調達における国内預金の比率が高いという地元に根ざした特徴を有する外資商業銀行が、上位 5 行の内 4 行を占めるに至り、外資商業銀行による安定的な金融健全化を実現した。加えて、金融自由化後にメキシコ市場へ進出した外資系金融仲介機関は、生活に密着する地場の店舗と連携することで、移民送金の仲介を通じ、金融機関が存在しない地域や、従来銀行口座を持たず金融アクセスが制限されていた貧困層へ新たな金融チャネルを提供するに至った。メキシコにおける金融自由化は、外資主導による金融健全化の実現と、貧困層に至るまで新たな金融アクセスチャネルを提供するという変化をもたらす結果となった。

1.　はじめに

　メキシコは従来、政府主導で経済・金融を統制し、1930年代以降輸入代替工業化政策により経済発展を目指してきた。特に1960年代以降、牽引役となったのは公企業であり、政府の役割は非常に大きいものであった。公企業の役割は単純に輸出業を目的とする工業促進の側面ばかりでなく、国民に安価な公共サービスの提供や雇用の創出の場所として活用された為、政府負担は増大し、メキシコ国内の脆弱な金融システムもあいまって、経済活動の拡大に伴い深刻な金融不安を露呈することとなった。その顕著な例が、1982年の債務危機の発生と、1994年に発生した金融危機（テキーラショック）である。これら2つの危機の発生要因は違うものの、メキシコの金融システムの脆弱性に起因しているものであり、これら2つの危機を教訓としてメキシコは金融自由化へ舵取りを行うことになった。特に、資本が脆弱であった民間の地場資本銀行のプレゼンスは非常に低いものがあり、政府の政策もあいまって、改善は必至であった。この点を踏まえて、メキシコ政府は自身の舵取りのみによる金融統制をあきらめ、豊富な資金を持つ外資企業の助けを借りる形での再建を目指すこととなった。金融改革の結果、メキシコの金融システムの健全性は大幅に改善されることとなり、特に商業銀行部門では資本が脆弱であった地場銀行が整理された結果、上位5行の内外資資本が4行を占めるに至った。一方で、外資銀行の場合、本国もしくは進出先国の状況如何では容易に業務を縮小するリスクが存在するが、この点についてIMFは、①メキシコの外資銀行のケースでは、メキシコに進出する際に外資銀行が親銀行の資本に依存していない点、②資金調達に占める国内預金の比率が高い点等から、そうしたリスクは低いとしている。この点から、メキシコは外資銀行導入による金融健全化の面では一応成功している1つの例であると評価でき、また現地に即した金融サービス・活動を行っていることから、グローカルの一例と言えよう。

　金融自由化は、従来金融アクセスを制限されていた層にも影響を及ぼすこととなった。メキシコでは政府が適切な雇用創出を行うことが出来ておらず、

少なからずインフォーマル部門に従事するものが存在するという状況が続いている為、貧富の差が大きく、OECD のデータによると 2018 年時点で、ジニ係数は 0.46 で世界第 6 位、貧困率は 16.60 で世界第 12 位である[1]。これらの状況を背景として、家族を助ける為に移民として海外に収入を求めて渡る者も少なくなく、幅広い所得層で移民送金の受け取りを行っている。その結果、2019 年ではメキシコは約 360 億ドルの移民送金受取国となっており、世界第 3 位に位置している。移民送金は低所得層には重要な生活資金源となっているが、銀行口座を所持しない国民も多数いることから、移民送金の受取はノンバンク金融機関で行われることが多く、中でも外資企業による金融仲介機関が提供している送金サービスを利用するケースが多々見られる。この金融仲介機関は自身がメキシコに店舗を持っている訳ではなく、メキシコ国内の電子端末を有した日常生活に関連した店舗と連携することで活動を可能にしており、銀行の支店がない地域や銀行口座を所持しない者でも手軽に利用できることから、言わば現地化したグローバルなサービスの事例と言えよう。

　以上の状況を踏まえて、本章では以下の点について考察を行う。1 つ目に、金融自由化へのきっかけとなった 2 つの危機（1982 年債務危機、1994 年金融危機（テキーラショック））について、その発生要因と対応について整理する。2 つ目に、金融自由化へ向けての金融改革の流れを整理し、金融自由化の結果である銀行再編について考察を行う。3 つ目に、幅広い層で行われている移民送金についてその特徴を整理し、送金受取における金融自由化の影響を考察する。最後に結語として総括を行う。

2．金融危機とその背景

　メキシコでは、1980 年代、1990 年代と続けて大きな債務危機・金融危機を経験した。これらの 2 度の危機の要因はメキシコのファンダメンタルズを中心とした構造的なものであった。特にその当時の金融部門は地場資本によって担われており、脆弱性を帯びていた。金融危機後メキシコ政府は金融

部門の脆弱性を外国資本の活用によって克服することを選択し、市場開放に至った。以下では、金融自由化への契機となった 2 度の危機発生の要因ならびに対応について整理していく。

2.1. 1982 年債務危機

1）1970 年代のメキシコの金融環境

　メキシコでは従来から実施されていた輸入代替化工業政策により、経済推進を行ってきていた。その中で、公企業を中心として経済成長を牽引していた為政府の役割は大きな地位を占めており、財政資金や国有銀行である開発銀行からの融資は公企業に集中的に投入されていた。一方で工業化は、都市部への人口集中、失業者の増加、公害の発生等の問題も引き起こすこととなった。加えてメキシコは、ポプリスモといわれる人道主義の政治思想から、都市労働者や農民に手厚い保護を与え、生活必需品を安価に供給し、公共料金を低廉化するなど、財政負担が大きい状態にあった。公企業はこれらに利用され、公共サービスである電気、水道、ガス、電話などで大きな役割を担い、雇用の創出や所得の再分配の手段としても活用された。このことから、公共部門（中央政府、地方政府、公企業）の借り入れは大きくなり、メキシコの徴税システムの脆弱性もあいまって、1970 年代には公共部門の借り入れ需要は対 GDP 比で 16％にも達することになる[2]。

　財政資金の調達は、国内と国外から行われていたが、一貫して国外債務の方が大きい傾向にあった[3]。一方、国内政府債務の調達においては、その大部分が中央銀行であるバンコ・デ・メヒコから行われており、証券市場が発達するまでは、過度に中央銀行による信用（対政府貸付と債権保有）に依存する構図が続いていた。ここで問題となるのは、公共部門の増加により発生した赤字を中央銀行による信用で賄うことで、マネーサプライが増加し、インフレリスクが高まることが挙げられる。インフレリスクの予防措置としては、商業銀行に 50％にもなる法定準備を課したり、民間貯蓄を商業銀行や中央銀行を介して政府財政赤字の補填に利用するなどの方法で対応した。その結果、中央銀行は政府の銀行としての機能を重視せざるをえず、貨幣価値の維

持、決済システムの安定といった機能を十分に果たすことは出来ていなかった。また、民間銀行は高率の法定準備や選択的信用統制により、優先度の高い公企業へ市場金利以下で融資することを強制された為、自身が獲得した預金の内 30％程しか自由な貸し出しができない状況にあった[4]。そのため、民間銀行の活動は短期的な融資とならざるをえず、設備投資などの長期的な融資はほとんど出来ない状況にあった。かかる脆弱な財政状態、金融環境を背景に、1982 年に債務危機が発生することとなる。

2）債務危機発生の過程

　輸入代替化工業政策により発展をしてきたメキシコではあるが、1970 年代には市場規模などの制約により、限界をむかえることとなった。当時、メキシコは石油の輸入国であり第 1 次石油危機が発生した影響で、1974 年〜1975 年にかけて深刻な国際収支危機に直面することとなり、この危機の克服の為に、IMF 安定化プログラムに従い回復を目指す中、1976 年〜1977 年には不況を経験することになる。その過程において 1970 年代には 1972 年のレフォルマ油田を始め、大量の埋蔵油田が発見されることにより、メキシコは石油輸入国から輸出国へ変貌を遂げることになり、基本的な経済条件が一変することとなった。折からの石油ブームに乗り、メキシコは石油輸出量を増加させるべく油田の開発を急ぐことになるが、開発資金は主に政府とPEMEX（Petróleos Mexicanos：メキシコ石油会社）による対外借入によって賄われた[5]。加えて、油田の発見は国際金融市場における借り手としてのメキシコの信用力強化を促し、1978 年〜 1979 年においては貸手側の銀行間競争の激化、アメリカの国際収支赤字に起因する国際的資金フローパターンの変化等により、借入れ条件が緩和することで借手市場の様相となり、メキシコへの激しい貸付競争が展開されることとなった[6]。

　油田発見を受けて 1977 年に成立したロペス・ボルティジョ政権（在任期間：1977 年〜 1982 年）のもとで、大掛かりな産業開発計画が策定され、公共支出拡大に基づく高い経済成長率を目指した。これにより、1977 年に対 GDP 比で 30.9％であった公共支出は順調に増加し、1981 年には対 GDP 比 42.4％ま

で増加することとなった。一方、財政赤字についても 1977 年に対 GDP 比で 6.7 ％であったものが、1981 年には対 GDP 比 14.7 ％まで増加した[7]。同時期、多くの公共投資は主に石油産業に向けられ、1970 年〜 1977 年では全体の約 3 分の 1 であったものが 1978 年以降、40 ％を超える値を示しており、その集中度が見て取れる[8]。政府の積極的な投資政策により、石油産業は順調に拡大し、1978 年〜 1981 年にかけて年平均 18.8 ％の成長を遂げるまでに至り、輸出に占める割合は急速に伸びていった。一方で、民間投資は商業・サービス業に向けられ、製造業部門へは 1970 年〜 1977 までの約 2 分の 1 から、1978 年以降は約 3 分の 1 にまで減少し、製造業部門の開発は停滞することとなった。石油産業の成長はメキシコにおける経済基盤、外貨獲得に多大な貢献をした一方、過度に石油産業に依存する体制を作り上げることとなった。石油輸出は国際市場の動向に大きく影響をうけるものであり、石油輸出に依存することは外生ショックに対する脆弱さを内生化することを意味する。くしくも、石油産業の隆盛がメキシコの収入構造の硬直化につながり、不安定な状況を作り出したことになる。

　石油ブームにより経済立て直しを目指したメキシコだが、幾つかの外生ショックにみまわれることとなった。主に、国際石油価格の動向とドル金利の上昇である。国際石油価格は 1978 年以降急上昇しその後しばらく高値が続いた。国際石油価格の上昇は、メキシコの貿易条件を改善し、石油輸出による所得を劇的に上昇させることとなった[9]。一方で、1979 年 10 月以降、アメリカの金融政策の転換により短期のドル金利が急上昇し、高水準での乱高下をするようになった。そのため、国際金融市場でのドル金利（LIBOR）も連動して上昇を示すことになり、新興国の新規資金の調達コストのみならず既存債務に対する利払い負担を上昇させることとなった。これに対しメキシコでは、石油価格上昇はまだ継続すると考え、またドルの高金利状態は一時的なものであるとの楽観的な見解を示し、輸入の自由化、実質為替レートの上昇、財政拡張といった政策を選択した[10]。1981 年に初頭に石油のスポット価格の下落に伴い、各石油輸出国が石油の公的価格の切り下げを実施する中、メキシコも 1981 年 6 月に石油価格の切り下げを余儀なくされ、これを

契機にペソの大幅切り下げ懸念が顕在化し、巨額の資本が逃避することとなり、メキシコ銀行制度内のドル預金が急増する事態となった[11]。経常収支の赤字拡大と民間資本逃避に対しては、公共部門の対外借入によってファイナンスしたが、抜本的な対策が必要となり、輸入統制の再導入や予算カットに加えて、1982 年 2 月に政府はペソの交換性を維持する為に財政収縮と平価切下げを決定した。ただし、この対策では不十分であり、資本逃避は止まらず、加えて中央銀行の外貨準備は枯渇し、1982 年 8 月 6 日に二重為替レートが採用されることとなった。その後、メキシコ銀行制度はドル建て預金を国内通貨のみで支払い可能とし、一時的に外国為替取引も停止した。1982 年 8 月 20 日にメキシコ政府は貸し手である国際銀行団と会談し、公的債務の元本の 90 日間の支払延期と公的債務のリスケジュール交渉の合意を得ることになり、メキシコの債務危機が顕在化することになる[12]。

　債務危機の発生要因として棟近は、「1979 年の外政ショックに対する政策当局のマクロ調整政策、ことに貿易・為替政策の方向性に問題があり、これが 1981 年の資本の逃避の急増という形で顕在化した」、と指摘している[13]。1978 年〜 1980 年において既にネットの資金が流出しており、対外借入による成長を意図していたメキシコにとっては、発展戦略の限界を認識する上で重要なシグナルであったにも拘らず、同期間の石油輸出増加による外貨収入の拡大が中間財・資本財輸入の増加によって相殺された結果、債務水準の引下げが実現せず、元利払いが増加し、経常収支赤字が 1981 年にピークを迎えた。そのため、公的債務の長期返済分を短期借入で賄い、加えて外貨準備の取り崩しによりファイナンスしたことで、急激な公的債務の増加を生み、利払い停止という債務危機を導くこととなった[14]。総じて、債務危機はメキシコ国内の産業構造、公的部門の大きな負担、政府の見通しの甘さから来るマクロ調整政策の欠如に起因すると言える。

3) 債務危機への対応

　1982 年に発生した債務危機に対しメキシコ政府が取った主な政策は、銀行制度の国有化ならびに IMF による緊縮計画の受け入れによる建て直しで

あった。ドル投機ならびに資本逃避は 1981 年に既に始まっていたが、外貨準備の減少、為替レートの再引き下げ等からドル投機と資本逃避の悪循環が表面化し、経済は危機的状況に陥った。この状況に対し、ロペス・ポルティーヨ大統領が 1982 年 9 月 1 日の大統領教書報告において、経済危機の最大の責任がドル投機と資本逃避をあおった民間銀行にあると糾弾し、民間銀行の即時国有化を発表するに至った[15]。具体的には、1982 年だけでも 90 億ドルを超えると思われる資本逃避に銀行界が関与していたとの政府の認識があり、調査によれば、メキシコ国民が米国内の 100 万を超える銀行口座に 140 億ドルの預金と米国不動産を 300 億ドル所有し、国内銀行にも 120 億ドルの預金を所持していることが判明したことによる[16]。銀行制度の国有化により、それ以前に存在していた 56 の銀行と、4 つの半官半民の銀行の内、高度に特化した機能を有する 11 の銀行がなくなり、20 の銀行が合併して 12 の銀行に減少し、残りの 29 の銀行が兼営銀行となった。これにより政府監視の下、銀行を通じたドル投機ならびに資本逃避が統制されていくこととなった。

　一方、貸手側の対応はアメリカ政府を中心に、IMF、BIS、民間銀行団と連携して迅速に進められた。その主な内容は次の通りである[17]。

1) アメリカ政府による約 30 億ドルの融資：戦略備蓄用石油輸入代金の前払い 10 億ドル、商品金融公社による穀物輸入金融 10 億ドル、FRB によるブリッジ・ローン 9 億 2500 万ドル。

2) BIS によるブリッジ・ローン約 10 億ドル。

3) 主要貸手国の政府系輸出金融機関から 20 億ドルの貸付増加。

4) IMF 融資：拡大信用供与 39 億ドル、等。

　これらの援助により、メキシコは一応の危機を脱することとなるが、援助の条件として IMF のコンディショナリティを受け入れる必要があり、民間債権銀行も新規融資と既存債務のリスケを実施することとなった。IMF は、メキシコの経常収支赤字[18]に着目し、早期の対外不均衡を是正する目的で、厳しいコンディショナリティをメキシコに課すこととなる。主なコンディショナリティは次のようなものであった[19]。

1) 対 GDP 比で財政赤字を 1982 年の 18.5％から 1983 年には 8.5％まで引き
下げる。

2) 年末時点の前年同月比で消費者物価上昇率を 1982 年の 98.8％から 1983
年には 55％以下まで引き下げる。

3) 経常収支赤字を 1982 年の 58 億ドルから 1983 年には 42.5 億ドル以下ま
で引き下げる、等。

　IMF のコンディショナリティは 1 年毎に見直されることとなっており、そ
の実効的な効力も 1 年間であることから、民間銀行団が応じるリスケも単年
度のリスケとなっていた。債務危機発生後のメキシコの返済額に関して、返
済の負担が軽減されたのは最初の 2 年間（1983 年、1984 年）だけであり、その
後はリスケ前と同等、もしくはそれ以上の返済額となった[20]。この対応は、
今回のメキシコの債務危機が返済能力によって引き起こされたものではなく、
短期もしくは中期的な流動性の問題によって引き起こされたものであると貸
手側が判断したと捉えることができる。つまり、民間銀行団のリスケならび
に、官民双方からの新規資金の供給により対外債務の返済を先延ばしするこ
とで、その間に IMF の 3 年間安定化プログラムによるメキシコ経済の引き
締めによる経常収支黒字が達成され、返済能力が回復すると考えてのもので
あったといえる。

　デラマドリ政権では、IMF 主導型緊縮政策として、公共部門の財政的不
均衡の修正を中心に実施した。その結果として、財政赤字は 1983 年には対
GDP 比で 8.7％まで減少し、IMF のコンディショナリティが要求する水準ま
で引き下げることに成功した。インフレ率も、1983 年には 96.28％であった
ものが、1984 年には 61.74％まで下がり、経常収支に至っては、輸入の大幅
減効果により 1982 年には 62 億ドルの赤字であったものが 1983 年には 54 億
ドルの黒字に転換した。今回のメキシコの債務危機の対応に関しては、IMF
安定化プログラムの成功ケースとして国際金融界から評価を得ることとなっ
たが、その背景には国内での失業率の増加や公共部門のサービスの縮小など、
国民にとっては厳しい環境に基づくものがあった。加えて、経済状況の回復

は国内の自助努力だけではなく、対外的な要因（アメリカの金利動向、IMF の
融資能力、返済期間の制限）にも影響を受けることから、1984 年には短期的救
済策だけではその後の回復に限界が生じるようになってきた。実際、メキシ
コも国家財政の約 3 分の 1 が対外債務の利払いにあてられ、投資予算の削減
も限界に達しようとしていた。加えて、国内の実質賃金さらなる抑制には労
働組合の抵抗が予想され、1985 年以降、リスケによる債務返済スケジュー
ルがより厳しいものとなることが予想されていた為、先進国の債権銀行団は
多年度一括リスケを実施することに合意し、各年の債務返済額を平準化す
ることで経済回復を促すこととなった。具体的には、1985 年〜 1990 年まで
の 6 年間に返済期限が来る公的債務 437 億ドルを、1998 年まで 14 年間にわ
たり繰り延べるというものであった[21]。この対応により、IMF の緊縮財政に
より国際収支の早期改善を達成したメキシコは、債務返済額の平準化という
処置を得ることより、国内経済への対処も可能になり、回復の道を辿ること
となる。IMF のコンディショナリティは厳しいものであったが、メキシコが
従来から抱えていた石油輸出に頼った脆弱な経常収支不均衡を是正した点と、
公的部門の過大な支出から来る不均衡を是正した点で評価ができる。

2.2.1994 年金融危機（テキーラショック）

1）金融危機発生の過程

　1982 年の債務危機後、デラマドリ政権（1982 年〜 1988 年）下では、メキシコ
は IMF の是正勧告を受け入れる形で輸入代替工業化政策からの脱却を図り、
改革・開放路線へと政策変更を実施した。その結果、公的部門の赤字を大幅
に抑えることに成功し、財政赤字の幅も縮小され、また石油の輸出に頼っ
た脆弱な経常収支不均衡も徐々に是正され、経済は回復に向かった。特に、
1987 年 12 月以降に導入されたオーソドックスな財政および金融政策に加え、
政府・企業家・労働者・農民の間での社会協約に基づくパクトと呼ばれる経
済安定化政策によって、徐々にインフレを抑制し、石油以外の輸出の拡大に
よる貿易収支の黒字は、対外債務の返済に必要な外貨を生み出すに至った。
　デラマドリ政権を引き継いだサリーナス政権（1988 年〜 1994 年）下では、ネ

オリベラリズムと呼ばれる、政府が特定の経済活動に直接保護や援助を与え
るのではなく、民間の自由な経済活動を促進することで市場取引が円滑に
行われるような制度を整備する改革に舵を切った。具体的には、貿易の自由
化や規制緩和の実施により、外国企業に内国民待遇を供与したり、多くの分
野で100％出資の子会社の設立を認めるように外資法の改正などに着手した。
産業政策においても、自由化の要素を取り入れた対応がなされた。デラマド
リ政権時から活用されていたパクトと同様のコンセンサス方式を採用し、民
間企業の業界団体と個別産業の労働組合の代表が政府と協議し、政府と労働
者がするべきことを確認した。政府はあくまでも側面的な支援をする立場を
維持し、特定セクターへの保護やインセンティブを付与するのではなく、制
度やインフラの整備、不公正な取引の取り締まりに終始し、あくまでも生産
性の向上は労働組合の参加を得た企業側の自助努力によるものとした。対策
が功を奏し、1988 年以前には月間物価上昇率が最大で 15％ ほどあったもの
が、1989 年以降は月間 1 ～ 2％に収まるまでに回復した[22]。また、財政収支
についても、就任当初の 1988 年には対 GDP 比で 9.3％ であった財政赤字は、
1991 年以降は黒字に転換するに至った[23]。

　1986 年の GATT への参加に始まる貿易の自由化やその後本格化する規制
緩和による海外からの資金を呼び込む意図により、金利は高い水準に設定さ
れ、メキシコペソは過大評価される状況にあった。一方、メキシコにとって、
輸出競争力、投資を呼び込む点から為替レートの安定は重要な意味を持って
いた[24]。メキシコではパクト方式により、為替レートを名目アンカーとして、
1989 年 1 月まではアメリカドルとメキシコペソの固定相場が維持され、そ
の後狭い変動幅を徐々に切り下げる準固定方式を選択し、1991 年 11 月以降
は変動幅をドルの買いレートを 1 ドル＝ 3.0512 ペソで固定し、売りレート
は毎日一定の割合で切り下げるフローティング・バンド制を採用した。現実
のレートについては市場が決定し、変動幅を逸脱する場合には中央銀行の介
入によって変動幅を維持することとした。しかし、為替レートの変動幅の切
り下げ率が内外インフレ格差を下回る率に設定されたためペソの実質増価に
つながり、同時に貿易自由化を進めたことで、貿易収支と経常収支は悪化の

一途を辿ることとなった。1989 年以降一貫して輸入が輸出を上回り、貿易
収支赤字は年々拡大し、1994 年には 70 億ドル近い赤字を記録した。一方で、
メキシコでは大幅な経常収支赤字に対し楽観的な立場を取っていた。その理
由としては、①経常収支の赤字をもたらす輸入の拡大は消費財ではなく、中
間財と資本財が大半を占めており、メキシコが採用するネオリベラルな開発
戦略下では、生産の拡大には必然的にもたらされる現象であると考えられた
こと、②財政収支は黒字化しており、債務危機以前のように国際収支の悪化
が財政収支の悪化を伴っていたような状況にはないこと、③資本流入が続い
ており、外貨準備も順調に増え続けていること、などが挙げられる [25]。大幅
な経常赤字を抱えていたメキシコであるが、1992 年の NAFTA 交渉の進展に
伴い、投資家間でのメキシコ経済の先行きに対する楽観的な見方が強まった
ことや、構造改革の進展 (外国投資規制緩和、資本取引の自由化、国内金融部門の
自由化、等) が見られたことから、経常収支を上回るネットの資本流入があり、
中央銀行が保有する外貨準備高は 1994 年 2 月に 293 億ドルに達するまで増
加をし続けた。中央銀行は、潤沢な外貨準備を背景に為替レートの変動幅が
毎日小刻みに引き下げられても介入することにより、市場レートを安定させ
ることに成功した。

　経常赤字を補っていた資本の流入であるが、1991 年以降急激に証券投資
が増加した。その背景には、1991 年以降の米国の低金利や、メキシコの一
連の金融市場改革 [26]、等がある。直接投資であればある程度の長期投資とな
りうるが、急増した証券投資は主にメキシコ株式市場への短期国債 (CETES)、
インフレ調整付国債 (AJUSTABONOS) ならびに米国預託証券 (ADR) であり [27]、
カントリーリスクが顕在化した際には急激な資本流出を引き起こす性質のも
のであった。高水準の外貨準備高や、1994 年に発効する NAFTA 等、メキシ
コに対する投資家の判断材料は良好で、メキシコへの投資への安心感を与え
ていた。順調に増加していた資本流入であったが、1994 年にメキシコ国内
で発生した複数の事件により、状況は一変することとなる。

　1994 年 1 月には NAFTA が発効し、メキシコ経済は好調と見られていた
が、同じ 1 月にチアパス州での武装集団による反乱が発生し、3 月にはトッ

プバンカーの誘拐事件、大統領候補であったコロシオ氏の暗殺等、立て続けに国内で事件が発生した。1〜2月までは従来どおりの資本流入が見られたが、3月以降に急速にメキシコの政治面でのカントリーリスクを見直す動きが出てきた。また、3月には米国で金利が引き上げられたことにより、急速に資本が米国への回帰が見られるようになった。資本流入（証券投資）は第2四半期から急減をし、第4四半期にはネットの流出を記録するに至った。特に11月には米国の利上げ（FFレートを0.75%ポイント引き上げ）と検事総長辞任が重なることにより、証券投資の流出が活発化した[28]。この間、高水準で経常収支の赤字は第2四半期も更に拡大する一方、資本収支の黒字は第1四半期の118億ドルから第2四半期には13億ドルへ急激に減少したことから、ペソ切り下げ懸念、ペソ売り圧力が高まることとなり、中央銀行は大規模なドル売り介入を余儀なくされ、外貨準備は2月〜6月で130億ドルも失われることとなった。この影響は金利と為替レートに直ぐに現われることとなる。資本流出を食い止めるべく中央銀行は、4月以降の国債金利の上昇を容認し、CETESの金利の上昇が見られ、またリターンをドル・タームで保証し為替リスクを投資家が回避できるTESOBONOSの対米国財務省証券（TB）に対するスプレッドも拡大をしたが、メキシコへの資金流入は復活しなかった。また、金融政策として中央銀行は、資金の流出と外貨準備の急減による流動性逼迫、国内金利の上昇や銀行の不良債権を防ぐ為に、1994年第2四半期と第4四半期に民間銀行への信用供与を拡大したが、既にペソへの信頼が低下し、ペソ建て資産への需要が縮小していた為、国内信用の拡大は通貨の過剰供給となり、ペソ売り圧力を増加させる結果となった。外貨準備の減少から、中央銀行は介入を続けることは出来ず、従来の固定相場でのドル＝ペソレートの維持を断念することとなった。

　国際収支危機を招いた最大の要因として考えられるのは、国債管理政策である。1994年4月以降、メキシコ政府は従来のCETES中心の公的な対内債務構成をドルにリンクしたTESOBONOS中心にシフトさせた。この結果、短期国債（TESOBONOS）が国債残高に占める割合は、1993年の2.8%から1994年末には、55.3%に増加した。加えて、TESOBONOSの保有者の9割以

上が外国人投資家であった。CETES から TESOBONOS へのシフトは、1994
年になり CETES の市中消化が困難になったことや、3 月以降の CETES の金
利上昇、TESOBONOS の金利が CETES よりかなり低い水準であり、利払い
負担削減効果があったこと、加えて投資家の負担する為替リスクを政府が負
うことで資金を国内に留めようとしたことが背景にあったと考えられる。結
果として、ペソが切り下げられることにより、TESOBONOS の償還負担が
増大し、TESOBONOS に対する信用が損なわれるようになり、このことが
更にペソ下落への圧力となったことで、金融危機が発生した。

2）金融危機への対応

　1994 年 12 月 1 日に就任したセディージョ政権は、危機の対応に追われる
こととなった。1994 年 12 月 20 日には、為替レートの介入上限を 15 ％切り
下げることをアナウンスしたが、ペソ売り圧力はやまず、1994 年 12 月 22 日
に、変動相場制へ移行し、同日ペソは 1 ドル＝ 5 ペソ台へ暴落した[29]。その
後も、資本流出・ペソ売り圧力は収まらず、1995 年に償還を迎える短期国
債（TESOBONOS）290 億ドルに対し、外貨準備は 62 億ドルしかない状況に陥っ
ていた。この状況に対しメキシコ政府は 1995 年 1 月 3 日、緊急経済対策
として、"経済的緊急事態を克服するための統一合意"（Acuerdo de Unidad para
Superar la Emergencia Económica：AUSEE）を発表し、国際金融機関から支援として
180 億ドル分の合意の見通しがある旨を通知した。AUSEE の特徴は、パクト
方式を基とし、①短期的な外貨不足に対して、需要削減ならびに為替レート
以外の価格統制、②中長期的な外貨獲得を目的とする民営化プログラム、を
基本にしていた。AUSEE 発表後も、メキシコの証券市場からの資金流出に
歯止めはかからず、通貨危機が予想以上に深刻であることが露呈した。そこ
で、世界的に金融危機が伝播することを重く見た米国政府は、大統領権限
において 200 億ドルの信用供与を決定し、BIS、カナダなどからも信用供与
を取り付けることになり、最終的には 528 億ドルに上る大型の国際金融支援
パッケージが提唱されることで、メキシコは当面の流動性危機を回避するこ
ととなった。一方、メキシコ政府が発表したパクトに基づく AUSEE の内容

は、危機からの回復には不十分であるとの評価から、為替レートは 1995 年
2 月の時点で乱高下の様相を呈しながら 1 ドル＝ 6 ペソ台で推移した。加え
て、国債も買い手が付かない状態であった為、メキシコ政府は更なる有効な
安定化政策を策定する必要に迫られた。

　政府は、1995 年 2 月 26 日から農民、労働者、資本家といった 3 者との協
議に入ったものの、経営、労組との合意を得ることは出来なかった。この間、
市場では為替規制に対する懸念や協議の交渉決裂によるスタグフレーショ
ンの深刻化を見据え、為替相場は 1995 年 3 月 9 日に史上最安値の 1 ドル＝
7.45 ペソの水準に達した。政府は同日、パクトに基づかない新たな安定化
政策である“経済的緊急事態を克服するための統一合意を強化する為の行動
計画”（Programa de Acción para Reforzar el Acuerdo de Unidad para Superar la Emergencia
Económica : PARAUSEE）を発表した。PARAUSEE は①為替ポリシー、②財政政
策課題における新たな環境整備、③家庭、中堅企業への支援、④新たな給与
方針、の 4 項目について厳格に対応することとした。為替においては、外貨
準備の枯渇から変動相場制の維持を明言し、為替市場の安定のために 500 億
ドルの支援資金を活用することを表明している。財政再建については、付
加価値税を 10％から 15％へ引き上げ、電気・ガス料金を毎月 0.8％値上げし、
最終的に 20％の値上げの実施、補助金政策の見直しによる政府支出の削減
および生産に関するプロジェクト以外の延期、等を表明した。踏み込んだ内
容となった PARAUSEE により、ようやく市場は落ち着きを取り戻し、為替
レートは安定に向かうことになる。

　一方、PARAUSEE による厳しい規制の実施により、国内生産は大幅に減
少し、1995 年のメキシコの実質 GDP 成長率は－ 6.2％を記録し、為替レー
ト下落の影響により輸入物価は上昇したことで、インフレ率は年末ベースで
52％に達した[30]。財政収支については歳入の減少を上回る歳出削減が功を奏
し、1994 年には 17 億ペソの赤字だったものが、1995 年には 8 億ペソの黒字
に転換した。財政収支の好転は、政府支出の減少および税率の上昇による政
府歳入の増加によるものである。金融政策においては、国内信用を大幅に削
減し、高金利政策を維持することとなった。貿易収支にも改善が見られた。

為替の実質減価（CPI ベースで 42％）と国内需要の減少により、輸出の回復と
輸入の減少になり、貿易収支は 1994 年の 185 億ドルの赤字から、1995 年に
は 71 億ドルの黒字に転換し、経常収支も赤字が 1994 年に 297 億ドルまで膨
れ上がっていたが、1995 年には 16 億ドルの赤字まで削減に成功した。一方で、
資本収支については、証券投資が 1994 年に 74 億ドルの黒字であったものが
1995 年には 104 億ドルの赤字に転落し、メキシコからの短期資本の流出の
大きさを物語っており、経常収支の赤字を資本収支の黒字で補うという構造
は完全に崩れた。この通貨危機はメキシコにいくつもの課題を残した。1 つ
目は、ペソ切り下げによる外貨建て貸出先の返済能力および、ペソ建て資産
の膨張[31]による、自己資本率の低下である。2 つ目は、外国人投資家の信任
低下による銀行のドル建て CD のロールオーバーの困難化である。3 つ目は、
1995 年に入ってからの国内金利の高騰と景気後退による債務者の返済能力
の低下である。これらに起因して、銀行システム危機が発生することになる
が、政府は金融システム危機を回避する為に、大規模な銀行・債務者救済政
策を打ち出し、金融部門への外資規制を緩和することで対応した[32]。最終的
には、国際金融機関の支援を得る形で、監督ならびにプルーデンス規制の強
化が図られ、これらの一連の措置により金融システム危機は回避されること
となる。同様の危機を発生させないためにも、金融システム改革、建て直し
は必須であることから、1994 年以降、メキシコは積極的な金融改革ならび
に金融自由化を実施することになる。次節では、メキシコの金融自由化の流
れについて外観して行く。

3.　金融自由化の流れ

　メキシコでは古くから、構造的な財政インフレを誘発する金融システムが
構築されていた。その要因としては、中央銀行の独立性の欠如による適切な
金融政策ができなかったこと、市中銀行のパフォーマンスの低さ、未成熟な
資本市場、等が挙げられる。これらの要因を基に、1982 年に債務危機、1994
年に金融危機を引き起こすに至った。債務危機後、メキシコは本格的な金融

改革に乗り出し、1994年の金融危機ではもはや自力での金融システム再建は難しいと判断するに至り、市場を開放し、外資による金融安定化を求めるに至った。そこで本節では、中央銀行の業務における制限の流れを整理した後、金融自由化の始まりである金利の自由化の流れを1970年代〜1980年において簡単に整理する。加えて、1994年以降の外資による金融システム健全化への流れとして、外資法の改定について整理し、金融機関の再編について主に銀行の再編に着目し、概観する。

3.1. 金融自由化の過程

1）中央銀行への規制の変化

　輸入代替化工業政策の中での資金供給の主なプレーヤーは中央銀行である。メキシコの中央銀行はバンコ・デ・メヒコであり、1925年に創設された。バンコ・デ・メヒコの主な業務は、①独占的発券業務、②外国為替相場と金利の規制、③再割引による銀行の銀行としての機能、④国庫金の出納、⑤商業銀行業務、等である[33]。中央銀行は独立性を担保され、金融政策の舵取りをする重要なプレーヤーであるはずだが、メキシコでは度重なる組織法の改定により、その機能を阻害されることとなった。1925年の組織法では、バンコ・デ・メヒコの資本金の10%以上の金額を中央・州・地方政府へ貸し付けることを禁止していたが、1934年には連邦政府の前年の歳入の5%に変更された。1938年には、政府債を保有できるという規定が加わり、政府はそれ以前の3年の平均歳入の10%を上限に、債券をバンコ・デ・メヒコあてに発行することができるようになった。1941年には10%の上限も骨抜きにされ、事実上、政府支出を支払う為に貨幣を供給する体制が出来上がり、財政インフレが猛威を振るう素地が出来上がることとなった[34]。これ以降、1982年の債務危機発生まで、バンコ・デ・メヒコは政府の意向に従う体勢が続き、独立性は皆無に等しい状況であった。債務危機を契機として、金融体制の見直しが必須となった。1984年の組織法 (Ley Organica del Banco de México) 第9条において、バンコ・デ・メヒコの対政府信用を予算収入の1%以上あってはならないと規定した[35]。その後、1993年には再度改訂があ

り、予算収入の 1.5％に改められた。この改定により、従来の過度な財政イ
ンフレの素地は軽減されることとなった。また、1941 年に大蔵大臣が理事
の過半と総裁を罷免できる規定が加えられたことが、バンコ・デ・メヒコが
政府の意向に従う背景となっていた反省から、1993 年の改定ではバンコ・デ・
メヒコに独立性を与える意味で、理事の身分が保証されることとなった。理
事会は総裁 1 名、副総裁 4 名から構成され、総裁の任期は 6 年であり、連邦
政府が任命し、法律に明記された重大な欠陥がある場合を除いて、罷免され
ないとされた。なお、総裁の任期は大統領の任期の 4 年目から始まることに
なっているが、これも大統領の影響をあらかじめ除くためとされている。副
総裁の任期は 8 年であり、1、3、5 年目毎に 1 名ずつ交代することとなって
いる。この規定により、理事会の構成が安定し、政策の継続性が担保される
ようになった[36]。バンコ・デ・メヒコの独立性の担保は、健全な金融政策に
は不可欠であることから、財政インフレの再発を防ぐ意味においても重要な
要素となる。

2）金利自由化の始まり

　1970 年代のメキシコは預金金利・貸出金利ともに規制されていた。貸出
金利は貸出額に応じて細かく規定され、選択的信用統制という、預金によっ
て得た資金の一定割合を、どの部門に規制された金利で貸出すかという規制
が存在した。加えて、預金金利については、上限金利が設定されていたが、
一般的に預金金利はインフレの状況と共に変化するものであるが、インフレ
率が上限金利を超える場合、預金による実質金利はマイナス金利になり、国
内貯蓄の動員への弊害となるばかりか、外貨預金や国外への資金の流出を誘
発する要因になる[37]。また、上限金利を適用されないノンバンクは必然的に
競争力を失うこととなり、総じて銀行活動の低下につながる。1970 年代後
半になると、財政インフレが進行し、それに伴い預金金利も上昇したが、預
金金利の上限の固定化は急激なインフレに対応できなくなっていた。これに
伴い、1977 年には高金利の定期預金が認可され金利規制が緩和されること
となる[38]。金利規制に関連し、金利を高レベルに保ち、柔軟に対応できるよ

うな代表的な市場の金利を操作する必要が生まれ、"銀行定期預金金利の加重平均"(Costo Porcentual Promedio de Captación：CPP)が考案され、銀行は CPP をもとに貸出金利を決定するようになった。これらにより、預金金利、貸出金利に関して、障害となっていた法定準備と選択的信用統制の状況に比べて、格段に金融自由化が進展することとなった。

　その他の金利の自由化に関連した重要な改革は、債券市場における金利の自由化である。中央銀行に依存していた政府の財政赤字であったが、資本市場から調達する動きが出てきた。政府は 1975 年には証券市場法(La Ley del Mercado de Valores)を制定し、証券会社の整備が行われることとなった。1977 年には長期国債(PETROBONO)が、1978 年には短期国債(CETES)が発行され、市場からの資金調達のチャネルが増えることとなった。CETES は割引債で、創設時は政府が金利を決定し、入札によって発行量が決定されるものであった。そのため、当初は発行量も限られており、市場に大きな影響を与えることもないため、金利についてはそれほど留意する必要はなかった。ところが、1982 年に CETES の入札方法が変更になり、入札者が金利を決定できるように改定されると、急速に発行市場の拡大とともに、流通市場が発展することになった。流通市場の発展により、市場で金利が自由に決定されるようになり、また、金融手段の多様化を実現した。1980 年には一般企業に CP の発行が認められ、1981 年には銀行に自己資本の 20％までの BA の発行が出来るように規制が緩和された[39]。政府による資本市場からの資金調達の試みは、流通市場の整備・拡大を促し、市場性金融商品の多様化を実現し、金融自由化を促進することとなった。

3）外国投資法（外資法）改定の流れ

　メキシコでは、地場企業の保護と政府による統制を目的として、外資資本によるメキシコでの経済活動を外資法によって制限してきた。メキシコの外資法は 1973 年に初めて制定され、メキシコにおける外国投資の基本法として機能している。1973 年の外資法では、原則として外国資本は 49％以上の出資が出来ないこととなっており、外国企業によるメキシコ企業の買収や、

外国企業がメキシコで活動する際には制限がかけられていた[40]。ただし、外国投資委員会がメキシコ経済に有益であると判断した場合には、出資比率を超えた出資が可能となっている。外国投資委員会の権限は強く、49％の出資範囲内でも、外国資本がメキシコ企業の資本を25％以上取得する場合や、企業の固定資産の49％以上を購入、もしくはリースする場合には、かならず許可が必要となった[41]。

　1988年12月に就任したサリーナス大統領は、1989年5月に1973年の外資法の新しい施行規則である1989年施行規則を発布した。サリーナス大統領は、従来の輸入代替工業化から輸出主導の工業化を見据え、外国資本が輸出主導の工業化に重要な役割を果たすと考え、外資のメキシコへの参入要件を緩和する意図を持っていた。1989年の施行規則では、①自動承認制の導入により、過半数の外国資本の参入が比較的オープンになったこと、②外資法以外の個々の法律や連邦政府の定める諸規則によるとされていた分野や業種に対する外国資本の参入についてある程度門戸を開放したこと、③外国資本が参入する時の手続きを簡素化したこと、などが主な変更点として挙げられる[42]。この変更により、多くの業種において企業の新規設立の際に、商務工業省への登録のみで外国資本100％出資が可能となったが、依然、商業銀行は規制されている分野（外資の参入が34％～49％）であったため、外国資本の商業銀行の参入は控えられていた。その後、1993年に1989年の施行規則を法制化した外資法改正が行われたが、1993年の外資法においても外資資本の商業銀行は規制分野に分類され、30％の出資上限が課されていたが、1994年に金融危機の発生に伴い、外資法の規制にも変化が現われる。

　1994年12月に就任したセディヨ大統領は、金融危機対策を迫られ、銀行部門の強化と、不良債権問題への対処の必要性から、徐々に外資へ門戸を開くことになる。1995年には外資資本の商業銀行の出資比率が49％に改定され、外資参入を奨励した。その後も複数回に渡って改定が行われ、1999年の外資法改定において、外資資本の商業銀行の出資比率制限が撤廃され100％出資でのメキシコへの参入が可能になり[43]、買収・合併による銀行の集中度を高める基礎が形成された。

3.2. 金融機関の再編

　従来、メキシコは外資法により厳格に外資資本のメキシコへの参入が制限
されていた。金融分野も厳格に外資資本の出資比率が制限されており、商業
銀行については出資比率が30％という時期が続いた。ところが、1994年に
発生した金融危機では、メキシコの金融システムは大きなダメージを負うこ
とになり、早急に不良債権問題、金融システム健全化への対策が喫緊の課
題となった。そこで、1994年12月に就任したセディヨ大統領の下で、積極
的に外資資本への門戸を開くことによる金融システムの建て直しが図られ
た。金融健全化において、銀行部門の建て直しは必須であり、外資資本の商
業銀行のメキシコ市場への参加を促す為に、従来出資比率上限が30％であっ
たものを、1995年に49％に改定した。この効果はてきめんで、1995年には
外資資本の新銀行17行がメキシコへ現地法人として参入することになり[44]、
メキシコの商業銀行数は1994年の28行から1995年には45行まで一気に増
え、1996年に新たに2行が加わることで、1996年には47行になった。その
後は2005年まで銀行数は減少し、2006年以降再び増加に転じることとなる(**表
5-1**)。また、2000年以降、銀行業への新規免許譲許による新規参入もみられ
ることとなった。1994年の金融危機以降最初の新規免許譲許による参入は、
2002年の小売企業であるグルーポ・エレクトラ (Grupo Elektra) によるアステ
カ銀行：Banco Azteca であった。グルーポ・エレクトラ (Grupo Elektra) は参入
時に既に全国に1000箇所もの販売店を所有し、その店舗内に銀行ブースを
設置することにより、参加初年度からその存在感をみせることとなる[45]。ア
ステカ銀行の参入以降も、新規免許譲許による参入は続き、外資資本の銀行
だけではなく、スーパーマーケットを営むワルマート (Wal-Mart：アメリカ資本)
や小売業のコッペル (Coppel：カナダ資本) などの参入も見られ、他業種による
商業銀行部門への参入が実現している。

　一方、1994年までは外資法の規制により、商業銀行上位行は原則国内(メ
キシコ) 資本であったが、1995年以降、その様相が一変する。1994年9月時
点でメキシコの商業銀行は上位14行で総資産の約90％を占めていた。これ

表5-1　メキシコの銀行数と新銀行（1992年〜2008年）

年	銀行数	新銀行	
1992	20		
1993	21	Interacciones	
1994	28	Santander	Quadrum
		Inbursa	Invex
		IXE	Industrial
		Mifel	
1995	45	J.P.Morgan	Bank of Tokyo-Mitsubishi
		Bank of America México	A.B.N. Amro Bank
		Afirme	B.N.P.
		Del Bajío	Anáhuac
		Bank of Boston	Republic National Bank of New York
		ING Bank	Societé Gererale
		Banregío	Fuji Bank
		Chase Manhattan	
		Dresdner Bank	
		Bansi	
1996	47	American Express	First Chicago National Bank
		Alianza	
1997	42	Comercial Bank	
		G.E. Capital	
1998	40		
1999	37		
2000	36	BBVA Bancomer Servicios	Deutsche Bank
		HSBC	
2001	32		
2002	33	Azteca	Azteca
2003	32	Ve por más	
2004	30		
2005	29		
2006	31	Compartamos	Monex
		Barclays Bank	Autofin México
2007	40	Multiva	Prudencial
		Fácil	Regional
		Amigo	Wal-Mart México Adelante
		Ahorro Famsa	UBS Bank
		Bancoppel	
2008	43	Consultoría International	New York Mellon
		The Royal Bank of Scotland	Volkswagen Bank

（出所）Chavarín（2010）p.115、Cuadro 4.1

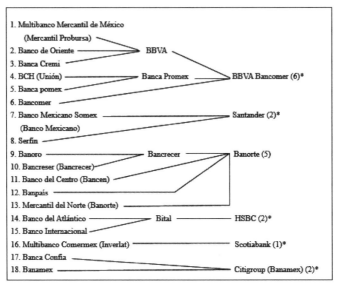

図5-1　メキシコの主要商業銀行における民営化後の合併・買収の流れ

注) メキシコ資本は、Banorte のみ。
出所：Chavarín（2010）p.68、Figura 3.2.

ら14行は2行を残し、次々と外資資本の銀行に買収されていくこととなっ
た。買収の立役者となったのは、ビルバオ・ビスカジャ銀行：BBV（スペイ
ン資本）、サンタンデール銀行（Santander、スペイン資本）、シティバンク（米国
資本）、HSBC銀行：HSBC（英国資本）、スコッシア銀行：Scotia（カナダ資本）で
ある。メキシコ資本としては唯一バンノルテ銀行：Banorte が生き残り、買
収を進めた。商業銀行部門の外資資本の出資制限が49％に改正された1995
年には、ビルバオ・ビスカジャ銀行が、メルカンティル・プロブルサ銀行
を、バンノルテ銀行が、セントロ銀行を買収したのを皮切りに、1997年には、
サンタンデール銀行が、メヒカーノ・ソメックス銀行の51％の株式を購入し、
バンノルテ銀行がバンパイース銀行を買収した。一方、1998年にはメキシ
コ資本であるバンコーメル銀行が、メキシコ資本のプロメックス銀行を買収
したが、バンコーメル銀行は2000年にビルバオ・ビスカジャ銀行に買収され、
外資資本の商業銀行となった。2000年以降も外資資本の商業銀行による買収・

合併は続き、最終的には 18 行あったものが、6 行に集約されることとなった (図 5-1)。

　外資資本による積極的なメキシコの商業銀行市場への参入により、セディヨ政権 (就任期間：1994 年〜 2000 年) で画策された、外資資本による金融システムの健全化は一定の効果を挙げたと言える。ペソの価値が違うため一概に比較は出来ないが、1994 年時点の状況と、買収・合併が落ち着いた後の 2009 年時点の状況を比べるとその成果を見ることができる。銀行部門の総資産の観点から見ると、1994 年 9 月時点でのメキシコの商業銀行の総資産は銀行部門全体で 7,118 億ペソであるのに対し、上位 5 行は、バナメックス銀行 (Bnamex)：1,522 億ペソ、バンコーメル銀行 (Bancomer)：1,292 億ペソ、セルフィン銀行 (Serfín)：909 億ペソ、メヒカーノ・ソメックス銀行 (Mexicano Somex)：505 億ペソ、コメルメックス銀行 (Comermex)：417 億ペソ、アトランティコ銀行 (Atlántico)：413 億ペソとなっており、これら 5 行で全体の約 65% を占めており、上位 14 行で全体の約 90% を占めている[46]。一方、買収・合併が落ち着いた後の 2009 年 6 月時点の状況で見ると、メキシコの商業銀行の総資産は銀行部門全体で 4 兆 7,278 億ペソであるのに対し、上位 5 行は、バンコーメル銀行 (BBVA Bancomer)：1 兆 1,240 億ペソ、バナメックス銀行 (Banamex)：9,940 億ペソ、サンタンデール銀行 (Santander Serfín)：6,450 億ペソ、バンノルテ銀行 (Banorte)：5,410 億ペソ、HSBC 銀行 (HSBC)：4,030 億ペソとなっており、これら 5 行で全体の約 79% を占めており、上位 10 行で全体の約 90% を占めている (表 5-2)。2009 年時の総資産は 1994 年時の総資産の約 6.5 倍になっているが、これは貨幣価値が違うことから単純比較できないが、資産規模占有率を見ると、上位 5 行での占める割合が、1994 年の約 65% から 2009 年では約 79% と 14% 近く上昇している。これは、上位各行の資産規模の増大を示しており、外生ショックへの耐久性強化という意図を汲む形になっており、改善されていることを示している。また、銀行部門総資産の 90% を占める為に必要な銀行数は、1994 年時点では 14 行であったのに対し、2009 年では 10 行であり、4 行の減少が見られることから、各銀行への資産の集中がなされたことを意味している。加えて、銀行部門の再編で重要課題であった健

表 5-2　メキシコの主要商業銀行概要 (2009 年 6 月末)

（単位：10 億ペソ、%）

銀行名	出資国およ び外国銀行	総資産		貸し付け		預金		支店		自己資本比率
		金額	構成比率	金額	構成比率	金額	構成比率	数	構成比率	
BBVA Bancomer	スペイン BBVA	1124	23.6	551	27.5	581	25.3	1838	17.5	15.0
Banamex	アメリカ Citygroup	994	20.9	276	14.9	383	16.6	1590	15.2	17.6
Santander Serfin	スペイン BSCH	645	13.6	219	11.8	288	12.5	1054	10.1	13.4
Banorte	メキシコ ―	541	11.4	220	11.9	269	11.7	1076	10.3	15.6
HSBC	英国 HSBC	403	8.5	160	8.6	244	10.6	1190	11.3	13.4
Inbrusa	メキシコ ―	201	4.2	155	8.4	143	6.2	98	0.9	21.0
Scotiabank Inberlat	カナダ Scotiabank	152	3.2	97	5.2	112	4.9	597	5.7	15.9
Banco del Bajío	メキシコ ―	72	1.5	47	2.5	53	2.3	187	1.8	15.7
IXE Banco	メキシコ ―	67	1.4	21	1.1.	29	1.3	146	1.4	16.7
Banco Azteca	メキシコ ―	61	1.3	22	1.2	49	2.1	1179	11.2	13.8

出所：中畑 (2010) p.67

　全化については、厳格な規制により、上位行の自己資本比率は 13% を超え、中には 20% を超えるところもある。国際業務に必要な BIS 規制である自己資本比率の 8% を大幅にクリアし、良好な状況にある。

　豊富な資本を持つ外資の参入は、進出国での市場の占有による地場資本銀行が駆逐されたり、本国の指示による突然の撤退や利益を全て本国へ送金し、進出国の経済に寄与しない可能性も秘めている。IMF はメキシコのケースについて、①メキシコの外資銀行のケースでは、メキシコに進出する際に外資銀行が親銀行の資本に依存していない点、②資金調達に占める国内預金の比率が高い点等から、メキシコからの突然の撤退のリスクは低いとしている。また、地場資本企業が駆逐される点については、従来メキシコの地場資本銀行のパフォーマンスの低さ、資産規模の小ささなどを考慮すると、外資

資本商業銀行の進出により、競争力のある地場資本銀行が残り、合併することで、健全性を確保することができたと言えよう。確かに、上位5行の中で、メキシコ資本は第4位のバンノルテ銀行だけであるが、買収・合併を経て、7位以降のメキシコ資本の銀行の健全性も上昇しており、メキシコにおいては、金融自由化による外資資本の招致によって、金融システム、特に銀行のパフォーマンスにおける健全性の向上に成功したと言える。

4. 移民送金と金融機関

　メキシコでは、インフォーマル部門が発達している。通常、インフォーマル部門の存在は徴税が難しい事から、政府としては望ましくないが、政府が適切な雇用創出を実現できていないという背景があり、インフォーマル部門が雇用創出の重要な受け皿となっていることから、事実上黙認されている。インフォーマル部門の隆盛はその活動実態を把握しづらいことから、政府歳入の増加を阻み、このことが政府の積極的な福利厚生、投資政策の策定の阻害要因となっている。また、国内での貧富の差は大きく、州ごとに大きな経済格差も存在する。加えて、経済的に裕福な州でも、都市部と地方では顕著な経済格差が存在し、そのため、多くの人が職を求めて移民として他国へ移住している。移住の目的は、単に良い職に就きたいというだけではなく、メキシコ国内の家族への送金を目的としたものも多々存在する。移民送金は国を超えて行われるものであり、通常は、銀行を通じた電子送金が一般的である。ただし、メキシコの地方部では、銀行の支店がない所もあり、受け取る側の選択肢は限られていた。金融自由化後、様々な外資資本企業がメキシコの金融市場に参入してきた。それにより、移民送金の受け取り方法にも変化が現われている。そこで本節では、メキシコの移民送金の特徴を踏まえ、受け取りに際して利用する金融機関（金融仲介機関）の特徴について概観する。

4.1. 移民送金の特徴と役割

　メキシコは世界でも有数の移民送金受取国である。「移民および移民送金
年報2020年度版（Anuario de migración y remesas México 2020）」によれば、2019年時
点でメキシコは、インド、中国に次いで第3位に位置しており、世界の移民
送金受入れ額に占める割合は、5.4％に及んでいる。また、約1,180万人のメ
キシコ人が移民として各国に渡っており、アメリカには全体の約97.4％に該
当する約1,149万人が居住し、残りの約2.6％に該当する約31万人がその他
の国に居住している。

　メキシコの移民送金受取額は2010年〜2015年まではおおよそ、210億ド
ル〜240億ドルの幅で推移していたが、2016年の約270億ドル以降増加に
転じ、2019年では約360億ドルを記録するに至りピークを迎えている。2010
年と2019年を比べると、実に約1.8倍になっている（**図5-2**）。2018年の移
民送金受取世帯数は約164万6千世帯となっており、メキシコの全世帯の
約4.7％に相当し、全ての州で移民送金の受取がなされている。その中でも、

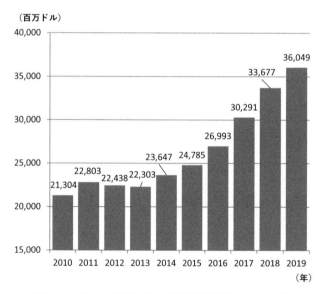

図5-2　メキシコの移民送金受入額推移（2010年〜2019年）

出所：Anuario de migración y remesas México 2020、Chat 8.8. を基に筆者作成

表 5-3　州別移民送金受取額状況（2019 年）

（単位：百万ドル、%）

	州名	受取額	比率		州名	受取額	比率
1	ミチョアカン	3584.4	9.9%	18	ドゥランゴ	870.1	2.4%
2	ハリスコ	3499.1	9.7%	19	タマウリパス	863.7	2.4%
3	グアナファト	3286.4	9.1%	20	ケレタロ	703.0	2.0%
4	メキシコ	2032.8	5.6%	21	モレーロス	702.6	1.9%
5	オアハカ	1803.9	5.0%	22	コアウイラ	633.4	1.8%
6	プエブラ	1763.0	4.9%	23	ソノーラ	586.6	1.6%
7	ゲレーロ	1737.8	4.8%	24	ナジャリット	578.1	1.6%
8	メキシコ市	1705.2	4.7%	25	アグアスカリエンテス	500.3	1.4%
9	ベラクルス	1495.4	4.1%	26	コリマ	300.7	0.8%
10	サン・ルイス・ポトシ	1331.1	3.7%	27	トラスカラ	253.9	0.7%
11	チワワ	1122.4	3.1%	28	タバスコ	249.0	0.7%
12	サカテカス	1116.9	3.1%	29	ユカタン	219.1	0.6%
13	チアパス	996.3	2.8%	30	キンターナ・ロー	184.8	0.5%
14	イダルゴ	952.0	2.6%	31	カンペチェ	87.8	0.2%
15	ヌエボレオン	949.9	2.6%	32	バハ・カリフォルニア・スール	87.4	0.2%
16	バハカリフォルニア	938.6	2.6%	Total		36,049	100.0
17	シナロア	913.1	2.5%				

注) 受取額の単位は 100 万ドル

出所：Anuario de migración y remesas México 2020、Cuadro 8.3. を基に筆者作成

ミチョアカン州が 1 位で、35 億 8440 万ドル、次いでハリスコ州が 34 億 9,910 万ドル、グアナファト州が 32 億 8,640 万ドルとなっており、上位 3 州でそれぞれ 30 億ドルを超える移民送金受取がなされている（**表 5-3**）。メキシコ第 2 位の大都市であるグアダラハラ市があるハリスコ州が 2 位、3 位には近年成長著しい自動車産業の集積地であるグアナファト州が入っており、また、8 位にメキシコの首都であるメキシコ市が入っていることから、必ずしも経済発展の乏しい地方への移民送金が多いわけではなく、メキシコ全土で移民活動が活発であることが見て取れ、メキシコ国民にとって移民送金の重要さが表れている。

　移民送金の役割については、各階層の所得ならびに支出をもとに考察することが可能である。「全国世帯別所得および支出調査 2018 年度版（Encuesta

表 5-4　階層別 (10 階層) 四半期平均収入 (2018 年)

世帯 (10 階層)	世帯平均収入 (単位：ペソ)			収入比率 (地方 / 都市部)
	全体	都市部	地方	
Ⅰ	9,113	11,817	5,915	49.9%
Ⅱ	16,100	19,568	10,069	48.5%
Ⅲ	21,428	25,317	13,412	47.0%
Ⅳ	26,696	30,785	16,779	45.5%
Ⅴ	32,318	36,914	20,334	44.9%
Ⅵ	38,957	43,864	24,392	44.4%
Ⅶ	47,264	52,888	29,465	44.3%
Ⅷ	58,885	65,248	36,418	44.2%
Ⅸ	78,591	86,839	47,908	46.1%
Ⅹ	166,750	181,708	95,467	47.5%
全国平均	49,610	55,495	30,016	45.9%

注) 世帯の階層は、全世帯を 10 等分したもの。Ⅰ〜Ⅸの世帯はそれぞれ、3,474,481 世帯。
　　Ⅹのみ 3,474,489 世帯
出所) 国立地理統計院 (INEGI)「Encuesta nacional de ingresos y gastos de los hogares 2018」を基
　　に筆者作成。

nacional de ingresos y gastos de los hogares 2018)」では、2 種類の世帯別平均収入デー
タの調査結果を提示している。1 つ目の世帯別平均収入データは、34,744,818
世帯を対象とし、全世帯数を 10 等分することで 10 階層に分けており、同階
層での都市部と地方の収入を提示している。全国平均収入の値で見た場合、
最下位のⅠ階層と最上位のⅩ階層とでは、平均所得格差は約 17 倍にも及ん
でいる事が分かる。また、同じ階層においても都市部と地方では約 2 倍の収
入格差があり、この点を加味すると、Ⅰ階層の地方の平均収入と、Ⅹ階層の
都市部の平均収入を比較した場合、その差は約 30 倍まで広がり貧富の差が
かなり大きいことを示している (**表 5-4**)。INEGI が 5 年毎に実施する「国勢
調査 (Censos económicos)」によると、2019 年のメキシコでの企業数を企業規模
別割合で見た場合、大企業：0.2%、中企業：0.8%、小企業：4%、零細企業：
95.0% となっており、ほとんどが個人経営または家族経営の企業となってい
る[47]。また、雇用人数を企業規模別割合で見た場合、大企業:31.6%、中企業：
15.9%、小企業：14.7%、零細企業：37.8% となっており、雇用の面からは零
細企業のプレゼンスは大企業を上回るものとなっている。大企業は主に都市

表5-5　法定最低賃金による階層別（10階層）世帯毎四半期平均所得（2018年）

収入別階層		貧困層			中間層				富裕層			合計
		I	II	III	IV	V	VI	VII	VIII	IX	X	
		0-1	1.01 -1.5	1.51-2	2.01-3	3.01-4	4.01-5	5.01-6	6.01-7	7.01-8	8.01-	
世帯数		934,423	1,519,014	1,966,873	4,691,328	4,473,136	3,782,064	2,895,551	2,243,900	1,683,568	7,481,145	31,671,002
割合		3.0%	4.8%	6.2%	14.8%	14.1%	11.9%	9.1%	7.1%	5.3%	23.6%	100.0%
総収入額		4,068	11,164	20,120	68,630	91,456	99,482	93,227	85,359	74,061	711,115	1,258,682
割合		0.3%	0.9%	1.6%	5.5%	7.3%	7.9%	7.4%	6.8%	5.9%	56.5%	100.0%
世帯あたり平均収入額		4,353	7,350	10,229	14,629	20,446	26,304	32,197	38,040	43,990	95,054	39,742
割合		11.0%	18.5%	25.7%	36.8%	51.4%	66.2%	81.0%	95.7%	110.7%	239.2%	100.0%
小計	世帯数	4,420,310			15,842,079				11,408,613			31,671,002
	割合	14.0%			50.0%				36.0%			100.0%
	総収入額	35,351			352,796				870,535			1,258,682
	割合	2.8%			28.0%				69.2%			100.0%

注1）I～Xの世帯の横の数字は法定最低賃金の乗数。
注2）総収入額の単位は、100万ペソ。
注3）世帯あたり平均収入額の単位はペソ。
出所：国立地理統計院 (INEGI)「Encuesta nacional de ingresos y gastos de los hogares 2018」を基に筆者作成。

部に集中していることから、地方では主だった主要産業が存在していなく、農業などの1次産業に従事する者が多いことを鑑みれば収入格差の数値はある程度整合性のある結果である。2つ目の平均収入データは、世帯毎四半期平均所得のデータであり、31,671,002世帯を対象とし、各世帯の収入を法定最低賃金[48]の乗数によって10階層に分けている（**表5-5**）。このデータに基づけば、法定最低賃金の乗数毎に分けられた世帯数にはばらつきがある。最も多い世帯は、富裕層に属するX階層で全体の約23.6％を占めている。貧困層（I～III階層）、中間層（IV～VII階層）、富裕層（VIII～X階層）で比較すると、中間層が全体の約50％を占め、貧困層は全体の約14％に留まっている。平均所得格差は、I階層とX階層を比較すると、約22倍の開きがあり、こちらのデータでも格差の開きが顕著に現われている。

　一方、「全国世帯別所得および支出調査2018年度版（Encuesta nacional de ingresos y gastos de los hogares 2018）」では、世帯毎四半期平均現金支出のデータ調査結果も提示している。こちらのデータは、34,720,537世帯を対象とし、各世帯の収入を法定最低賃金の乗数によって10階層に分けている。世帯毎四半期平均現金支出のデータに基づけば、I階層（法定最低賃金の0～1倍）とX

表 5-6　法定最低賃金による階層別 (10 階層) 世帯毎四半期平均現金支出 (2018 年)

収入別階層		貧困層			
		I 0-1	II 1.01 -1.5	III 1.51-2	IV 2.01-3
世帯数		1,190,304	1,662,115	2,273,898	5,185,239
割合		3.4%	4.8%	6.5%	14.9%
総支出額		10,013	17,809	29,448	86,218
全階層総支出額に対する割合		0.9%	1.6%	2.7%	7.8%
世帯あたり平均支出額		8,412	10,715	12,950	16,627
全階層平均支出額に対する比率		26.3%	33.6%	40.6%	52.1%
世帯あたり主要 支出額項目 (上位 3 項目)	食品・飲料ならびにタバコ	4,394	5,321	6,317	7,583
	負担割合	52.2%	49.7%	48.8%	45.6%
	車両購入・維持費ならびに交通費	1,520	1,716	2,000	2,709
	負担割合	18.1%	16.0%	15.4%	16.3%
	教育ならびに娯楽	1,308	1,523	1,779	2,234
	負担割合	15.5%	14.2%	13.7%	13.4%

注 1) I ～ Xの世帯の横の数字は法定最低賃金の乗数。
注 2) 総支出額の単位は、100 万ペソ。
注 3) 世帯あたり平均支出額ならびに世帯あたり主要支出額項目の単位はペソ。
注 4) 世帯あたり主要支出額項目における負担割合は、各階層の世帯あたり平均支出に対する割合。
出所：国立地理統計院 (INEGI)「Encuesta nacional de ingresos y gastos de los hogares 2018」を基に筆者作成。

階層 (法定最低賃金の 8 倍以上) を比べた場合、支出額の差は約 8 倍となっている (**表 5-6**)。主な支出項目でみると、食品・飲料ならびにタバコの項目が全階層に共通して一番大きい支出項目となっており、階層が低くなるにつれて支出に占める割合が大きくなっている。特に、貧困層に相当するⅠ～Ⅲ階層では支出の 50% 前後を占めており、生活の余裕のなさが伺える。2 番目に大きい支出は、車両購入・維持費ならびに交通費であり、全階層を通じて概ね 15%～ 22% を占めている。低階層では乗用車を持つ余裕はなく、この項目は主に公共交通機関であるバスの利用にかかる交通費であると思われる。メキシコは原則、旅客鉄道がなく、都市部では地下鉄が敷設されている所があるものの、基本的な移動はバスか乗用車となる。そのため、ある程度の階層の場合、乗用車を所有していることが普通であり、その為、階層が高くなるにつれて車両購入・維持費がかかり、支出に占める割合は概ね 20% 前後となる。3 番目に大きい支出は、教育ならびに娯楽である。この項目も、階層

中間層			富裕層			合計
V 3.01-4	VI 4.01-5	VII 5.01-6	VIII 6.01-7	IX 7.01-8	X 8.01-	
5,100,209	4,134,839	3,253,928	2,482,650	1,912,226	7,525,129	34,720,537
14.7%	11.9%	9.4%	7.2%	5.5%	21.7%	100.0%
108,111	106,860	98,842	84,203	73,151	494,147	1,108,802
9.8%	9.6%	8.9%	7.6%	6.6%	44.6%	100.0%
21,197	25,844	30,376	33,917	38,254	65,666	31,935
66.4%	80.9%	95.1%	106.2%	119.8%	205.6%	100.0%
9,010	10,506	11,628	12,604	13,281	18,675	11,302
42.5%	40.7%	38.3%	37.2%	34.7%	28.4%	35.4%
3,737	4,900	6,179	7,088	8,320	14,670	6,750
17.6%	19.0%	20.3%	20.9%	21.7%	22.3%	21.1%
2,847	3,606	4,267	4,739	5,833	11,666	5,598
13.4%	14.0%	14.0%	14.0%	15.2%	17.8%	17.5%

が高くなるにつれ多くなる傾向があるが、支出に占める割合は全階層を通じて概ね13％～17％程である。一方で、実際の支出金額を見ると、貧困層では教育ならびに娯楽にかけられる支出は、約1,300ペソ～1,700ペソと非常に限られており、複数の子供が居る場合、義務教育で授業料が無料でないかぎり学校に通わせることは困難という現実がある。法定最低賃金の乗数による10階層分類の所得・支出データを比較すると、Ⅰ～Ⅴ階層までで、支出の方が大きくなっており、何らかの手段で補填をしていることが考えられる。このことから、移民送金は中間層も含めて、特に低所得層において、生活を支える為に重要な役割を果たしていると考えられる。

　次に、移民送金を受けている世帯と受けていない世帯の特徴について概観する。「移民および移民送金年報2020年度版（Anuario de migración y remesas México 2020）」によれば、2019年時点での世帯主の年齢で見た場合、男性では移民送金を受け取っている50歳未満の世帯主の割合は37.7％である一方、

表5-7　移民送金消費内訳 (2019 年)

項目	男性	女性
食品・衣服	78.2%	79.8%
健康維持	39.6%	54.7%
住居関連	20.5%	16.2%
教育	9.9%	6.8%
返済金	8.0%	5.4%
土地購入	4.5%	4.0%
住居関連	23.0%	33.4%
家賃	3.3%	0.0%
その他	2.0%	1.3%

出所：Anuario de migración y remesas México 2020, Gráfica 8.14. を基に筆者作成

受け取っていない 50 歳未満の世帯主の割合が 56.4% となっており、移民送金を受け取っていない世帯の方が高齢である傾向が見て取れる。一方、世帯主が女性の場合、あまり差が無く、移民送金を受け取っている 50 歳未満の世帯主の割合は 45.4% に対し、受け取っていない 50 歳未満の割合は、43.1% となっており、その差は僅か 2.4% である。また、世帯主の最終学歴を見ると、中学を卒業している男性の場合、移民送金を受け取っている割合は 83.0% であるのに対し、受け取っていない割合は 64.2% に留まり、移民送金を受け取っている世帯の方が教育を受けているケースが多い。一方、女性の場合は、移民送金を受け取っている場合は 85.0% であるのに対し、受け取っていない場合は 71.2% に留まり、男性のケースに比べて差は小さいものの、移民送金を受け取っている場合の方が教育を受けているケースが多いと言える。この点については、移民送金の使用用途にその要因が現れている (**表5-7**)。男女共に約 80% 近くが食料に使用すると回答しており、教育の為に使用すると回答したのは 10% を切っている。義務教育である中学までは授業料は公立校の場合無料であるが、教科書や制服などの付属品にかかる費用を捻出できない家庭 (例えば農業を営んでいて労働力が必要な家庭) などは、中学までも卒業が出来ない、といったケースも多々見られる。居住地域規模の点から考えると、人口の少ない地域では雇用が創出されづらく、加えて、学歴の低さゆえ賃金

の良い職に就けないことが考えられ、これらの地域では移民送金に頼っていることが考えられる。その為、家族を支える為、賃金の良い海外へ移民として渡るインセンティブが存在していると考えられる。

4.2. 移民送金と金融機関

　「移民および移民送金年報2020年度版（Anuario de migración y remesas México 2020）」によれば、2019年のメキシコへの移民送金額は約360億ドルであり、1件あたりの送金額は約325.7ドルとなっている。送金元の国別で見ると、米国が94.6％、カナダが1.6％、その他の国が3.7％となっており、圧倒的に米国からの送金が多い。このことは、米国にメキシコの移民の約97.4％がいることと整合性がある。送金手段は電子送金が98.5％、現金・現物が1.0％、マネー・オーダーが0.5％となっており、電子送金が主流である。送金をする際の方法としては、店舗：83.0％、銀行：10.4％、郵便局：1.9％、家族：1.8％、友人：0.2％、その他：2.5％となっており、銀行をのぞけば店舗を利用した所謂ノンバンク機関を通じた送金が主流となっている。通常、国をまたぐ送金においては銀行を通じた国際送金を利用するが、近年、金融仲介機関の発達により、より手軽に国際送金が可能となった。特にメキシコでは、2017年時点の銀行口座所有率は36.93％と低く、地方では銀行の支店がない所も多数存在する上に、メキシコの過去の経済危機の経験から銀行に不信を抱く者も少なくないことから、銀行ではなく金融仲介機関を通じた送金を促進していると考えられる。このことは、受け取り機関の数値に表れている。メキシコでの移民送金受け取りは、ノンバンク：74.9％、銀行：25.1％となっており、圧倒的にノンバンクでの受け取りが多い。送金手数料は、米国から300ドル送金した場合、平均で6.69ドルとなっており、あまり負担にならない額である。送金にかかる時間は米国からの場合、銀行送金でも当日もしくは翌日には受け取りが可能であり、他国からの送金と比べて、迅速に処理されている[49]。

　金融自由化後、メキシコに進出した外資系（特にアメリカ系）金融仲介機関が移民送金受け取りの主な担い手となっている。メキシコで移民送金受け取りに頻繁に活用されている外資系金融仲介機関としては、ウェスタンユニオ

ン、マネーグラム等がある[50]。ウェスタンユニオンはアメリカに本拠地を持ち、金融および通信事業を行う企業である。現在、世界の約 200 カ国に 27 万拠点を持ち、個人送金、企業支払、貿易業務を代行している。マネーグラムもアメリカに本拠地を持ち、国際送金ネットワークサービスを提供している企業である。現在、世界の約 200 カ国に 23 万拠点を持ち、ウェスタンユニオン同様、個人送金において高いプレゼンスを有している。ウェスタンユニオンとマネーグラムの送金の特徴は、手続きの簡単さおよび送金受け取りまでの時間の短さにある。送金手続き終了後[51]、10 分ほどで受け取りが可能となるため、緊急時にも対応できる利便性がある。受け取りには、①送金の際に発行される Reference Number（ウェスタンユニオンでは 10 桁、マネーグラムでは 8 桁）、②公的な身分証明書[52]、③送金受け取り金額、④送金者の名前、を用意することにより、取り扱い店にて受け取ることが可能である。送金が外国通貨で行われても、受け取りは受け取り国の自国通貨で行われるので受取人は外国からの送金を自国通貨に両替する必要がない。

　銀行と違い、金融仲介機関は自身の店舗を持たないのが特徴である。その為、メキシコにおいては電子端末を有する店舗と連携をすることによって、サービスの提供を可能にしている。具体的には、スーパーマーケット、コンビニエンスストア、家電量販店、一部金融機関、等である。特に、コンビニエンスストア[53]やスーパーマーケットは全国各地に点在し、日常生活とも密接に関わっていることから生活に根ざしたサービスと言え、国際送金というグローバルなサービスをローカルサービスである日常生活に根ざした店舗と結びつけたことから、グローカルな事象の一例と言えよう。

　通常、メキシコでウェスタンユニオンやマネーグラムによる移民送金受け取りを行う場合、銀行では受け取りが出来ないことが多い。特に商業銀行上位行（バナメックス銀行、バンコメール銀行、サンタンデール銀行、HSBC 銀行）では、自身の銀行口座を使用した通常の国際送金を取り扱っていることから、ウェスタンユニオンやマネーグラムをサービスに組み入れることはあまりメリットがない。ただし、商業銀行上位行でもメキシコ資本のバンノルテ銀行の一部ではウェスタンユニオンやマネーグラムによる移民送金受け取りが可能な

所も存在する。一方、自身の銀行口座を使用した独自の国際送金は取り扱わ
ず、ウェスタンユニオンやマネーグラムによる移民送金受け取りを組み入れ
ている商業銀行も存在する。アステカ銀行（メキシコ資本）やバンコッペル銀
行（カナダ資本）などである。アステカ銀行やバンコッペル銀行の特徴は、商
業銀行の位置づけではあるが、自身が所有する家電量販店の一角に銀行ブー
スを設置するというユニークな形態である。特にアステカ銀行は 2002 年に
商業銀行として新規参入したが、自身が所有していた家電量販店であるエ
レクトラ（Elektra）の店舗に銀行ブースを併設する手法で、瞬く間に全国展開
を実現した。商業銀行の位置づけではあるが、主に中小企業者や個人への貸
付を行い、加えて、メキシコではその当時珍しかった割賦販売を提供するこ
とによりシェアを伸ばしてきた銀行である。アステカ銀行では、移民送金を
ウェスタンユニオンやマネーグラムによってのみ受け取り可能とし、商業銀
行でありながら、通常の国際送金は取り扱っていない。ただし、移民送金受
け取り用の口座の開設は可能となっている[54]。移民送金受け取り用の口座を
開設すると、ウェスタンユニオンやマネーグラムによって送られて来た送金
は自動的に口座へ振り込まれ、窓口にて受け取り手続きをする必要がなくな
る。また、この口座の利点は、送金手続き完了後直ぐに口座への振込みが完
了するので、通常の商業銀行による国際送金にかかる時間よりもかなり時間
の短縮になる。また、定期的に移民送金がある場合、専用口座を開設してい
ることで、所謂支払担保機能を発揮し、今まで高価で一括払いによる購入が
出来なかった家電類（カラーテレビ、パソコン、冷蔵庫、オートバイ、等）を分割
払いにより購入が可能になるという相乗効果ももたらしている。

　移民送金は国際送金にあたり、従来は特殊な機能を持つ金融機関でのみ取
り扱いが可能であったが、金融自由化による外資資本のメキシコ進出により、
多くの移民を持つメキシコにとっては、移民送金の受け取りがより身近にな
り、場合によっては、生活を充実させる手助けになっている面も見受けられ
た。また、外資系の金融仲介機関が日常生活に密接した店舗と連携すること
で、都市部だけではなく地方にもそのサービスを広めることに成功した。移
民送金が貧困層だけではなく中間層、場合によっては富裕層の一部にまで浸

透しているメキシコにおいて、今後も金融仲介機関のプレゼンスは特別なものではなく、一般的なインフラの一部として機能していくと思われる。

5.　結　語

　本章では、メキシコの金融自由化が与えるインパクトについて、金融自由化に舵を切るきっかけとなった2度の経済危機（債務危機、金融危機）を振り返ることから、整理を試みた。経済危機以前のメキシコの根本的な問題としては、経済発展計画において、公企業をリーディングカンパニーとして位置づけ、その資金を政府が中央銀行に依存することによる、構造的な財政インフレを誘発する金融システムが構築されていた点が挙げられた。その要因としては、①中央銀行の独立性の欠如による適切な金融政策ができなかったこと、②市中銀行のパフォーマンスの低さ、③未成熟な資本市場、等があった。中央銀行は金融政策をつかさどり、独立性が担保されているのが通常であるが、メキシコでは度重なる組織法の改定により、中央銀行の独立性を阻害する措置が取られてきた。その中でも構造的な欠陥は、中央銀行による政府への信用供与枠上限の撤廃である。これにより中央銀行は、事実上、政府の赤字を補填する為に紙幣を刷るということになった。これにより、慢性的な財政インフレが顕在化することになり、財政の健全性は失われる状況となった。加えて、経済発展政策上、重要視された企業への優先的な資金供給を行う為に、国内の資金を集めることを目的として、市中銀行へ高率な法定準備を課し、貸出金利規制、預金金利上限の設定等、市中銀行のパフォーマンスを低下させる政策を実行してきた。そのため、国内の銀行の育成に失敗し、脆弱な金融システム構築の一端を担うようになった。事実、市中銀行を監督する立場の中央銀行であるが、組織法の改定により、中央銀行総裁の罷免権を大蔵大臣が持つようになったことから、中央銀行は政府の意向にそった政策を余儀なくされ、中央銀行独自の判断による市中銀行振興政策の実施は難しい状況にあった。

　1982年の債務危機において、様々な問題が浮き彫りとなることで、抜本的な金融改革がスタートすることとなった。財政インフレの温床となってい

た中央銀行の対政府信用供与について、厳格な制限が規定され、財政と金融
の分離を行う 1 歩となった。1993 年には中央銀行の独立性を担保するために、
理事の独立性、健全性を保つ為に、組織法が改編され、理事の身分が保証さ
れることとなった。理事会は総裁 1 名、副総裁 4 名から構成され、総裁の任
期は 6 年であり、連邦政府が任命し、法律に明記された重大な欠陥がある場
合を除いて、罷免されないとされた。なお、総裁の任期は大統領の任期の 4
年目から始まることになっているが、これも大統領の影響をあらかじめ除く
ためとされている。副総裁の任期は 8 年であり、1、3、5 年目毎に 1 名ずつ
交代することとなっている。この規定により、理事会の構成が安定し、政策
の継続性が担保されるようになった。これに加えて、市中銀行の脆弱さを生
み出していた様々な規制を排除することで、銀行を中心とした金融健全化を
実行した。メキシコ政府が下した決断は、自力の再建ではなく、外資主導に
よる健全化であった。積極的な市場開放には豊富な資本を持つ外資企業が市
場を占有することよる地場資本企業の廃業・衰退や、外資資本企業の本国か
らの指示による突然の撤退や利益を全て本国へ送金し、進出国の経済に寄与
しないといったリスクがあるが、メキシコの場合、企業規模における大企業
数の割合が 0.2% と少ないことや、比較的柔軟に他国からの文化やメキシコ
にない高度な技術を受入れる風潮があったことが、外資資本の商業銀行がメ
キシコで比較的問題なく進出できた要因であろう。基本的にメキシコの地場
企業は資本が小さい場合が多く、企業数に占める割合としては、零細企業が
95% を占めており、商業銀行がこれに該当しないのも幸いした。更にメキシ
コにとって良かったのは、IMF が指摘するように、メキシコ市場に進出した
外資資本の商業銀行が、①メキシコに進出する際に外資銀行が親銀行の資本
に依存していない、②資金調達に占める国内預金の比率が高い、といった、
所謂地元に根ざした形での進出を行ったことである。メキシコでの外資資本
の商業銀行の活動は、基本的にはメキシコ流に融合された形で実行されてお
り、短期的な撤退の危険性がないことから、所謂、長期直接投資の形態になっ
たことが、安定性に寄与する結果となった。実際に、メキシコの商業銀行部
門のパフォーマンスは向上しており、自己資本率を見ても、国際業務に必要

な8％をゆうに超える水準となっている。例えば、メキシコに進出している
サンタンデール銀行（スペイン資本）の本国では、Covid-19の影響により2020
年の業績が急激に悪化したが、メキシコのサンタンデール銀行の業績は、ス
ペインに比べてそれほど悪くはないとされている。メキシコ市場が外資資本
の商業銀行の活動に寄与する限りは、急激な撤退といったリスクはそれほど
高いものではないと思われる。

　金融自由化の影響は、銀行部門の再編といったマクロレベルに留まらず、
メキシコの貧困層の金融チャネルの増加といったメリットも生み出している。
メキシコでは、全国で移民送金の受け取りがなされているが、移民送金は国
際間取引であるため、高度な技術を要する。そのため、移民送金の主なプレー
ヤーは銀行であった。一方、メキシコでは、収益性の観点から、都市部や中
心部には多くの商業銀行の支店があるが、郊外・地方には銀行の支店の無い
場所は多く存在する。加えて、メキシコの銀行口座所持率の低さから、そも
そも金融アクセスができない貧困層も多く存在する。金融自由化は、外資資
本の金融仲介業者のメキシコ市場への参入を促した。外資資本の金融仲介業
者は原則、メキシコにおいて独自の店舗を持たない為、サービスの提供には
現地の店舗との連携が必要となる。外資資本の金融仲介業者（例えば、ウェス
タンユニオン、マネーグラム、等）は電子送金によって資金を移動させる。電子
送金サービスはその特徴上、電子端末のある店舗での提供が可能となる。そ
こで、地元の電子端末を有する店舗と連携をすることによって、外資資本の
金融仲介業者はサービスの展開を試みた。対象となる店舗は、スーパーマー
ケット、コンビニエンスストア、家電量販店・小売店、質屋、等、生活に密
着したものである。特にスーパーマーケットやコンビニエンスストアなどは、
全国どこにでもあるため、金融アクセスから排除されていた貧困層でも容易
に利用が出来るようになった。加えて、商業銀行においても、銀行口座を介
した独自の送金システムを使用せず、ウェスタンユニオンやマネーグラムの
みを取り扱うアステカ銀行のようなものもある。特に、アステカ銀行は小売
店であったグルーポ・エレクトラ（Grupo Elektra）が設立した銀行と言うこと
もあり、自身の小売店舗の一角に銀行ブースが設置されている。従来メキシ

コでは高価な商品は貸し倒れリスクを考慮し、一括払いかクレジットカードによる分割払いが主流であった。メキシコではクレジットカードは主に銀行が発行するケースが多く、そもそもメキシコ人のクレジットカード所有率はそれほど高くない。その為、特に貧困層では高価な家電等の購入は困難であったが、エレクトラ (Elektra) は、割賦販売を始めたパイオニアの一つで、テレビ、冷蔵庫、パソコン、携帯電話、食卓、ソファー、ベッド等、多岐に渡る商品を週払いによる割賦販売を行っている。エレクトラ (Elektra) は、移民送金業務を通じて、従来貧困層が購入不可能な家電等を購入できるチャネルを提供することに成功した。この例では、金融の自由化がメキシコの貧困層に金融アクセスを可能にさせただけでなく、生活に必要なチャネルも提供することを意味している。

追　記

　本稿は、私立大学研究ブランディング事業・研究助成によるもので、1980 年代以降のメキシコの金融改革とそのインパクトに関する研究成果の一部である。

注

1　メキシコのデータは 2016 年時点の値。
2　片岡 (1998a) p.4
3　Banco de México (1996) p.302
4　片岡 (1998b) pp.3-4
5　公的および公的に保証された対外債務は 1977 年〜 1982 年では年率 20％で推移し、残高においては 250 億ドルから 597 億ドルへ増加している (片岡 (1998b) p.8)
6　棟近 (1990) p.284
7　Solis and Zedello (1985) p.271
8　Ros (1987) p.72
9　石油の輸出所得は、1978 年に 414 億ペソであったものが、1980 年には 2,257 億ペソまで急上昇した。
10　Ros (1987) p.75
11　Solis and Zedillo (1985) p.273
12　棟近 (1990) p.294

13　棟近（1990）p.300

14　デッド・サービス・レシオ（元利支払の額／輸出額）は、1971 年〜 1976 年のエチェ
ベリア政権期には年平均 40.4％であったものが、1977 年〜 1982 年のポルティー
ジョ政権期には年平均 47.4％まで上昇した。また、ネット・トランスファー率（長
期債務実行額−元利払い／長期債務実行額）については、1971 年〜 1976 年期で
は年平均 43.3％に対し、1977 年〜 1982 年期では年平均 8.8％まで低下した。これ
は、新規借入額の内約 9 割を過去の債務の元利払いに充てて、利用できるのは
約 1 割という状況にあった（片岡（1998a）p.5）。

15　White（1991）pp.102-103

16　Ramírez（1986）p.55

17　Sachs（1987）p.18.

18　メキシコの経常収支赤字は、1981 年の時点で 139 億ドルに達していた。

19　佐久間（1985）p.7.

20　佐久間（1985）p.11

21　佐久間（1985）p.15

22　詳しい値は、IMF「International Financial Statistics」を参照されたし。

23　Banco de México が提供する Indicadores Económicos のデータによれば、サリー
ナス政権時の各年の対 GDP 比の財政黒字・赤字の推移は以下の通りである。
1988 年：− 9.3％、1989 年：− 4.8％、1990 年：− 2.2％、1991 年：＋ 3.1％、1992 年：
＋ 4.5％、1993 年：＋ 0.7％、1994 年：0％

24　浜口は、メキシコにとっての為替レートの重要性を以下の点から指摘してい
る。①為替レートの水準は、メキシコ製品の国際競争力に影響を及ぼす、②為
替レートは物価の名目アンカーとして作用することから、為替レートの引き下
げが物価水準上昇につながる為、物価上昇とペソ切り下げのスパイラルにより
インフレを引き起こす可能性がある、③為替レートの不安定性が、資本の逃避
を招きかねない（浜口（1995）p.3）。

25　浜口（1995）p.6

26　例えば、① 1990 年に実施された短期国債（CETES）への非居住者による投資の
解禁、②株式市場の制度改革と外国人投資家のための投資ファンドの設立、③
米国証券委員会（SEC）からメキシコ株 18 銘柄が米国株式市場で米国株と同様
に取引されることを認める”Ready Market”の認定を受けたこと、等がある（浜口
（1995）p.7）

27　詳細は、Banco de México（1994）を参照されたし。

28　桑原（1999）p.5

29　変動相場移行前は、1 ドル＝ 3.5 ペソ程であったことから、約 60％程の暴落で

あった。

30　1995 年〜 1999 年までインフレ率は 2 桁を記録することとなる（IMF「World Economic Outlook Databases」）

31　ペソ切り下げにより、商業銀行貸し出しの 22％から 30％に増大した（桑原（1999）p.9）。

32　PARAUSEE では、顧客への支払停止を回避する為の銀行へのサポートや、支払能力に問題がある中堅企業へのサポートが掲げられている。

33　Perez-Gea（1993）p.15.

34　片岡（1998b）pp.6-7.

35　Perez-Gea（1993）p.37.

36　片岡（1998b）p.7.

37　実際、1982 年〜 1988 年では概ね消費者物価上昇率が預金金利を上回る状況が続いており、実質金利がマイナスを示す時期が続いた。1989 年に消費者物価上昇率：20.0％、預金金利：36.3％となり、プラスに転じた（IMF「International Financial Statistics,1991Yearbook」）。

38　Aspe（1993）p.67.

39　BA によって調達された資金は、法定準備を免除され、期間、金利ともに自由とされた。

40　J. Hayden Kepner, Jr.（1992）p.43.

41　J. Hayden Kepner, Jr.（1992）p.44.

42　中村（1989）p.28.

43　新規に子会社方式で設立する場合には、銀行法に基づき、自由貿易協定（FTA）または類似の取り決めがなされている国に居住する銀行のみ、設立が認められることとなっている（1999 年 1 月 19 日付の外資法第 7 条改正）。

44　この年に、邦銀としては当時の富士銀行、三菱銀行が参入している。なお、三菱銀行は 1958 年にメキシコシティに駐在事務所を開設していたが、現地法人となったのは、1995 年からである。

45　アステカ銀行は、主に中小企業者や個人向け貸出を行っており、リテールに強みを持っている銀行である。小口融資が多数を占める為、他の巨大資本の商業銀行に比べて、貸出利率は高めに設定されている。

46　詳しくは、Comisión Nacional Bancaria, Boletín Estadístico de Banca Múltiple, Tomo XL, Num. 567（Septiembre de 1994）を参照されたし。

47　INEGI が実施する「国勢調査 2019（Censos económicos 2019）」の定義によると、企業規模は従業員数によって分類されている。各従業員数は以下の通りである。大企業：251 人以上、中企業：51 人〜 250 人、小企業：11 人〜 50 人、零細企業：

0 人～ 10 人。

48　メキシコでは法定最低賃金として、日額が設定されている。各年の 12 月に国家最低賃金委員会（CONASAMI）によって翌年の法定最低賃金が決定し、アナウンスされる。2018 年の法定最低賃金は、88.36 ペソ／日（約 507 円：IMF Data の値を基に 1 ペソ＝ 5.742 円で計算）となっている。法定最低賃金は、最低限の生活を営める水準を踏まえて設定されているとされるが、現実には十分ではなく、法定最低賃金に乗数を掛けることで給与が決定されている。

49　例えば、日本からメキシコに銀行送金を行う場合、3 ～ 5 営業日かかるケースがある。

50　その他、海外送金受け取り仲介金融機関としては、DolEx、Ria、Envialana、Vigo などがある。

51　送金手続きは、①送金者の名前および送金者の公的な身分証明書の提示、②受取人の名前および送金先国名、③送金金額（送金者が送金を行う国の通貨による金額）を伝えることで完了する。手続き自体は、早ければ 5 分ほどで完了する。

52　メキシコでメキシコ人が移民送金を受け取る場合には通常、身分証明書として国家選挙機関（INE）もしくは連邦選挙機関（IFE）が有権者に発行する身分証明書が用いられる。外国人が自国以外で受け取りをする際には、通常パスポートの提示が求められる。

53　例えば、メキシコのコンビニエンスストアである OXXO では、ウェスタンユニオン、マネーグラムによる国際送金について、2,500 ペソまでの受け取りが簡単にできる。

54　移民送金受け取り口座の開設は、①口座開設手数料：1 ペソ、②キャッシュカード発行手数料：50 ペソ、③住所の証明書、④公的な身分証明書、を持参することで申請が可能である。口座開設にかかる所要時間は 15 分ほどである。

参考文献

秋山文子（2016）「メキシコ銀行セクターの概観」『国際金融トピックス』290 号、1-5 頁。

伊藤成朗（1997）「「メキシコ型通貨危機」について」『アジア経済』38 巻 2 号、19-43 頁。

岡本眞理子（2015）「コンパルタモス銀行の高金利に関する一考察」『日本福祉大学経済論集』51 号、1-12 頁。

片岡尹（1998a）「メキシコの対外債務と金融改革（1）」『経営研究』49 巻 1 号、1-24 頁。

片岡尹（1998b）「メキシコの対外債務と金融改革（2）」『経営研究』49 巻 2 号、1-29 頁。

桑原小百合（1999）「2 つの金融危機：メキシコ 94-95 vs. ブラジル 99」『ラテンアメリカ論集』33 号、90-118 頁。

佐久間潮（1985）「発展途上国の対外債務問題解決にあたって多年度一括リスケが果たす役割」『東京銀行月報』1985 年 4 月号、7 頁。

高野久紀・高橋和志（2011）「マイクロファイナンスの現状と課題」『アジア経済』52
　　　巻 6 号、36-74 頁。

田邉栄治（2004）「メキシコにおける外資政策の転換と経済構造の変化」日本国際経
　　　済学会第 62 回全国大会（京都大学）発表資料。

中畑貴雄（2010）『メキシコ経済の基礎知識』、アジア経済研究所

中村勝隆（1989）「メキシコの外資法施行規則と外資導入促進」『海外鉱業情報』19 巻
　　　6 号、37-41 頁。

西島章次（2002）「第 4 章ラテンアメリカの金融システムと経済発展」『神戸大学経済
　　　経営研究所双書』62 号、1-20 頁。

浜口伸明（1995）「メキシコの金融危機－サリーナス政権の 6 年間が残したもの－」
　　　『ラテン・アメリカレポート』12 巻 1 号、1-12 頁。

久松佳彰・佐藤桃（2002）「メキシコ銀行部門の再編」『ラテンアメリカ論集』36 号、
　　　17-32 頁。

福島章雄（2002）「経済・市場統合の展開－ NAFTA の成立と通貨危機－」『研究報告』
　　　33 号、1-25 頁。

星野妙子（2000）「メキシコの金融制度にみる開発と国家」東茂樹編『発展途上国の国
　　　家と経済』アジア経済研究所、183-228 頁。

星野妙子（2010）「第 3 章メキシコ対外債務累積問題と新自由主義経済改革のインパ
　　　クト」『メキシコのビジネスグループの進化と適応：その軌跡とダイナミズ
　　　ム』研究双書 No. 587、アジア経済研究所、91-126 頁。

棟近みどり（1990）「第 13 章メキシコ債務危機の構造－外生ショックと国内マクロ
　　　経済政策－」『国際経済環境と経済調整』、研究双書 No.395、アジア経済研
　　　究所、281-310 頁。

棟近みどり（1995）「第 5 章メキシコの金融自由化と財政赤字ファイナンス」『発展途
　　　上国の金融改革と国際化』研究双書 No.449、アジア経済研究所、127-164 頁。

棟近みどり（1999）「メキシコ危機における銀行システム不安」『経済論集』24 巻 2 号、
　　　99-128 頁。

安原毅（1995）「メキシコにおける銀行制度改革と金融市場の「国際化」」『国際経済』
　　　46 巻 1 号、57-68 頁。

Álvarez, M.（2004）"Liberalización financiera y crisis económico-financiera 1994-1995",
　　　Denarius, núm.9: 121-177.

Aspe,P.（1993）*Economic transformation, the Mexican way*, MIT Press.

Banco de México（1992）"The mexican economy".

Banco de México（1996）"The mexican economy".

Banco de México（2019a）"Indicadores básicos de créditos personales".

Banco de México（2019b）"Reporte de estabilidad financiera".

Banco de México（2019c）"Reporte sobre sistema financiero".

Banco de México (2020) "Reporte de estabilidad financiera".

BBVA (2020) "Anuario de migración y remesas México 2020".

CEDRSSA (2019) "Consumo de alimentos. Encuesta nacional de ingresos y gastos de los hogares".

Chavarín, R. (2010) *Banca, Grupos económicos y gobierno corporativo en México*, Centro de Estudios Espinosa Yglesias.

Deloitte (2020) "Sector financiero en México : ¿qué sigue después del COVID-19?". URL: https://www2.deloitte.com/mx/es/pages/financial-services/articles/sector-financiero-mexicano-despues-del-COVID19.html

Gruben, W., and Robert, M. (1997) "Liberalization, privatization and crash: Mexico's banking system inthe 1990s", Federal Reserve Bank of Dallas, *Economic Review*, first quarter 1997: 21-30.

IMF (1995) "World Economic Outlook".

INEGI (2019a) "Censos económicos 2019 : conjunto de datos abiertos 2019, 2014, 2009, 2004".

INEGI (2019b) "Censos económicos 2019 : resultados definitivos".

INEGI (2019c) "Censos económicos 2019 : resultados oportunos".

INEGI (2019d) "Encuesta nacional de ingresos y gastos de los hogares 2018".

OECD (1992) "OECD economic surveys : Mexico 1991/1992".

Perez-Gea, A. (1993) *Three essays on central banking and credit policy in Mexico*, UMI dissertation services.

Ramírez, M. (1986) "Mexico's development experience. 1950-85: lessons and future prospects", *Journal of interamerican studies and world affairs*, 28(2): 39-65.

Román, R. (1999) "Los efectos liberalización financiera sobre los negocios de hoy : ¿cuál es la salida? ", *Tecnura*, 3(5): 35-44.

Ros, J. (1987) "Mexico from the oil boom to the debt crisis : an analysis of policy responses to external shocks, 1978-85", Thorp, R., and Whitehead, L. eds, *Latin american debt and the adjustment crisis*, London Macmillan, 72-75.

Sachs, J. (1987) "International cordination : the case of developing country debt crisis", NBER working paper, No.2287: 18.

Salgado, M. and Miranda, S. (2013) "Reformas financieras en México y su efecto limitado sobre la intermediación financiera", *Economía actual*, 6(3): 33-36.

Solis, L., and Zedillo, E. (1985) "The foreign debt of Mexico", Smith, G.W., and Cuddington, J.T. eds., *International debt and the developing countries*, World Bank: 258-288.

Turrent, E. (2007) "Historia sintética de la banca en México", Banco de MéxicoWhite, R. (1991) *State, Class and the Nationalization of the Mexican Banks*, New York: Crane Russak, 102-103.

第6章　ベトナムの金融深化と中小企業進出の現状

福島章雄

本章の概要：中小企業の資金調達は大企業に比し制約が多い。日本においては間接金融、豊富な預金資産に基づく銀行融資が中心である。その背景には金融のみならず、近代日本経済の発展と歴史、民俗性がある。

　近年の中小企業のグローバル化で、進出先としてベトナムが選択される事例が多く見られる。ベトナムは元来、社会主義国で経済の自由化が図られたのは1980年代以降で、多くの民間企業は設立されてから日が浅く、その資金調達においては多くの課題がある。

　本章ではベトナム進出の日系中小企業と現地企業の金融環境の変化と現状について、調査し課題を明らかにする。具体的にはヒアリング調査を主体とし、進出中小企業本社と進出先の工業団地での調査を行った。またベトナムでは現地企業の調査を行った。加えてベトナムに進出している金融機関のヒアリング等を通じ、ベトナム進出の中小企業の進出の傾向や金融深化の状況を伺った。

　今回の調査においては、日系中小企業の起業・資金調達は親会社と日本の金融機関を中心に行われ、現地における金融市場からの調達といった事例は見られなかった。現地企業においては、起業時の資金調達や運転資金の確保における金融機関との関りなどの知見を得た。物価や金利変動、有担保原則の影響を大きく受けていること、加えて、資金調達の一部に、不動産によるキャピタルゲインが充てられている事例があり、資金調達チャネルの新たな一面を伺い知ることが出来た。

1. はじめに

　本章は、私立大学研究ブランディング事業・研究助成によるもので、アジアにおける中小企業金融研究の成果の一部である。

　近年の円高や少子高齢化の急速な進行等によって大手のみならず中小企業のグローバル化が進んでいる。中でも、東南アジア諸国への進出は目覚しいものがあり、ベトナムはその中心にある国である。ベトナムは1986年にドイ・モイという中国の改革開放政策に似た政策を取り入れ、社会主義政治体制を維持しながら市場経済を導入した。以降、積極的に経済の自由化政策をとり，法制度や経済環境を整えるとともに、経済連携協定やCPTPP、RCEPへの参加などグローバル化も積極的に推進してきた。昨今は米中対立の影響で投資が加速し、ベトナム経済は急速に発展し、経済規模も格段に大きくなっており、日本の中小企業の進出も2000年代半ばくらいから急速に増加している。

　本研究ではベトナムに進出している日系中小企業と、ベトナム現地企業の金融環境の変化と現状について調査するとともに課題を明らかにすることを目的とする。具体的にはヒアリング調査を主体とする。国内においては、ベトナム進出の中小企業本社の訪問とヒアリング、またベトナム現地調査においては、中小企業が進出しているハノイやホーチミンとその周辺の工業団地および裾野産業(地場産業)を訪問し、ヒアリングを行った。加えてベトナムに進出している金融機関のヒアリング等を通じ、ベトナム進出の中小企業の進出の傾向や金融深化の状況を伺った。

　海外現地調査は2017年8月に行った。本来は2020年3月にも2回目の調査を予定していたが、新型コロナウイルスの急速な蔓延から、残念ながら直前に断念せざるをえなくなった。2017年の訪問先はハノイとホーチミン近郊、現地中小企業や金融機関を訪問し、ヒアリングを行った。またみずほ銀行ホーチミン支店で昨今の情勢や中小企業の進出動向を伺った。

　国内においては、2019年にベトナムに進出している愛知県の三光金型と名古屋精密金型の本社を訪問し、ヒアリング、また中小企業基盤整備機構の国際支援室で中小企業現地進出における支援体制や昨今の進出動向について

伺った。

　今回の調査に当たっては、当時 JICA に在籍していた国際大学の舟橋學氏には現地に関する多くの知見やアポイントメントにご協力をいただいた。また東京富士大学の青山和正先生、地域金融研究所の長谷川清先生には多くの知見とアドバイスをいただいた。他にも、多くの方々からの支援をいただいたことに感謝の意をお伝えする[1]。

　主な調査・ヒアリング
　　　　海外調査（ベトナム）　2017 年 8 月 16 日〜 26 日
　　　　　ハノイ、ホーチミン周辺の現地企業のヒアリング調査
　　　　　みずほ銀行ホーチミン支店でのヒアリング調査
　　　　国内調査
　　　　　中小企業基盤整備機構
　　　　　国際支援室ヒアリング
　　　　　JICA アドバイザーへのヒアリング
　　　　ベトナム進出中小企業のヒアリング
　　　　　三光金型株式会社
　　　　　名古屋精密金型株式会社

　ベトナム現地企業のヒアリングでは、主としてハノイ、ホーチミンの 2 大都市周辺の企業について、創立年や起業動機や起業者プロフィール等の基本情報、起業時および現在に至る資金調達を中心に行った。とくにベトナムは民間企業も民間企業金融の歴史もともにまだ浅いので、企業の成長と存続のためにベトナム中小企業はどのような経営を行っているか、とくに担保融資を前提とする融資環境の中で、どのような資金調達環境にあるかなどを中心にお話を伺った。

　日本からベトナムに進出している中小企業については、国内の本社ヒアリングが中心となる。その中で、今回本章で取り上げる 2 社についてはともに愛知県に本社を置き、同時期にベトナムに進出した金型メーカーである。相

違としては進出先で、ハノイ近郊とホーチミン近郊と南北に分かれる。この
2社の進出時の資金調達とその後の調達方法の変化の有無についてお伺いす
るとともに、進出から十数年が経過し、その間に両社とも大きな成長を遂げ
たが、この進出場所の南北の相違がどういった影響を与えているかという点
も考えていきたい。

2. 中小企業を取り巻く環境

　ベトナムの民間企業の95％が中小企業である（図6-1）。ベトナムのGDP
の4割、国家予算の3割を担うほか、労働者雇用の半分を担っている。反面、
多くの企業は慢性的な資金不足であり、機械の近代化、先進的設備と技術の
導入が制限されている上に市場に関する情報不足、マーケティング力が弱い
とされている。これら企業はドイ・モイ政策によって設立が許され、起業か
らまだ日が浅い。1990-91年の「会社法」、「個人企業法」に始まり、2001年に
は「新企業法」が施行された。2006年7月の「統一企業法」では外資にも株式
会社形態の会社設立が認可され、起業が本格化するようになった。資本別に
みると、零細企業が全体の65％と大勢を占め、潜在的な成長余地はかなり
高いものと考えられる。すなわち、中小企業への金融を含めた支援体制の拡
充がベトナム経済の喫緊の課題と言える。

2.1. 金融システム

　最初に、ベトナム中小企業を取り巻く金融制度について述べる。ドイ・モ
イ以前の社会主義時代は中央銀行たるベトナム国家銀行が商業銀行機能も兼
務する所謂、「モノバンク・システム」であり、それをベトナム外国為替銀
行とベトナム投資開発銀行が補完する体制であった。1988年、まず、ベト
ナム工商銀行と農業銀行が設立され中央銀行から商業銀行機能を分離された。
続いて市場経済の導入に適応すべく、金融システムの変革が行われた。
　すなわち、
- 金融と財政の分離

規模 分野	零細企業 従業員数	小企業 資本金額	小企業 従業員数	中企業 資本金額	中企業 従業員数
Ⅰ.農林水産業	10人以下	200億ドン以下	11人～200人	200億ドン以上1,000億ドンまで	201人～300人
Ⅱ.鉱工業・建設	10人以下	200億ドン以下	11人～200人	200億ドン以上1,000億ドンまで	201人～300人
Ⅲ.商業・サービス	10人以下	100億ドン以下	11人～50人	100億ドン以上5,000億ドンまで	51人～100人

出所：No: 56 /2009/ND-CP　Article 3. The definition of small and medium enterprises（政令56号第3条）
URL: https://www.economica.vn/Portals/0/Documents/eedeb5241be5a5e74eb1bda4f7906563.pdf

ベトナムの企業数（2012年）

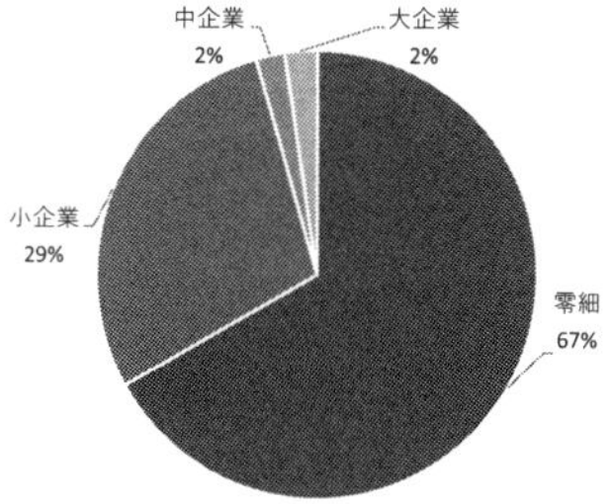

企業数(2012年)

資本構成種別	合計	零細	小企業	中企業	大企業
全体	324,691	216,732	93,356	6,853	7,750
国営企業	3,265	141	1,309	510	1,305
民間企業	312,416	214,433	87,772	5,572	4,639
外資系	9,010	2,158	4,275	771	1,806
うち100%	7,516	1,759	3,629	601	1,527

2012年1/1現在。
出所：Ministry of planning and investment, "White Paper on Vietnam SME 2014"より筆者作成。

図6-1　中小企業の定義と企業数

- 中央銀行の機能の強化
- 国立銀行の再編・金融体系の整備
- 通貨管理の強化

である。これによって国有銀行は以下の5行体制となる。中央銀行を除く4行は「BIG4」と呼ばれ、現在もベトナム金融における中心的な存在である。

- ベトナム国家銀行—中央銀行
- ベトナム外商銀行（ベトコンバンク）
- ベトナム投資開発銀行（BIDV）

- ベトナム工商銀行（Vietinbank）
- 農業銀行（アグリバンク）

　続く 1990 年の「国家銀行令」において業際規制廃止、「金融機関令」で国有銀行、民間銀行、信用組合など、金融機関それぞれの機能の規定がなされた。これを皮切りとして、銀行業の参入許可や Joint Stock Bank という民間の株式銀行も設立された。1990 年には「新銀行法」が制定され中央銀行の役割が明確化されるなど、金融のための諸制度が整備された。1990 年にはこれら政令に加え、会社法の制定も相俟って、民間企業設立の土壌も醸し出された。1994 年には個人銀行口座開設が認められ、ここにベトナムにおける資産形成において預金するという選択が生まれた。

　　　1990 年　会社法制定
　　　　　　　国営銀行令
　　　　　　　商業銀行令
　　　1993 年　経済裁判法　破産法
　　　1994 年　個人銀行口座開設の許可
　　　　　　　銀行間取引市場設立
　　　　　　　銀行間外為市場設立
　　　1997 年　与信機関法制定
　　　1999 年　郵便貯金サービス会社設立

2.2. ベトナムの金融セクター

　2006 年には外資系銀行の参入が許可され、ここにベトナムの金融機関は整備が進んだ。2012 年には銀行の経営状態別の分類に基づき、脆弱とされた銀行の処理を集中的に進めることを骨子とする金融再編計画が公布された。2011 〜 2015 年の 5 年間に買収・合併や解散等で銀行が 9 行、ノンバンク 2 社、外資系銀行 8 支店が整理統合され、結果、金融監督官庁であるベトナム国家銀行（State Bank of Vietnam：SBV）によると、2019 年 6 月末時点、同国の信用機関は、商業銀行 44 行、政策銀行 2 行、ベトナム協同組合銀行 1 行、外国銀行支店 49 行、ノンバンク 26 社、マイクロファイナンス 4 機関などとなって

いる (**表 6-1**)。国有商業銀行のシェアは徐々に低下してきているものの、資産、預金、貸出に占める割合は依然として大きなものがある。2018 年に至っても資産は全体の 5 割近くを占めている (**表 6-2**)。またベトナム地元の民間商業銀行は、現在、約 31 行が活動しているが、日本の地方銀行の様な業態を形成しているわけではない。その全体像はつかみにくい。新規参入の増加によって預金や貸出額も年々増加している。「統一企業法」施行の 2006 年 7 月以降、金融機関の与信は着実な伸びを見せている (**図 6-2**)。

　与信が伸びる一方で、不動産業を除く民間企業 (中小企業) に対する融資はあまり進んでいない。企業融資は担保融資が主流であること、多くの民間企業は設立から日が浅く、企業情報が不足していることに加えて、金融機関も金融手法が未成熟であることがあげられる。民間企業に対する融資は極端なほど慎重で過剰な担保要求され、多くが担保の設定しやすい不動産投資にまわった。一方で、倒産の危険性が無い国営企業向け融資は安易に実行され、これらが後に不良債権の温床となった [2]。昨今は落ち着いてきているが、ベトナムは常にインフレに悩まされている。そのことも長期融資となる中小企業融資を困難にする一因である。2007 年時は民間企業への融資の割合が高かったとされるが、インフレが鎮静化した 2011 年以降はその割合が急落している (**図 6-3**)。金利も、昨今は物価が安定してきており、2020 年 4 月の政策金利は 3.5%、貸出金利についても以前に比べると落ち着いている。だが、ドイ・モイ以降も物価上昇率は概して高く、2012 年には政策金利が 13% を記録、多くの中小企業が窮地に追い込まれている。2014 年の『中小企業白書』[3] によると、中小企業向けの融資額は 2012 年で 862,392 億ドン (貸付総額の 27.9%) である。

　外国銀行については、2008 年 9 月、HSBC およびスタンダード・チャータード銀行に免許が付与されたのを皮切りに、100% 外資の銀行が増加した。2019 年 6 月現在、ベトナムに進出している 100% 外資銀行は上記 2 行に加えて、マレーシア系のホンリョン銀行、パブリックバンク、CIMB、韓国系の新韓銀行、ウリィ銀行、シンガポール系のユナイテッド・オーバーシーズ銀行 (UOB)、豪州系のオーストラリア・ニュージーランド銀行 (ANZ) の合計 9

表6-1　ベトナム金融機関とその数（2019年6月）

銀　　行	ノンバンク（２６）
商業銀行（４４）	ファイナンス会社（１６）
国営商業銀行（４）	リース会社（１０）
民間商業銀行（３１）	その他ノンバンク
外国銀行現地法人（９）	マイクロファイナンス機関（４）
合併銀行	外国銀行支店（４９）
政策銀行（２）	駐在員事務所（５２）
ベトナム協同組織銀行（１）	

出所：国際協力銀行「ベトナムの投資環境／2019年12月」より作成

表6-2　ベトナムにおける金融機関と総資産（2020年10月）

単位：10億VND

	総資産	
	金額	構成比
国営銀行（※）	5,442,886	41.3%
ベトナム社会政策銀行	234,030	1.8%
商業銀行	5,612,829	42.6%
外国銀行、外国銀行支店、合併銀行	1,483,981	11.3%
ファイナンス・リース会社	215,505	1.6%
ベトナム協同組織銀行	43,633	0.3%
人民信用基金	143,084	1.1%
合計	13,175,947	100.0%

※集計対象の国営銀行は、VietinBank, Vietcombank, BIDV の3行
出所：ベトナム中央銀行HP、主要統計（2020年10月）

行となっている。邦銀については、メガバンクが営業拠点をハノイとホーチミンに支店をおいておき、地銀なども駐在員事務所を開設している[4]。100%外資銀行の設立についてはライセンス取得手続を含め、参入障壁は高いと言われるが、昨今のベトナム金融のリテール分野の伸長、CTPP や RCEP といった経済連携の進展を考えると、更なる現地体制の拡充が望まれる。

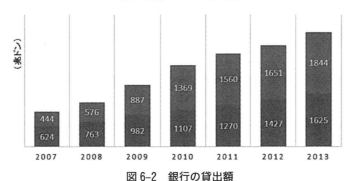

図6-2　銀行の貸出額

出所：ベトナム中央銀行 HP，URL: https://www.sbv.gov.vn/

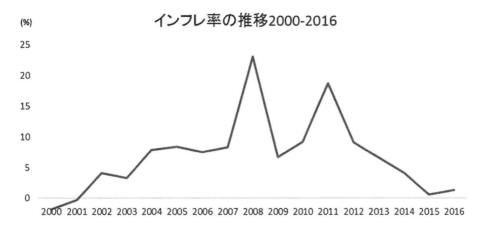

図6-3　インフレ率の推移　2000-2016

出所：ベトナム中央銀行 HP，URL: https://www.sbv.gov.vn/

2.3. 中小企業金融の取り組み

　中小企業金融に係る取り組みとしては、旧くは中小企業開発基金（SMEDF）がある。1996 年ヨーロッパ共同体と労働・傷病兵・社会問題省（MoLISA）MoLISA が総資本 2750 億ドンで創設したもので、起業に中長期貸付を行うものである。2000 年には信用保証基金（CGF）の設立、2003 年には首相決定

第12号で、中小企業貸し出し担保条件の緩和が図られている。　2009年の「中小企業育成の補助に関する政令」では、信用保証基金の設立や中小企業育成基金の設立もなされている。

中小企業政策金融（1）　社会政策銀行（VBSP）の信用供与政策

中小企業政策金融への取り組みには、社会政策銀行（VBSP）による貧困層や小規模企業に対する信用供与政策がある。商業銀行による融資が困難であるが政策的には重要な分野に政策融資を行う、マイクロファイナンスに似た考え方に基づくものである[5]。

中小企業政策金融（2）　裾野産業開発協力プログラムを利用した「ツー・ステップローン」

日本からは、裾野産業育成プロジェクトにおいて、日本の官民が連携し、ベトナム側との対話を通じてベトナム民間企業の改善を促進、資金調達を行われている。「中小企業開発基金」は、国際協力機構（JICA）による円借款資金を利用してベトナム中小企業の資金調達アクセス改善のため、「中小企業育成の補助に関する政令」（2009年）によって設置された基金である。具体的には、借入国の政策金融制度のもと、開発銀行などの相手国の金融機関を通じて、中小規模の製造業の振興のために必要な資金を供与する（ツーステップローン）である。これにより金融面のみならず、経営や技術面といった企業全体の支援を行うことで成長を促すことが期待されている。本制度融資の目的は、制度に参加する商業銀行を通じてベトナムの中小企業の中長期資金に対するアクセスの改善と参加金融機関の融資能力の開発を図るものである（図6-4）。

本基金の運用は、ベトナム国家銀行（State Bank of Vietnam：SBV）に設けられた中小企業開発基金勘定から融資原資を商業銀行（Participating Financial Institutions：PFI）に貸出し、PFIが中小企業に資金を転貸融資して行われる。PFIによる中小企業開発基金からの転貸融資の金利は一般商業銀行の融資金利より低く、融資期間も最長7年と長く設定されている。

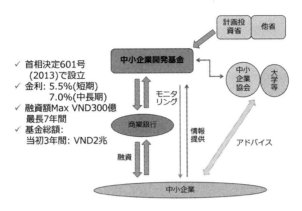

図 6-4　中小企業開発基金のスキーム

出所：成城大学経済研究所ミニ・シンポジウム舟橋 (2016) 資料

他の資金供給チャネル

　こうした正規の金融の取り組みに加え、ベトナムには非正規の金融調達手段が存在する。今回の現地企業のヒアリングで判明した最も多い資金調達方法は自己資金であるが、家族や親戚、友人といった人的関係を通じた資金提供が極めて重要な位置を占めている。担保や財務諸表を持たないスタートアップ企業にとって、原則担保を必要とする金融機関からの借り入れはハードルが高い。人間関係による資金提供のほかには「フイ」と呼ばれる無尽や質屋、高利貸なども存在するようであるが、その実態は不明である。ヒアリングを通じた感触では、ベトナムの中小零細企業者の多くが無尽、質屋、高利貸等からの借入を比較的早く安易に資金調達できるという利便性を評価する傾向があるようで、実態的にベトナムの中小企業金融で無視できない存在のように思われる。もっとも、無尽、質屋、高利貸等からの借入には自ずと限界があって、利用企業は零細事業者が中心にならざるを得ず、かつ高金利のため企業にとって成長の制約要因となっていることが容易に想像できる。

　金融機関の出店が見込めない地方や農村においては正規の資金調達手段そのものが限られている。そうしたところでは社会政策銀行 (VBSP) のほか

表6-3　ベトナムのマイクロファイナンス

	2010	2011	2012	2013	2014	2015	2016	2017	2018	2019
人民信用基金(数)	1057	1095	1132	1144	1,145	1,147	1,166	1,178	1,183	…
貸出残高(100万ドン)	23,708,082	28657846	35,879,999	44,856,836	52,335,614	60,735,042	70,315,079	80,233,476	90,483,103	96,096,713
債務者数(万人)	95		107	112						
預金額(100万ドン)	21026791	25960294	35,461,422	43,464,491	55,797,836	65,709,710	76,818,112	87,131,348	94,329,445	105,865,312
預金者数(万人)	…	…	126	131	…	…	…	…	…	…
マイクロファイナンス機関(数)	…	1	2	2	2	3	3	4	4	4
貸出残高(100万ドン)	…	419034	570035	700936	865576	1145916	1385887	4662572	5657270	5989843
債務者数(万人)	55		73	77						

出所：Asia Development Bank, "Asia Small and Medium-Sized Enterprise Monitor 2020 – Volume 1: Country and Regional Reviews", P255 より筆者作成。
URL: https://www.adb.org/publications/asia-sme-monitor-2020-country-regional-reviews

TYM や M7 といったマイクロファイナンスの活動がみられる (表6-3)。

　成長分野の投資については、ベトナムの通信大手の FPT が活発に動いている。大学やインキュベーションの設立などをおこなっている。またリスクマネーの供給として情報技術 IT 分野で起業したばかりの小規模企業支援を目的としたベンチャーキャピタルファンド「FPT ベンチャー (FPT Ventures)」を設立した。海外のファンドもベトナムの IT を成長分野と認識し、投資先を選別している。日本からはサイバーエージェント・ベンチャーズなどがベトナムに拠点を開設し、いくつかの企業に投資を行っているが、まだその数は少ない。

2.4. 越僑資金による不動産投資。利益の一部は開業資金へ

　不動産投資と越僑 (外国在住のベトナム人) 送金の関わりも中小企業の資金調達チャネルの一つである。

　ベトナムは社会主義国であり、土地は全て国の所有物である。土地に対する権利は使用権であり、ベトナム国民、ベトナム企業の場合は永久使用権が与えられ、税制面では相続税、贈与税も二親等以内なら無税なので、相続資産としても有利な面がある。また、国民性として「家を構えて一人前」といった感覚は戦後高度成長期の日本とも通ずるところである。ベトナムの土地制度は社会主義下、全人民所有と国家による統一的土地管理が原則とされてき

たが、ドイ・モイ以降、1993 年土地法で土地使用権の相続、譲渡、賃貸な
どの権利が認められた。さらに 2003 年土地法では、土地使用権を「特別な商
品」とし、市場が価格を決めることを制度化（以後、「土地使用権の市場化」とする）
され、その性格が大きく変貌した。土地の使用権や住宅価格といったベトナ
ムの不動産投資は、2000 年代初めの高度成長と急増した金融機関の与信の
波に乗って急成長し、2007 年から 2008 年にピークを迎えることとなる。こ
のときのプレーヤーは事業を多角化した国営企業、外国からの直接投資に加
え、もう一つ大きな役割を果たしたのが越僑送金だと言われている。越僑送
金は 1999 年に送金規制が緩和されたことにより急激に拡大、その規模は対
GDP 比 5% 程度で推移していた。それが 2007 年には 8% と急増し、金額も
2003 年比で約 3 倍に達した（図 6-5）。その多くがホーチミンの不動産投資に
充てられたとされている。その後不動産価格は急速に低迷、2011 年以降の
緊縮財政・金融政策下で不良債権となり、ベトナム経済に重くのしかかるこ
ととなった。不動産価格は 2010 年から 2013 年まで低迷したが、2014 年から
回復し始めた。それが大きく変化したのが、2015 年の改正住宅法 65/2014/
QH13 および 66/2014/QH13 の施行である。
　同法は、住宅所有対象を、非居住者を含む外国人や外国組織に住宅所有対
象を拡大した。それに加えて、転貸（サブリース）のための住宅や建物の貸借
の権利を増大させた。同年 11 月には越僑とその外国人家族の入国ビザを免
除、加えて越僑に対しては、一般外国人は所有割合などの条件が厳しいのに
対し、原則、無制限で購入できるようにしたのである。これによって、2017
年以降、越僑送金が著しく増加した。外国人投資家にとっても、元来、他の
東南アジア新興国に比して割安であったベトナムの不動産投資は一気に過
熱することになった。福島（2016）では、ベトナム人は金融資産選択において、
体制変革、通貨 VND の信任、あるいは物価の不安定さから、必ずしも銀行
預金を選ばず、金などを選好すると述べてきた。この傾向に加えて、最近は
インフレ率の安定と高い経済成長率から資産家の資産選択に不動産投資が加
わった。
　今回のヒアリングにおいて、自己資金の一部に不動産投資による資金が充

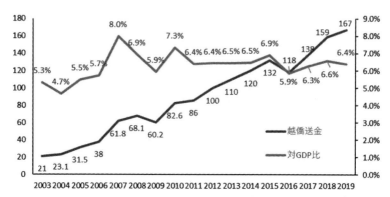

図 6-5　2003 年以降の越僑送金の推移（単位：億ドル）と対 GDP 比率

出所：福島・小松（2020）（JETRO（2019）より筆者作成）

てられているとの結果もあり、不動産投資が中小企業の資金調達のチャネル
の一つとなっていることが確認された。

3. ベトナム現地調査

　今回の研究におけるベトナムにおける中小企業実態調査は 2017 年 8 月 16
日から 26 日に実施した。調査地域はハノイ、ホーチミン、とその周辺地域
である。調査対象はおよそ 15 社の現地中小企業およびその経営者である。

　調査の主な項目は、①資金調達のほか、②起業力：起業の背景、動機、起
業家、起業阻害要因、③成長力：成長力とその要因、成長阻害要因、④競争
力：改善・開発の取り組み、等々である。

3.1. 事例 1：バルブ製造業 A（ハノイ）

メモ

　元々はハノイ工科大学で教職

　計測器会社を起業

　「経営塾」で日本式経営手法を学ぶ

第 2 創業で水道用のバルブ製造業を起業
先端分野の起業ではない：中国からの輸入代替、ベトナム製バルブ生産
　　　　　　　　　　　　　に意欲
　　　　　　　　　　　　　品質、コスト、社会貢献等、十分に商機あり
　　　　　　　　　　　　　と見込む

1）設立動機について

JICA 主催の「経営塾」[6] に参加が起業の契機、設立。「経営塾」で知った日本のモノづくりを実践し、今までと違った新たなビジネスモデルのモノづくりの会社を立ち上げた。

V 社長は、ハノイ工科大学卒業のエリート技術者である。彼は 13 年間、計量計測設備の輸入会社を経営（出資金 75%）し、現在も事業を継続している。そちらは部下に任せ、今は新会社に専念している。「経営塾」に参加するまでは、長期的な視点での経営や経営理念やマネジメントの勉強もしてこなかった。

経営塾は、JICA が 2009 年から始めたプロジェクト（第一期生）である。日本的経営を学ぶ 1 年間の研修（月 1 週間× 12 ヶ月）と研修の最後に実際に日本に赴き、日本の代表的な企業回りをする。参加資格は、企業の経営責任者並びに経営意思決定権者（社長が受講していれば、次回は役員、部長クラスも参加できる。当該企業も、創業者メンバー 7 名のうち、4 名が経営塾出身者である）。参加人数は約 20 名、費用は 100 万円で、うち JICA が 70% 負担する。他の研修のように専門知識を教授するだけでなく、日本的経営の方針や理念・ビジョンなどを体系的に習得し、企業の社会的な役割や、なんのために会社経営をするかを体得できる内容となっている。

現在、第 8 期生（2017 年時点）まで修了し、そのノウハウを会社に戻って実践し、大きな成果を上げてきているところもある。

2）ベトナムの他の会社のモデルとなるモノ作りの会社を目指す

A 社は、社長であり CEO でもある V 氏がリーダーとして 7 名のメンバー

が集まって作った。その 7 名のメンバー構成は以下の通りである。

(1) CEO は、V 社長。1977 年生まれで創業者であり CEO である。第 6 期経営塾卒業者、出資比率 40% である。

(2) SM（セールスマネジャー）は、L 氏。1976 年生まれ、出資割合 40% で社長の右腕的存在。

(3) PPD は T 氏。1981 年生まれ、工場長でバルブ製造の経験者、技術開発も担当（出資 5%）。

(4) CFO は、民間銀行出身者。

(5) BOM は、中央銀行金銭局長で、2012 年の金融危機を解決させた人物。

(6) BOM（ボードメンバー）は、G 氏。1966 年生まれ。20 年以上の銅マテリアル会社の勤務経験を持つ。原材料の調達担当責任者。

(7) BOM は H 氏。R&D 担当者。

3）新事業構想

(1) 日本的経営のモノ作り思想をベトナムのローカル企業に取り込み競争力を高める。

(2) 企業の持続的発展には、経営者の個人的な利益ではなく、社会のための方針を立てること。これをベトナム製に代替えできれば外貨獲得にも貢献するし、ベトナム経済発展にも寄与できる。

(3) 将来的には日系企業のパートナーになること。例えば、当社 50%、日本企業 50% の合弁会社を作って、日本の製造ノウハウを学びたいし、日本市場に輸出ができたらいいと考えている。

(4) 小さい会社の小さな力ではあるが、ベトナム経済の自立型発展に貢献できる。

ベトナム市場に参入している中国はじめ海外製品をベトナム製の替えることができれば、ベトナム経済発展の一助となる。当社が水道バルブを始めれば、ベトナムで水道バルブを生産する会社は 2 社となる。このような市場調査の分析からベトナム製バルブも公共事業、とくに水道・給水事業には、まだ注目ブランドも確立されていないので、参入すれば十分勝算の可能性があ

ると確信した。

4) 資金調達

資本金は、7 人で 200 億ドンを出資した。7 人とも、自分の会社経営の経験が 10 年以上あるので、経営をよく理解しているし、第 2 の事業としてチャレンジ精神もある。新工場設立に 200 億ドンが必要であり、この資金に出資金を充てた。今、同社のブランドを構築するとともに、2018 年に国の補助入札が取れるように傾注している。その他にも、新たな流通チャネルの構築なども必要であると考えている。

銅鋳造については、工場長が 10 年以上の鋳造経験があり、それを信頼している。2017 年 5 月に工場整理が終わったばかりだが、大手企業から早くも注文が来た。6 月に日本の M テックに出展、日本企業から受注を受けた。

5) 新工場の計画

新工場では、従業員 300 人を雇用する予定である。トヨタ生産方式を採用する。納期は 2 週間で可能とし、短納期でアドバンテージを得ることを目指す。

コスト管理も日本のやり方を採用、新工場では自動化を多くの工程で導入する。

作業工程のムダを省き、（運搬等）レイアウトも効率化したいと考えている。

ワーカーにはモチベーションを維持するとともに一生この職場で働いてくれる人を雇いたい。そのためには、経営塾で学んだキャリア教育を計画的に行い、チームワークと責任感を持たせたいと考えている。

6) 5 年後に上場を目指す

5 年後には組織再編をしながら上場会社を目指していく。

リスクマネジメントについては、創業者 7 人で新事業を始めているので、相互に牽制できる体制を整えている。7 人のうち 2 人はファイナンス出身のため、投資家の視点で早く成長させてと要請しても、社長は、持続可能な発

展を目指したいと考えているし、他の5人が技術面や販売面などでそれに反対すると思う。チームの中で、早く・ゆっくりとなど、いろいろな意見が出てくる。ある挑戦をしようとした場合、3人が無理といっても、残り4人がやろうとした時には、その反対の3人も協力して、その課題を乗り越えていく。努力すれば出来るということが全員理解できると思う。意見が分かれるときも、共通の理念が同じであるので、お互いに話し合いをしてバランスのとれた発展を目指していく。

※ヒアリング補足

　資金調達について、福島・小松(2020)[7]の福島執筆部分から以下を補足として引用する。

　　創業時は創業者間で資金を200億ドン用意した。創業時の資金は最初の半年程度、工場建設と設備投資でなくなってしまった。ベトナムの銀行はスタートアップ企業にはなかなかお金を出さないので、30億ドンしか借りることができず、取引先に財政的なサポートとして支払条件の厳守を依頼した。

　　その後の同社の急成長が評価されて、2019年現在では、銀行から融資は140万米ドルまで借りることができた。いずれも担保融資だが、借り入れ条件は主とするMB BANK(ミリタリーバンク)は金利7.5%(取引先との契約(契約金額の70%まで))、VietCom Bank(ベトコンバンク)は資産(資産価値の2.5倍まで)、緊急時利用を考慮したTien Phong Bank(TP銀行)からは金利10%で(売掛債権担保)である。各銀行の借り入れ条件に違いにあるので、都度、どの銀行を使うか考え利用している。

　　現在、会社の成長速度が年200%と急成長しているので自己資本だけでは到底間に合わない。輸出取引先からは、迅速な決済をしてもらっているが、それでも間に合わなくなっている。成長の著しい同社への貸し出しは、銀行間での競争があるが、ミリタリーバンクは売掛債権を担保にできることが大きい。他に債権担保貸し出しを行うのはTechcom bank

（テッコムバンク）（国内で 3 銀行だけ）である。

…創業時の資金について、V 社長の場合、40% を出資しているが、以前は 13 年間、計量計測設備の輸入会社を経営しており、それなりの預金もあった。創業資金は創業メンバーで貯金を出し合ったが、銀行借り入れには自分の家を担保とした。創業時の親族からの借り入れはない。一番の難関は各創業メンバーの奥さんの承認である。実際の財布は奥さんが握っており、自ら奥さんたちを訪問して説得した。

預金の貯め方については、格差が大きく、企業のマネージャークラスでは預金はあるが、なかなかお金はたまらないし、家や車も持てない。だが、経営層レベルになると不動産も車も持っており、企業への出資や投資用不動産へ投資といったものを行っている。コネクションも出来る。10 年前であればベトナムの不動産は他国と比べると 1/4 だったものが、持っているだけで 5~10 倍になり自己資金に貢献した。

銀行借り入れの使途について、ミリタリーバンクからの借り入れは 150 億ドンまで、材料の購入資金に充てている。ベトコンバンクは現在の資産価値は 20 億ドンなので 2.5 倍の 50 億ドンまで借り入れられる。資金使途は問われないので、運転資金にも使える。その他 TP 銀行は 100 億ドンである。

追加設備投資は中期で借り入れている。購入設備を担保とし、プロジェクトごとに審査を受けて借りる。

創業時の経験で感じるのは最初の 2 年間は困難。銀行からの支援は一切受けられないという認識が必要である。当初の構想は半年ほどで変化し、戦略やリスクやクライアントとの関係など見直しが必要となる。3 年目になるとめどがつく。創業メンバー間での意見の相違もあるが、一人ずつ担当分野を明確にして乗り切ってきた。忙しければ喧嘩している暇はない。（福島・小松（2020）より）

3.2. 事例2：インテリア家具会社VA（ハノイ）

メモ

現在、不動産バブルといえる程、不動産投資が過熱

リゾートホテルやショッピングモール、ホーチミン7区のような新興住
宅商業施設投資

それに付随した家具需要は極めて旺盛

本々は設計事務所だったが、これを見越し業態転換

「経営塾」で日本式経営手法を学ぶ

CIの導入、マーケティングに長ける

（ヒアリングは当初、工場長のG氏、途中から社長も加わる形で行われた。）

　工場長のG氏は、当社に入社前は日系企業に勤務、工場管理に従事。そこでQC活動なども経験。B社長とはクラスメイト。

　当社は何もシステム化されていなかった。一番手に加工工場の改革から始めた。

　ベトナムの中小企業のほとんどが、現場での改善が必要であるが、改善の指導できる人材がいないし、改善には時間がかかる。G工場長は、5Sも十分理解し、その体制づくりも分かっているが、当社では何も出来ていなかった。第一に工場が狭すぎる。5Sを実施したもののその効果がでにくい。具体的には、在庫管理を徹底したいが、製品が大きく重量物である。現状は倉庫の空いているところに押し込むのが精一杯である。

　当社のインテリア、作り付け家具の受注先は、ホテル、住宅用マンション、リゾートホテルなどの業務用が中心。これら業務用のテーブル、いす、ベット、天井、キッチン、棚などを製作。大手チェーン店（80店舗）の室内インテリア用品も手掛ける。従前は個人向けの家庭用インテリアを手掛けていたが、マンションなどの業務用に転換した。

　個人向け住宅の受注は、お客様の数は多いが、1件当たりの売上は小さい。

1)　創業の経緯

　2006 年 (11 年前) に創業、B 氏は建築士の資格をもつ。最初は設計事務所を始めた。2 年間仕事をしたが、経営は苦しかった。そこで、家具やインテリア製品のデザインを考案し、製造は工房に委託した。

　出資者は、最初は 2 人出資、その後 4 人。社内持ち株制度があり、社員で出資するものもいる。その後、B 氏は JICA 経営塾に参加、それまでは成り行き管理、個人客を中心に事業を展開していた。

　転機は 2016 年に不動産ディベロッパーから業務用家具の受注である。業務用家具は景気の波に変動されるが、従来の個人向け家具では成長できない。

　そこで業務用家具に転換するにあたって、工場長に同級生であった G 氏を招聘した。以前に管理者として雇った人は、マネジメント意識がなく、所謂、親方的な仕事をしていた。人・モノ・金の管理が理解し、それを実行できる人材が必要であると痛感した。その大企業でマネジメントの経験豊富なグエン氏を招き、生産現場でも機械設備への投資をした。その結果、従来の売上高 300 億ドンが 2017 年 700 億ドンと 2.3 倍の上昇、従業員も 40 人から 70 人に増員した。

2)　資金調達

　決済資金面では、業務用取り付け家具は、手付で 30 ％入金、その後に中間で資金回収し、最終段階で残りの資金をもらう。通常は、発注から納品まで 2 〜 3 ケ月かかる。中には 2 〜 3 年間プロジェクトもあり、材料仕入れ資金、人件費など運転資金の資金繰り管理が必要である。銀行借入も行っている。

　材料は国内木材の利用は僅かであり、ほとんどがアメリカからの輸入材を使っている。年間 130 トン使用する。

3)　当社が抱える課題

(1) 工場敷地が狭い

　　工場は借地であるが、面積 1,500 ㎡と狭く、生産ラインが組めない状況にある。地主はこれ以上、土地面積を広げないと言っているので、他

へ移転も検討しなければならない。土地の賃料は 1 ケ月 3,500 万ドン支払っている (※ 2019 年移転)。

(2) 中間管理者が不足

　現場での QC 活動や在庫管理は、トップダウンで実施しており、ワーカーは参加していない。社内で工事現場担当 10 人、3 つのグループ編成をしている。仕事が重なった時には外部雇用も行っている。

　発注先で遠方なのは、南の島のフーコック省のリゾート地、大型トラックで運送している。業務用インテリアや家具へ転換し、事業が拡大するにつれて、現場での管理者となる人材が少なく、管理者育成も大きな課題である。

※ヒアリング補足

資金調達について、福島・小松 (2020) の福島執筆部分から以下を補足として引用する。

　創業資金は B 氏の場合、は貯蓄を主とする自己資金である。創業前に 5,6 年貯めていた。CFO の Ha 氏は不動産の仲介業を営んでおり、自らも不動産運用を行った資金を有していた。工場長の G 氏も自己資金は貯蓄のみである。他の株主は原資の提供を親族から受けている (贈与か貸与化については曖昧である)。

当社の設備は主にイタリア製の機械、その他は台湾製、日本製。塗料は台湾の会社のものを用いる。2016 年からの設備投資、工場拡大の資金調達には必要資金 150 億ドンのうち、91 億 8,600 万ドンをベトナム政府の中小企業向け資金供給 SME 支援ファンド (邦銀も協力) から借り入れている (残りは株主から出資金で調達)。資金使途は機械設備に限定されるが、満期は 7 年、金利は市中銀行より低い 7% 固定と有利な条件である。一般企業が中小企業支援ファンドから借り入れるのは難しいと言われていたが、審査が通ったことに素直に驚いていた。同社は運転資金を銀行借入で手当てしているが、条件が厳しく当初は売上 250 億ドンに対し、50

億ドンしか借りられなかったが、半年後には上限が 150 億ドンにまで引き上げられた。借り入れは株主 (メインは H 氏、B 氏、G 氏だが、経営に参画していない株主も現金差し入れ) の不動産を担保に、ベトコンバンクから融資を受けている。創業時当初は資産がないので銀行借入も難しい。加えてディベロッパーからの前払いは 50% まで、残りは設置・検収後となる。前払いだけでは材料仕入れが出来ない。必然的に銀行借入が必要となるが、ディベロッパーや建設会社は立場が強い。わが社は競合他社もあるので支払条件に要求は出せない。今年からベトコンバンクの担保価値評価や審査が厳しくなってくるので、他行との付き合いも検討している。(福島・小松 (2020) より)

　VA 社では不動産担保融資に加え、中小企業支援基金からの転貸資金の借入に成功している。「中小企業開発基金」は多くは「裾野産業」と呼ばれる日系企業に対するサポートインダストリーに実行される場合が多い。2019 年に同資金の獲得によって、新工場への移転と設備投資を行うことが出来た。

3.3. 事例 3：婦人服、ウエディングドレス会社

　メ モ

　　所得向上でアパレル需要増大

　　海外向けのウエディングドレス、社交ダンスドレス需要

　　「経営塾」で日本式経営手法を学ぶ　奥さんがデザイナー

　　2012 年の金融危機時に銀行借り入れで苦労

　当社の会長と社長 (妻) は、ともに経営塾出身、日本的経営を適用し、生産現場などで成果を上げている。初めに会長が参加、会社に戻って改善提案しても社長 (妻) が反対した。しかし、社長も経営塾に参加した後は、お互いの意見が一致し、改善がスムーズに進むようになった。会長は 1959 年生まれ。奥さんが学生の時に結婚。

1）創　業

　妻はデザイナーで、1993年から個人デザイン事務所を開設していた。有名になり、自分で作るウエディングの店をもっていた。会長は航空会社に勤務していて、服飾とは関係がなかった。しかし、妻の服飾のお店が大きくきて、夫婦一緒で服飾の事業をやっていこうと決め、航空会社を退職した。

　創業は2006年。ハノイ市内でアパレル工房のような小さな会社としてスタート。従業員も50〜60人で始めた。創業から5年間は、ベトナム国内市場向けのウエディングドレスを製造・販売していた（図6-6）。

　2010年から海外輸出を開始、広い製造現場を求めて2011年に現在の工場に移転。社交ダンス用ドレスを日本に納めるほか、韓国にも子供用ドレスを輸出している。

　現在の資本金は、300億ドン、従業員数は400人である。

2）資金調達——金利が非常に高い時期の工場建設

　2009年〜2010年の頃、ベトナム政府は、中小企業を対象に金利の優遇措置を講じていたので、当社もその支援対象となり、低金利支援が受けられた。当時は、一般金利が12%であったが、中小企業に対しては8%に減免された。3年間、安い金利が受けられること、10年間の返済期限であったことから、工場建設を決断した。ところが、インフレの影響を受けて金利がピークになった時には、最高で24%にまでなった。漸く工場建屋は完成したが、機械装置なども購入しなければならず、それが一番金利の高い時期に当たった。最終的に自宅を売却し工場投資を実行した。

　工場建設時、ウエディングドレスだけでは経営を維持できないと思い、OL向けドレスや制服などを始めた。ウエディングドレスは25〜30%程度の割合であった。

　2012年の金融危機に遭遇したときは、ちょうど工場新設して、工場建屋・機械設備を発注し、その資金を借入金に依存していた。自分は不動産をもっていて、それが高く売れたので、運が良かった。これがなければ倒産していたかもしれない。

図 6-6　ウエディングドレス会社の工場の様子など

当社は縫製の賃加工ではなく、自社製品をつくる企業であることを自負している。設計からデザイン、縫製、材料などはハンドメイドである。

3.4. 事例 4：段ボール製造会社（ホーチミン近郊、Long-An 省）　　　～国営企業から株式会社への移行～

メモ

元は国営だったが、2004 年に民営化

経営陣は国営企業から勤務していた人たちが就任していく。

国営従業員を中心に株式売却：従業員持ち株会社　モチベーションが高い

極めて小さい会社

設備も古いが、年 10% 程度の配当を実現

1）会社の概要

当社は、2004 年に国営企業から株式会社に移行した会社である。

資本金 2.4 億ドンでスタートしたが、現在 12.8 億ドン。従業員数は、国営企業の時は 55 名、株式会社化した時点では 50 名、現在 43 名である。

製品は、段ボール紙、波（フルート）型と波のない型の 2 種類を生産し、年間 4,000 トンを生産している工場である。

原材料は、段ボールのリサイクル紙を回収し、再利用する。最近はリサイクル紙が少なくなり、競争が激化している。政府からの環境規制も厳しくな

り、環境への配慮が必要となっているので、環境対策のコストアップとなっている。

当社は、国営企業から株式会社化した時の会長兼社長が 2016 年に健康を害したため、会長兼社長を辞めて、その時の副会長は現会長となり、現社長のR氏が社長となった。

2）資金調達

2014 年、株式会社化した時点で設備投資をした（中国の中古機械を購入）。その設備投資は、銀行借入と政府に対するローン。機械設備代金は政府ローン（政府買い取り分）で賄い、金利は一般金利（10％程度）よりも低い 5 〜 6 ％（政府ローン）であった。その残り分を銀行から借り入れた。運転資金は、2004 年〜 2013 年までは銀行借入したが、その後は自己資金で賄った。

現時点では、現状維持の方針。他社との競合が厳しくなると予想されるが、何か新しい計画は策定していない。現工場は政府の土地であり、環境対策として工場拡張などをすると工場団地への移転を勧められている。しかし、工場団地移転には、資金が必要であるし、その資金調達も困難である。また、当社は株式会社なので株主の合意も必要となる。

現在、株主は 32 名。すべて個人で、従業員 43 名のうちの 18 人は株主。国営企業から株式会社に移行する時に、お金がある従業員が優先的に株式を購入できる。株式会社化の時は、ほとんどの従業員が株主であったが、辞めるときに株式を売却して退社した。現在は外部からも 4 〜 5 人が投資している。株式は株主自身が自由に売却できるし、その価格も自分たちで決めることができる。株式配当は 10％程度を支払っている。

3.5.Long-An 省若手経営者協会、工場団地株式会社

Long-An 省若手経営者協会は政府が創設した青年協会であり、若手の経営者の集まりの団体であった。それが改称されて、約 20 年前に若手経営者協会（政府奨励）が設立された。中央に全国組織があり、63 省 3 都市、それぞれの省と市の同協会がある。独立の組織で政府からは何も支援はない。

　入会資格には3つの条件がある。1) 経営者であること、2) ベトナム人であること、3) 45歳以下（入会時点で45歳であれば、その後活動して45歳以上になっても良い）であること。

　協会の目的は、3つある。1) 協会のメンバーがお互いに助け合い、若い企業をサポートする役割をもつ、2) 協会メンバーと政府の各機関とのネットワークを結びつける役割をもつ、3) CS活動（社会貢献活動）を推進すること。

　当協会では、ワークショップ（勉強会）を開催し専門家を招いていろいろなテーマで活動を行っている。

　また、若い会社が起業しても、多くの場合、資金が不足している。政府からのサポートの基金があるかもしれないが、なかなかコンタクトができない。また、銀行借入では担保が必要であるが、十分な担保を持たない。良いアイデアがあるも資金が不足しているような若い経営者がいたら、それを支援する。

　今回のヒアリングにおいて、多くは資金調達に何らかの問題を抱えていた。創業資金は自己資金で賄えても、運転資金の調達において金融機関融資は必須である。しかし、金融機関からの資金調達は原則、担保を必要とし、また激しい物価変動の影響で金融機関は長期の与信を与えるのは難しいうえ、たとえ中小企業のための優遇金利を得たとしても結果的に高い金利に翻弄される。また国営企業の民営化では極めて小規模のものも含まれ、そこには普通の起業にないベトナム特有の問題（社会主義市場経済、国営企業改革）が含まれていた。ドイ・モイによる市場経済移行で非効率経営の国営企業改革が大きな課題となっているが、国営企業の株式会社化により民営化した企業では、国営企業勤務の延長の意識があるようにみえる。国営企業の民営化については、2017年は135社、18年は181社、19年は62社、20年は28社の国営企業の政府保有株が売却される見通しではあるが、大規模国営企業の民営化の進捗は遅れ気味で、民営化後の競争に耐えられるか、近代化に向けた追加投資には積極的な姿勢がみられないなど、問題を抱えているものと思われる（**表6-4**）。

表 6-4　ベトナム中小企業の成長要因の分析

企業名	起業力の要因	成長力の要因
企業事例1 　バルブ製造 　2016年設立 　2017年より試作開始	・経営者経験で経営の気づき ・「経営塾」で日本的経営を体得 ・同志との高い理念：起業の源泉 ・ハノイ工科大学出身	・輸入代替市場開拓 　市場規模：200億ドル ・水道用、工業用 ・大手4社から受注
企業事例2 　インテリア・家具 　（据え付け家具） 　2006年創業	・夫婦と友人で建築設計事務所と 　して創業 ・2年間業績不振、 ・建築需要拡大にチャンスを見出し 　インテリアへ ・手作りの販売促進力	・市場拡大：リゾートホテル、病院 　ショッピングモール ・2016年不動産デベロッパーと提携 ・海外ホテル管理経験のある工場長 　招聘 ・設備投資
企業事例3 　婦人用アパレル・ウエディングドレス 　1993年個人事業 　2006年創業	・社長（妻）デザイナーで工房 　会長（夫）元航空会社勤務 ・輸出、制服、婦人服の量産 ・創業後5年間は市内に工房、 　金利優遇措置で新工場建設、 　その時に金融危機に見舞われ、 　自宅売却等で乗り切る	・ウエディングドレス、ダンスドレスに 　重点 ・国内需要旺盛 ・ハンドメイドから工場生産体制を 　構築 　工房時代から右肩上昇
企業事例4 　段ボール板製造 　2004年創業	・国営企業から株式会社への移行 　計画生産→自主的な生産計画 ・大口株買取り＝社長 ・起業意欲？	・国営企業時代の得意先を維持 ・国の保護下の経営 ・中古設備

4.　ベトナム進出日本企業と資金調達

4.1. 最近の中小企業の進出動向について——みずほ銀行ホーチミン支店ヒアリング

　最近の中小企業の進出動向について 2017 年 8 月、みずほ銀行ホーチミン支店に赴き　中小企業のベトナム進出の際の現地アドバイザーも長く携わっておられる山崎薫営業課長にお話を伺った。

　メモ

1.　日系企業のベトナム投資は、製造業から流通・小売り、サービスへと移ってきている。概ね順調に進出後も業績を伸ばし、撤退は少ない。

2.　最近の傾向は、流通・サービス業で投資件数は多いが、1 件当たりの投資額は小さくなっている。製造業は進出して日系企業の再投資は増加。

競争力の要因	課題
・「カイゼン」思想の実践 ・輸入品より高品質・低価格 　日韓より安く、中国より高品質 　安全性 ・人的ネットワークの強さ ・短納期：スピード	・量産化体制と品質の安定 ・国内銅の安定仕入れ ・中間管理者の育成
・個人経営から量産化体制の構築 　業務の標準化を進める 「カイゼン」活動への取り組み	・不動産デベロッパーの下請け：景気 変動 ・ホテル、病院など特化
・国内で自社ブランド構築 ・社内デザイナー11人 ・芸術大学提携 ・「経営塾」理念経営の実践	・日本企業とパートナー ・グローバル化
・競合他社と棲み分け ・古紙回収とその確保	・中期計画の策定、設備投資 　新たな事業展開が急務

1）最近の日系企業の動向について

　当初は、ベトナムの安い労働力と勤勉なワーカーを使ってコストを下げること目指した企業には大いにメリットがあり、ある時点までは労働集約的産業の進出が多かった。しかし、最近はこれらの労働集約型産業、とくに製造業ではこうした投資は減少してきている。ただし、世界各国からベトナムへ投資は続いている。日系企業は、この3〜4年の傾向は、製造業の投資が減っているが、流通・小売り、IT、サービス業などの投資が活発になってきている。今は製造業と非製造業の投資案件数が逆転し、非製造業の投資件数が多くなっている（2017年当時）。そのため1件当たりの投資金額は小さくなってきている。製造業も大型の案件はほとんどなくなり、レンタル工場に進出し、お試し投資が増えている。実態として、製造業の新規投資は少なくなっている。

　流通・小売りの規制は、海外進出する日系小売業には大きな影響はない。イオンや大手小売業の進出は、EShop制度（大規模店舗規制）の規制に係るが政治との関連で対処するので、中小企業には大きな影響はない。しかも、レ

ストランやコンビニ（売り場面積が小さい）も規制外であるので、進出が可能
である。そのため小売、サービスなどの投資件数が増加しているが、1件当
たり数千万円と小口となっている。

2）小売・サービスはホーチミン市内で店舗

サービス業は利便性を重視し、ホーチミン市内の立地。小売店はイオンモー
ル内に出店するなど、郊外で大規模な投資をする製造業とは異なる。

IT系は、オフショア開発がほとんどで、ソフト工程の下請を担っている。
組込み型はなく、業務用ソフト開発の一部を受注する形態が多い。オフシェ
ア開発は日本向けが中心だが、マッチングサイト（ウエバーなど）の開発も一
部出てきており、コスト削減ができるメリットを生かした進出のケースも見
られる。スマホ用ソフト開発なども、今後のベトナムでの日系企業の課題で
あろう。また、ITエンジニアの人材派遣で、ラボ形式で請負、ホーチミン、
ハノイ、ダナンで600人程度雇用している会社もある。

現地金融機関と日系中小企業の関係としては、現地の銀行に口座を開設す
る企業は未だ少ない。今後は、M&Aなどで事業を拡げていくことが必要で
あるが、今はほとんどない。

3）製造業の再投資について

新規投資は減ってきているが、既に進出している製造業の工場拡張や装置
の再投資は活発である。撤退も少なく、多くの企業がベトナム進出して成功
しているので、再投資案件は多い。この10年間の傾向を見ると、製造業で
は工場拡張、第2、第3工場への投資が増加している。

4）日系企業の資金調達

日系企業の再投資のための資金調達は、いくつかあるが主なものとしては
（1）親会社から投資
（2）親会社からの親子ローン
（3）現地の支店から借入

がある。担保は徴求するが、担保を実行するときのノウハウが少なく、現地
支店では担保を取らないケースもある。社債発行や株式公開など、資本市場
から資金調達する企業はほとんどない。担保の関連で、国営企業トップの企
業が担保不要のところもあるが、民間企業は原則担保が必要である。決算書
の開示ができない企業もあるのでなかなか融資も難しい。与信の与え方も、
地方のキャシュオンデリバリーが中心で、ちゃんと約束を守ってくれること
が重要なことである。売掛債権保険があり、日系企業の一部でも活用されて
いる。ベトナムの民間企業も 10 年が経過し、トラックレコーダーがあれば
いいが、それがないと信用できない。信用保証制度が整備されていればいい
が、ベトナムでは信用保証がまだ機能していない。

5）現地企業について

現地企業（とくに中小企業）と日系企業との取引は少ない。コツコツとモノ
作りをやって何代にもわたって受け継いでいくという風土ではない。親が成
功しても、その企業を売却し、その資金で子供たちが好きな仕事や事業をす
ればいいというのが一般的である。

6）ASEAN 統合の影響

ASEAN 統合は今のところ日系企業にはほとんど影響がない。日系企業の
責任者は、日本から部材を調達、現地の低賃金労働力を使ってコスト削減に
注力しているので、ASEAN への市場開拓という発想は希薄である。その点、
シンガポールに拠点をおき、ASEAN 全域で事業展開をする企業は、ASEAN
統合を上手く活用している。

7）ベトナムの産業

素材産業が育っていないため、中間財の加工基地となっており、自立型産
業構造になっていない。やっと石油精製（ナフサプラント）や鉄鋼関連の産業
をベトナムで始めたが、まだ不十分である。中国からの輸入代替と「カイゼン」
などの日本的経営を組み合わせれば、ベトナムの産業基盤が強固となり、外

貨獲得にも大きな貢献をする。

　この国の成果は、地場の企業の発展より外資系企業による割合が高く、この流れは止められない。現状、地場の中小企業が発展するには大きな壁がある。

8）日系企業の撤退と発展

　日系企業の撤退は少ない。その理由は、①親会社の業績不振や倒産などで、やむなく撤退、②技術面で進出後も発展しないなど、ベトナムでの日系企業側の理由は少ない。

　取引先の日系企業でメリットが出る企業は、労務費が多いところで安い労働力を活用しているところ。反対に、日本国内で生産し、ベトナムで販売・サービス提供していくところは黒字化が難しい。マーケットに合わないことも多い。むしろ M&A で企業価値を高める戦略の方が得策である。

9）外食産業の進出

　外食産業は、FC 展開の企業の進出が多い。受け手側の大手 FC 店が数社あり、地場の大手と組んでいる大手イオン、高島屋などが地場で店舗を運営している。直営店では少ない。イオンは順調の売上を伸ばしている。最低賃金が上昇する中で、全体の底上げがされているが、価格への転嫁ができる許容範囲かどうかはマーケットの反応をみないとわからない。ただ、これから市場が伸びるので、やりがいがあることは事実である。

10）ベトナム人の財産の蓄積方法

　ベトナム経済が大きくないのになぜ、ベトナム人は高価な車や家を購入できるのか？

　①越境からの送金：海外から約 1 兆円の送金がある。ベトナム国家予算が
　　約 5 兆円であることから判断すると、1/5 は越境資金であると予想される。
　②ローン資金を活用：バイクローンなど、ローン制度あり。
　③副業ビジネスが公認されている。
　銀行経由で資金が流れない地下組織で資金送金、アメリカからカンボジア

経由、中国国境などを通じて資金がベトナムに入ってくる。

4.2. 日系企業の資金調達

　ベトナムに進出する日系企業の資金調達については、制約が多い。東南ア
ジア進出企業全般にいえることだが、基本的に現地通貨が不安定であること、
物価が不安定なこと、各種法規制があげられる。ベトナムにおいては、昨今
は安定してきているが法定通貨ドンが不安定で弱含みであったことと、東南
アジアでもとりわけ不安定で高い物価上昇率と金利水準、社会主義体制で土
地が取得できないこと、現地での借入規制等の要因があげられる（**表6-5**）。

　もちろん、ノンチャック工業団地に進出している H 社のように、現地資
産を有効活用して現地借り入れを行う先進事例もあるが、一般的には、ベト
ナムの現地法人の借り入れ手段としては、所謂、「親子ローン」と呼ばれる
ものが用いられることが多い（**表6-6**）。

表6-5　The average inter-bank interest rates

	Overnight	1-week	2-week	1-month	3-month	6-month	9-month
VND							
Week of Oct. 21-25	1.68	1.93	2.12	2.51	4.24	4.98	3.35
USD							
Week of Oct. 21-25	1.86	1.97	1.96	2.03	2.52	2.84	3.79

※ State Bank of Vietnam『Weekly Bulletin on Banking Operations（October 21-25, 2019）』11 月 11 日公表より
出所：信金中央金庫資料

表6-6　現地法人の資金調達

	借入手段	借入人	貸出人	借入通貨	借入期間	現地での通貨交換の必要	為替リスク
①	親子ローン（円・ドル建て）	親会社	信金	日本円ドル	親会社次第	円建：あり ドル建：なし	あり なし
②	現地銀行融資枠（スタンドバイL/C付）	子会社	現地銀行	ドンドル	1年程度（更新可）	なし	なし あり
③	現地銀行融資枠・個別貸出（原則、要担保差入）	子会社	現地銀行	ドンドル	短期長期	なし	なし あり
④	信金海外直貸（円、ドル建て）	子会社	信金	日本円ドル	長期可	円建：あり ドル建：なし	あり

出所：信金中央金庫資料

4.3. 進出中小企業の事例 1. 三光金型㈱・SANKO MOLD VIETNAM CO. LTD

調査先：三光金型株式会社　特徴：金型製作や樹脂成型機修理など

現地調査：2006 年 8 月 24 日（アマタ）、2020 年 2 月 10 日（アマタ）[8]

本社での聞き取り調査：2019 年 12 月 4 日

1）現地法人の設立経緯

　三光金型株式会社は、1972 年の創業で、金型製作や樹脂成型機修理など
を手掛けている。80 年代には、樹脂成形試作・開発向けの金型メーカーと
して業績を伸ばしていたが、90 年代には、バブル経済崩壊と自動車産業の
海外進出により、試作開発金型の受注が半減した。そのため金型と成形事業
を分離し、成型機の改良で大幅な工程短縮(1/10) という画期的な技術が高く
評価されて業績も回復した。

　同社の業績回復はしたものの、一方で少子化の影響を受け、国内工場で優
秀な人材を集めることが徐々に難しくなってきた。余裕のあるうちに海外進
出を考え、進出先の選定を始める。中国、タイは既に同業が進出していたが、
人材確保に苦労をしていた。当時の中国は反日感情の高まりもあり躊躇せざ
るを得なかった。そこで上がったのがベトナムである。ベトナムへの進出は
未知であったが、親日で勤勉な人材が多い。加えて、大手自動車メーカーの
進出も期待されたこともあり、進出先に決めた。

　SANKO MOLD VIETNAM の経営理念は、「信頼しあう・信じあう・人と
モノづくり」。これは本社と同じ理念であり、現地社員にも浸透させるよう
に心がけている。

2）創業から現在までの推移

　2001 年 4 月に現地法人を設立。進出先は、ベトナム南部ホーチミン近郊
のドンナイ省にあるアマタベトナム工業団地。アマタ工業団地はホーチミン
から 30km と至便である。ドンナイ省の人口は約 2600 万人、省都のビエン
ホア市には約 80 万人。そうした立地条件の良さ、インフラ整備が充実して

表 6-7　アマタ工業団地とドンナイ省の概要

POPULATION	BIEN HOA	DONG NAI
Total (person)	**800,000**	2,559,673
Density (person/ km2)	**2,970**	386.51
Growth Rate (%)	1.05	1.12
Urban / Rural (%)	**93.35** / 6.64	31.43 / 68.57

Source: dongnai.gov.vn & vi.wikipedia.org (Aug 2011)

INDUSTRIAL PARKS	No. of companies	VN LABOR	EXPATS	JP companies	JP expat
Amata	135	27,010	436	66	151"
Loteco	56	18,970	234	18	50
Bien Hoa I	99	25,459	78	5	21"
Bien Hoa II	133	76,045	793	14	85"
Ho Nai	98	14,631	361	2	
Song May	56	36,670	238	0	
Long Thanh	77	9,309	400	3	
Tam Phuoc	85	17,254	448	0	
Total	732	225,348	2,988	97	307

Source: DIZA - Labor updated 14 Nov 2011(Amata as of 2013.11)

出所：JETRO，　URL: https://www.jetro.go.jp/theme/fdi/industrial-park/developer-material/pdf/vn_3.pdf

いることもあり、日本からは60を超える企業が入居している（**表6-7**）。進出決定から3ケ月で工場建屋を建設、機械装置搬入をすると人材確保。教育等に時間に十分に費やし、2002年4月、工場の稼働を開始した。

　ところが、工場稼働開始直後は目論見が外れ、仕事は少なかった。南部に進出すると目されていた大手自動車会社の進出先が北部に決まったからである。その上、2008年以降はリーマンショックの影響を受け、売上は伸び悩んだ。同社は最初からビジネスプランの変更を余儀なくされたが、樹脂製品の射出成形加工に進出。金型から射出加工までの一貫生産と同社の機動性の高さ、ベトナムでの新たなネットワークを構築していくことで、業績を伸ばしていった。昨今は、2019年以降の米中貿易戦争の影響もあり、引き合いが増加。当社にとってはプラスの影響をもたらしている

3）生産品構成と受注先

　当初の生産品目（2006年）はベトナムの認可ライセンス上では金型・プラスティック成形である。金型は、自動車関連ではなくそれ以外の民生品が大半

を占める。もちろん、本社からの自動車関連の金型依頼があれば、製作可能であるが、その割合は小さかった。

　販売面は、金額ベースで金型・成形品で当社のライセンスが国外80%、国内20%。2006年はベトナム国内の日系企業向けが約14~15%、残りは日本、シンガポールを経由し、輸出に廻される。ETZ（輸出加工区）内の日系企業の製品は輸出扱いになる。ローカル企業からの引き合いもあったが、仕事の仕上げなどの品質が違うので断り消えになった。韓国等の外資系も引き合いがあるが、品質は日本並み、価格はベトナム並で折り合いが付かなかった。支払いは原則として現金、売掛金である。契約締結の際、支払いで折り合いがつかないことも多い。

　進出当時はOEM生産が中心であった。進出後に新規取引先がどんどん増えていった。とくに日本で付き合いがなかった大手企業との直接取引ができるようになった。現在の主要取引先はベトナム進出の大手ミシンメーカーや機械部品向け製品も増加している。

　現在の生産品目のメインは日本向けの樹脂成形品である。金型製品は社内の射出成形品を生産するために自社製作（一貫生産）で用いるものが中心となった。①金型製作から製品（樹脂成型品）、組立まで一貫して製造できること、②金型部門をもっていることが顧客に対して信頼性の維持と安心感を与えられること、金型から製品加工までの一貫生産を実現したことが、取引先から安心される当社の強みとなっているのである。金型製作のノウハウから、一部製品では設計も手掛け、自動車用品のみならず、充電器関係、文具関係、薬の包装など多様な製品を扱っている。

　アマタ工業団地内には「アマタ会」という日本企業の会があり、月1回開催されている日本から離れたそうした新たなネットワークがここベトナムの強みである。

　この10年で大きく変わったことは、2014年～15年に、アマタに進出している大手ミシンメーカーからの受注が取れたことが大きい。日本での取引はないが、同じアマタ工業団地に進出している。当初の目論見とは異なるが、ベトナム進出により新たなコネクションが創成された。現地法人には営業

部門はないが、現在の受注はベトナムの受注 80 〜 90 ％、本社経由が 10 〜 20 ％で取引先はすべて日系企業ある。以前は取引先が日本であるので本社経由で受注していたが、ベトナム進出日系企業のコネクションにより、ベトナムで直接取引ができるようになった。日系企業との決済は本社との決済同様、月末締め翌月払いである。

4）SANKO MOLD VIETNAM の組織体制（2006 年 8 月）

2006 年当時の現地の組織体制は、日本人スタッフ 2 名（1 名増山社長、1 名は短期出張で 38 日ルールの範囲内でベトナムに来ている）で、総勢 167 名（2006 年 7 月末）。

2019 年時では従業員数は、120 数名。充電器受注が下降してきたので規模を縮小した。

労働組合もある。2012 年にアマタ工業団地などで労働争議があり、当社も不平分子がきたが、年々売上が伸びていたので、労働紛争での大きな影響はなかった。

ベトナムの強みは、①人件費が安い事、②休みが少ないことである。成形品だけであれば、機械で自動化・検査で出荷する、これだけでは生き残りが難しい。金型部門があるのが強みとなる。検査部門や計測の一部は、若い人でないとできない仕事（目がいい）。

5）資金調達について

資金の取り扱いは、すべて本社（愛知県）でやっている。それ以外は現地法人が処理している。資金の状態を毎月報告、キャッシュフローの確認をする。資金不足は、本社で調整する。

ベトナムでの借入は一切していない。金利が高い。そのため本社で資金を調達して、ベトナム法人に貸し付けをする。円換算で取引をするので、為替差損は生じない。

進出当初は毎月、資金を調達して資金繰りの補助をしていた。しかし、現地法人との取引が増大し、買掛金（現地法人は売掛金）が貯まるようになり、1

億円になった時に、大手都市銀行が、ベトナム三光の本社向けの売掛金を直接買ってくれた。

大手都市銀行にとっても、ベトナムで初めて債権を直接買い取りしたケースとなった。それ以降は順調に現地法人の資金が回った。現地法人も本社から資金を回してもらうより、独立法人として責任がもてるようになった。

現地法人の増築や工場建屋の拡張の際の資金調達は、「政策金融公庫」の海外生産での貸付制度（一部補助あり）を利用した。国内で政策金融公庫から資金を借入、それをベトナム法人に貸し付けをする形となる。

6）新製品開発について

これからは日本では金型ではメシが食えない。他社ではできない金型、とくに大型で移動できないような大物金型関係は残るかもしれない。それ以外はメシが食えない。金型の試作はバーチャルで行われるようになってからは激減している。金型も成形部門も、CADDCAM が作るようになっており、データがあれば金型ができてしまう。こうした CAD などの設備を使いこなすことができる人材を確保するのが難しい。最近は、データ処理はベトナム法人でやり、それを日本で送信してもらっていることも多くなった。

5年前から名古屋工業大学と産学連携で骨伝導の開発に取り組んでいる。ヘルメットをつけて耳栓をする。通信のために役立つもの。難聴の患者に有効なもので、全く聞こえない患者の治療には難しい。最近、盲学校から問い合わせがあり、盲学校の学生に音楽を考える時に、リズムがあり、骨伝導での開発をしている。商品化に向けて金型をベトナムで作らせており、この開発が成功すれば一皮むける。

ベトナム法人は、業績が良く、ベトナム進出によって現在の成長はかなった。またベトナム法人の存在によって、国内での顧客も取れている。進出前に、近隣の大手自動車メーカーの役員（あとで副社長）の方にお話しをしたら、ベトナムに進出したら、どんどんお客様がやってくる、と言われた。現地の日系企業は、どうしても日系企業へ仕事を発注するからと言われ、それが現実のものとなった。

4.4. 進出中小企業の事例2．名古屋精密金型株式会社

調査先：株式会社名古屋精密　特徴：自動車部品金型、各種部品金型メーカー

本社での聞き取り調査：2019年12月3日（火）午後

付記：2020年7月のベトナム現地法人訪問、現地調査は中止した。

1）創業の経緯

名古屋精密金型株式会社は、創業1975年、主な事業内容はプラスティック射出成型用金型であり、とくに自動車用レンズ金型が得意分野である。

2000年代に入り、他の金型メーカーと同様、取引先からのコストダウン要請が一段と強まったことから、「賃金が安く、優秀な人材が集まっているところへ進出すべき」ということで海外進出を決めた。そんな折、三光金型のベトナム法人の竣工式に招待を受けたこと、ハノイで取引先の現地法人社長から「ベトナムが一番いい」との助言を受け、即決でベトナム進出を決めた。

2）ベトナム進出場所の選定

三光金型はアマタ工業団地に進出したが、当社はハノイ近郊のビンフック省のカイカン工業団地に進出した。

入居した2002年当時、同工業団地周辺には何もなく、入居条件もとくに規定がなかった。工場敷地は2ha（6,000坪）と、広すぎたが、土地使用料が13年間無料（14年目から0.06米ドル/㎡年間）であった。当時は大手企業では、韓国系企業（大宇系）など外資系企業が入居していたのみであったが、その後、トヨタ・ホンダも同省に進出している。

インフラは、地盤が粘土質で硬く問題がないが、電力事情が良くなく、敷地内に発電設備を備えた。カイカン工業団地は、第1次～第4次と入居があり、今では団地内に工場が集積し、賃料も有料になっている。

3）創業資金の調達

ベトナム進出にあたり、資金面では、日本政策金融公庫の「海外進出の融

資制度」を活用した。

　融資には担保・保証人を提供、融資資金は、土地、建物、機械設備の購入に充てた。自己資金も拠出した。

　機械設備は、日本製の中古機械設備を購入、続けて現地インフラの脆弱性を見て、敷地内に従業員のための社員寮も建設した。

　ベトナム法人は、明確な中期計画はなかったが、日本で取引関係にあるオートバイ部品メーカーが近郊に進出しており、同社からの受注が得られると考えていた。ベトナムでの高品質の金型メーカーを要望していたのである。

4）現地法人の従業員採用

　従業員採用については、ハノイ工科大学からの応募に加え、専門学校の応募も多数あったが、一次募集でハノイ工科大学教授の推薦で4名、専門学校出身者6名、二次募集もハノイ工科大学から4名と優秀な人材が確保できた。採用者は1年間、AOTSの制度を使い、日本の3工場で実習をさせた。

　2002年7月時点で、従業員数は36名（パート含む）、そのうち日本で1年間の研修を受けた従業員は13名と他社と比べても高い比率であった。

　2006年8月にベトナム人スタッフがプロジェクトチームを組み、ISO9001の認可を取得。現地のローカルスタッフがモチベーション向上の重要性と彼らの優秀さを改めて実感した。操業2年目には早くも収支が黒字に転換した。当初、付加価値の高いものは日本で、汎用性のあるものはベトナムで生産する考えであったが、2002年時点でベトナムの日系現地法人と直接取引を開始した。最初、金型を受注した時は、技術的に不安もあり、渡辺社長が陣頭指揮をとって金型製作をしたが、設計担当スタッフが優秀であり、クレームもなく納品ができた。

　手加工技術を通じて、ベトナム人は責任感も強く、粘り強いことが分かった。通常の仕事の範囲ではもはや日本からの技術指導がいらない。ただ、創意工夫やスピード間などは、まだ日本の技術者の指導が必要である。

　2019年のベトナム法人の従業員数は100名前後である。ベトナム法人の従業員は、1年交代で日本本社に社内転勤扱いで勤務してもらっている。1年

に限定したのは、日本での給与水準が高いので、長く日本に滞在するとベトナムに帰らないなど、良い影響を与えないためである。現在本社では、男性2名、女性2名のベトナム人従業員が働いている。（工場では手加工を熱心にやっていた）。本社以外の宮崎工場、熊本工場でも各1名が従事している。

　ベトナム法人の社長は本社役員でもあり、月1回、TV会議を開催している。情報ネットワークも構築し、作業マニュアルは工場単位で作成している。

5）取引先の確保と拡大

　取引先は、オートバイ関連の日系現地企業が中心である。こうした日本でも関連のある既存取引先以外にも、新たにベトナムの日系企業3〜4社との取引が始まった。ローカル企業とは購買取引のみである。

　ハノイには、日系の金型メーカー3社ほどあるが、受注ニーズは旺盛である。MEISEI社がベトナム進出以前は、ヤマハ・ホンダの二輪車のランプは、VinaShiroki（白木工業とベトナム国営企業の合弁会社、1977年操業）の1社独占であった。その他はタイや日本からの輸入に頼っていた。しかし、シロキ工業は撤退し、その後、ITSV社（豊田通商関連会社）と東郷（群馬県）の2社の金型メーカーがベトナムに進出している。

　2002年当時は、ほとんどベトナムの日系企業からの受注であり、日本本社へ輸出はなかった。当初のライセンスでは80%輸出で認可をもらっているが、ベトナム国内の需要増加で、その点は当初の計画と大きく食い違った。

　ベトナムの裾野産業は、キャノンやブラザー工業（2007年）の進出で、周辺の工業団地に関連下請け企業も進出してきたが、自動車・二輪車の下請け企業が少ない。とくにベトナムでの自動車生産台数が少ないので、裾野産業が育たないと考えられる。

　昨今は大手家電メーカーの白物家電部品が増えてきている。日本国内の受注先は大手ヘッドランプメーカーであり、本社で金型設計してベトナム・インドネシア工場に仕事を分け発注というケースが多かったが、自動車部品関連は少ないが最近は現地で営業して現地で生産する形態も多くなった。

　ベトナム工場は独立採算制であるが収益性は良い。当初は、日本金型のコ

ストダウンを目指して進出したが、現地の日系部品メーカーから、どんどん仕事を出してくれるので、受注増加への対応で現地法人もゆとりがなくなった。

人材育成は難しい面があるが、OJT で人材育成をしている。ベトナム現地法人では、第一期生スタッフが優秀であり、後輩を指導している。また、少集団活動、QC サークルは積極的に取り組んでいる。日本人より若い人達が積極的に学ぼうとしている姿勢は日本人よりも目立つ。

6）現地法人の資金調達

現地法人の資金調達については、ベトナムの金融機関の金利が高いので、親子ローンを利用している。2002 年度は、設備増強により自家発電装置を購入したが、これも自己資金で賄った。

取引決済については、ベトナムでは原則として現金決済。手形や小切手の商習慣はない。ドル建てで見積もり、代金はそのときの為替レートでドン→ドルレートをベースに授受する。購入の場合は、ほとんどドンで請求される。取引関係は邦銀（円）であるが、給与、経費などはローカル銀行を利用している。そのため支払いはハノイ市で精算する。

2006 年 8 月時点では、支払いは事前に FAX で送信、後日原本を送る。

創業時、運転資金は、本社から送金していたが、現在は現地法人が稼いだお金でまわしている。金融機関の取引は邦銀のハノイ支店である。ベトナムのローカル銀行との取引はない。給与や経費支払いは現地の銀行を使っている。

機械設備購入などの設備投資は、大手都市銀行を通じて資金を調達したが、工場の新築にあたっての資金は現地法人が稼いだ金で賄った。台湾製の新規設備も購入したが、その設備投資資金も自己資金で賄った。

取引決済において手形取引はない。日本と違い金型メーカーは恵まれている。金型の受注が決まると、契約金の 1/3 が前金で入金、中間で 1/3、納品で 1/3 が入金になる。金融機関経由で資金決裁する。

7）生産体制

　現在、現地での受注が増大している状況にあり、新製品開発の余裕はない。受注した金型製造に集中、QCD を遵守した取り組みをしている。

　品質面でも、現在は日本レベルと同じになっている。ここまでにするのは、進出後 10 年位かかった。やはり経験を積んで技術力が上がった。進出して数年では難しい。

　国内でのモノづくりはますます厳しくなってきている。これからモノづくりをやる人は大変である。今、世界的に問題となっている廃プラスティックはもっと大きな問題となってくる。これを懸念している。

　新素材、CFR や植物性繊維がもっとコストが下がってくれば、プラスティックに変わる素材となる。水溶性プラスティックも登場している。植物性繊維は製紙会社が中心となる。

　金型に関しては、大量生産ツールであり、素材が代わってみ必要なもの。3D では量産は無理である。電気自動車を製造するにも金型は必要である。3D プリンターは金型の代替えはできず、何十万個、何百万個の製品を製造するには、金型でないと無理である。

　金型もより複雑になっている。お客様と相談して改良しながら高度化しているが、昔と比べるとデザイナーの力が強くなっている。変なデザインで発注がくると、昔であればデザインを変えてもらって金型製作をした。今や、変わったデザインでも、金型ができないとは言えない。もし金型を変えてデザインが変わった時に、製品が売れなくなったら責任が持てるかと言われると、それはできない。デザインに金型を合わせる。

注

1　とりわけ、ホーチミンの調査では成城大学大学院を修了したド・ティ・マイ・シュオン氏に通訳に加えアポイントメントの設定などの各種支援をいただいた。我々の訪問後、間もなく急逝され、病を抱えながらも調査に同行いただいたことに深く感謝するとともに心からの哀悼の意を捧げる。

2　尤も、日本や各国政府の協力による政策金融や、人材を含めた外国銀行などとの提携などで、ベトナム金融機関の与信水準は飛躍的に向上している。

3　Ministry of planning and investment, "White Paper on Vietnam SME 2014". URL: https://www.economica.vn/Portals/0/Documents/VN%20SME%20White%20Book%20 2014%20-%20ENG.pdf

4　「ベトナム外資に関する規制」、JETRO、URL:https://www.jetro.go.jp/ext_images/ jfile/country/vn/invest_02/pdfs/vn7A020_kakujigyoubunyadenokisei.pdf

5　同枠組みでは昨今では、コロナ禍での給与支払い目的の無利子融資も行われている。

6　ベトナム日本人材協力センター・ビジネス人材育成プロジェクト URL: https:// www.jica.go.jp/oda/project/1000247/index.html

7　福島章雄 , 小松宏忠『体制移行国における起業・成長期における資金調達と金融機関の役割　ベトナムにおける民間企業金融 - 中小企業事例を通じて』かんぽ財団 , 2020 年

8　三光金型株式会社の現地子会社、SANKO MOLD VIETNAM 社については、2020年 2 月に行ったかんかんぽ財団助成の研究で行われた現地調査の際に行ったヒアリングを基盤とした。

参考文献

青山和正 (2013)「ベトナム中小企業政策に関する研究」『成城大学経済学研究所研究報告』61 号、1-40 頁。

アジア太平洋研究所 (2017 年)『国際経済統合とベトナムの銀行部門　健全なシステムへの道　研報告書』一般社団法人アジア太平洋研究所。

石田暁恵 (2006)「土地回収制度を中心とするベトナムの土地制度変化に関する一考察」『アジア済』47 巻 8 号、2-26 頁。

岩崎薫里 (2018)「東南アジアで台頭するフィンテックと金融課題解決への期待」『RIM 環太平洋ビジネス情報』68 号、1-35 頁。

大場由幸 (2010)「ベトナムの中小企業と金融」早稲田大学ベトナム総合研究所編『東アジア新時代とベトナム経済』文眞堂。

岡江恭史 (2019)「ベトナムの農業と農地制度」『主要国農業戦略横断・総合プロ研資料』9 号、1-28 頁。

荻本洋子・磯崎彦次郎・渡邉元雄 (2013)『ベトナム金融セクター』一般社団法人金融財政事情研究会。

北野陽平 (2016)「ASEAN における中小企業金融の現状と今後の展望」『野村資本市場クォータリー』2016Winter、82-99 頁。

木原隆司 (2018)「ベトナム経済と金融資本市場・Benchmarking と国際機関の評価・」アジア資本市場研究会編『環南シナ海の国・地域の金融・資本市場』公益財団法人日本証券経済研究所。

国際協力銀行 (2019)『ベトナムの投資環境／ 2019 年 12 月』。

笹尾隆二郎「ベトナム ツーステップローンの外部事業性評価　中小企業支援事業 (II)」。URL: https://www2.jica.go.jp/ja/evaluation/pdf/2012_VNXII-5_4_f.pdf

中小企業基盤整備機構経営支援情報センター (2007)『最近のベトナム経済と中小企業進出』独立行政法人中小企業基盤整備機構。

　　　URL：http://www3.keizaireport.com/jump.php?RID=57739&key=98682

　　　　　　http://www3.keizaireport.com/report.php/RID/57740/?Ref

　　　　　　http://www3.keizaireport.com/report.php/RID/57741/?Ref

　　　　　　http://www3.keizaireport.com/report.php/RID/57743/?Ref

トラン・ヴァン・トウ (2010)『ベトナム経済発展論』勁草書房。

中兼和津次 (2010)『体制移行の政治経済学』名古屋大学出版会。

福島章雄 (2017)「体制移行国家における金融の深化と資産選択」『社会イノベーション研究』12 巻 1 号、433-445 頁。

福島章雄・小松宏忠 (2020)『体制移行国における起業・成長期における資金調達と金融機関の役割：ベトナムにおける民間企業金融 - 中小企業事例を通じて』かんぽ財団。

舟橋學 (2016)『ベトナムの中小企業振興―政策と企業の傾向―』成城大学ミニ・シンポジウム資料。URL:https://www.jetro.go.jp/ext_images/world/asia/vn/business/pdf/1231-QD-TTg.pdf

古田元夫 (2009)『ドイモイの誕生　ベトナムにおける改革路線の形成過程』青木書店。

増宮守 (2013)「長期的な経済成長期待から注目されるベトナム不動産市場」『不動産投資レポート』ニッセイ基礎研究所。

みずほリポート (2013)『ベトナムの不良債権問題はどこまで深刻か―景気減速の主因は長引くインフレ圧力』みずほ総合研究所。

持田智男 (2016)『ベトナム 2016 年度外部事後評価報告書円借款「中小企業支援事業 (III)」』JICA。URL: https://www2.jica.go.jp/ja/evaluation/pdf/2016_VNXVII-1_4_f.pdf

Cao Thi Khanh Nguyet「ベトナム中小企業と資金調達―現状と課題」, http://www.econ.kobe-u.ac.jp/activity/graduate/pdf/312.pdf

Cao Thi Khanh Nguyet「ベトナム中小企業における正規金融アクセスの実証分析」Graduate School of Economics Kobe University, 2016.

Cao Thi Khanh Nguyet (2015)「ベトナムにおける中小企業の金融問題・正規・非正規金融の選択に関する実証研究」神戸大学大学院・経済学研究科　博士論文。

URL: http://www.econ.kobe-u.ac.jp/activity/publication/dp/pdf/2016/1601.pdf

Le Thi Lan Huong（2014）「ベトナムにおける中小企業の競争力」『専修ビジネス・レ
　　ビュー』9巻1号、71-80頁。

Vu Xuan Hung（2008）「ベトナムにおける郵便貯金の展開」『経済科学』55巻4号、91-
　　109頁。

ベトナム中央銀行ホームページ URL: https://www.sbv.gov.vn/

Asia Development Bank, "Asia Small and Medium-Sized Enterprise Monitor 2020 - Volume
　　1: Country and Regional Reviews" URL: https://www.adb.org/publications/asia-sme-
　　monitor-2020-country-regional-reviews

Allen, F. and Gale, D. (2000) *Comparing Financial Systems*, MIT Press.

Barslund, Mikkel and Finn Tarp (2006) "Rural Credit in Vietnam", *DISCUSSION PAPERS*,
　　Department of Economics University of Copenhagen. URL: http://web.econ.ku.dk/
　　ftarp/workingpapers/docs/rural%20credit%20in%20vietnam.pdf

Barslund, M. C., & Tarp, F. (2008) "Formal and Informal Rural Credit in Four Provinces of
　　Vietnam", *The Journal of Development Studies*, 44: 485-503.

Cuong Viet Nguyen and Marrit Van den Berg (2014) "Informal Credit, Usury, Or Support? A
　　Case Study for Vietnam", *The Developing Economies,* 52(2): 154-178.

Cuong Viet Nguyen and Marrit Van den Berg (2014) "The impact of Informal Credit on
　　Poverty and Inequality: The Case of Vietnam", MPRA Paper No.54758, posted 27.
　　March.

Demirgüç-Kunt, Asli, Levine, Ross, eds. (2001) *Financial Structure and Economic Growth: A Cross-
　　country Comparison of Banks, Markets, and Development*, MIT Press.

Getting Credit, World Bank　DOING BUSINESS. URL:https://www.doingbusiness.org/en/
　　data/exploretopics/getting-credit#

General Statistics Office of Vietnam.　URL：http://www.gso.gov.vn/

"Giá nhà Sài Gòn tăng 50% trong nửa thập niên", Thứ hai, 17/6/2019, VNEXPRESS, URL:
　　https://vnexpress.net/gia-nha-sai-gon-tang-50-trong-nua-thap-nien-3939417.html

Migheli, Matteo (2016) "Land Ownership, Access to Informal Credit and Its Cost in Rural
　　Vietnam", URL:https://ideas.repec.org/p/uto/dipeco/201619.html.

John Mcmillan And Christopher Woodruff (1999) "Interfirm Relationships and Informal
　　Credit in Vietnam", *The Quarterly Journal of Economics,* 114(4): 1285-1320.

Lainez Nicolas (2014) "Informal Credit in Vietnam A Necessity Rather Than an Evil", *Journal
　　of Southeast Asian Economies,* 31(1): 147-154.

Ministry of Planning and Investment, "White Paper on Vietnam SME 2014". URL: https://
　　www.economica.vn/Portals/0/Documents/VN%20SME%20White%20Book%20
　　2014%20-%20ENG.pdf.

Pham, T. T. T. and Lensink, R. (2007) "Lending policies of informal, formal and semiformal lenders - Evidence from Vietnam", *Economics of Transition*, 15(2): 181-209.

Pham Thi Thu Trà and Robert Lensink (2008) "Household borrowing in Vietnam: A comparative study of default risks of informal, formal and semi-formal credit", *Journal of Emerging Market Finance*, 7(3): 237-261.

Phan Dinh Khoia, Christopher Ganb, Gilbert V. Narteab and David A. Cohen (2013) "Formal and informal rural credit in the Mekong River Delta of Vietnam: Interaction and accessibility", *Journal of Asian Economics*, 26: 1-13.

Quan-Hoang Vuong (2010) *Financial Markets in Vietnam's Transition Economy*, VDM.

Ta Nhat Linh, Hoang Thanh Long, Le Van Chi, Le Thanh Tam and Philippe Lebailly (2019) "Access to Rural Credit Markets in Developing Countries, the Case of Vietnam: A Literature Review", *Sustainability*, 11(5): 1468.

Tran Tho Dat, "Analysis of the Informal Credit Sector in Vietnam". URL: http://www.gdrc. org/icm/viet-dat_tran.html

Van Hung, D. (2001) "Informal Credit Market and Microfinance-"Microfinance Sector in Vietnam"" The Japan Program Working Paper Series on "Priorities and Strategies in Rural Poverty Reduction: Experiences from Latin America and Asia Presented at the Japan Program/INDES 2001 Conference – Japan".URL: https://www.findevgateway. org/sites/default/files/publications/files/mfg-en-paper-informal-credit-market-and-micro-finance-micro-finance-sector-in-vietnam-2001.pdf

第Ⅳ部　中国社会主義——民主化なき市場化

第7章　グローカル研究と中国経済学史研究

福光　寛

第7章 グローカル研究と中国経済学史研究

福光 寛

本章の概要：金融の制度理論の研究はそもそもグローバルに展開するものと、ローカルな展開とがいかに融合するかを研究するもので、それ自体がグローカル研究ではないかと考える。

　私は 2010 年頃から研究の関心の一つに中国の金融制度を加え中国研究の模索を始めたのだが、そのスタートから 5 年ほど経過した時点で、今回のグローカル研究に参加することになった。その時点の悩みは、中国の金融制度の問題を考えてゆくと、その土台をなす新中国の経済制度＝社会主義市場経済制度の形成やその評価にまで、視野を広げる必要があるが、そこに入るには年数がかかる覚悟を決めねばならないという問題だった。

　結果として私はグローカル研究にも後押しされて、現在の中国の金融制度の問題であるシャドーバンクや、中国概念股の研究からさらにさかのぼって、新中国の経済制度がいかに成立したか、さらには、中国での経済学の受容やその後の中国経済学の展開にまで、視野と関心を広げることになった。それは「中国経済学史」の研究といってよい。政治的に敏感な問題を含み、国内では研究者も限られる領域であるが、中国との経済学分野での学術や学生の交流まで考えれば、本来は基礎知識として、もっと多くの研究者が取り組んでよい研究領域である。本章はその研究の現時点でのとりまとめである。

1.　はじめに　個人的グローカル研究前史　1973-2011

　地域社会 community と国際社会との関わりを研究するのがグローカル研究
だと言われると、自分のやっている研究はそれとは少し違うように感じる。
地域 local からの発想を私も否定しないが、グローバルと地域社会が結びつ
くこと（あるいは相互作用）を研究することがグローカル研究だと主張される
と、それは少なくとも私の考え方とは違うと答えるしかない。増して、文化
的な融合だけをグローカル現象だとされると、それは物事の一面に過ぎない
と反発せざるを得ない。私はグローバルなものと地域的なものの融合は簡単
には生じない、融合には対立や矛盾、さらには失敗の経験も必要だと考える
からだ。対立や矛盾を無視したグローカル研究に対して感じる苛立ちについ
てはすでに『グローカル研究の理論と実践』(2020) に寄稿した小論の中で述べ
たところである。

　国際的に普遍なもの：グローバルなものと、地域に固有なもの：ローカル
なものとの、対立や矛盾を研究するものもグローカル研究だと定義すること
を許していただけるのであれば、私自身も長年それをやってきたと言える。
私は 2020 年度で退職ということもあり、2016-2020 年の 5 年間のグローカル
研究に至る自身の研究の歩み、グローカル研究で中国経済学史の研究に取り
組んだ意図、その成果と残された課題について、ここでまとめておきたい。

　まず私自身の歩みであるが、私は慶應義塾大学経済学部時代、北原勇先生
のもとで独占資本主義論を勉強していた。しかし大学院に進学し、北原さん
が助手時代に書かれたものまで読み込んだうえで感じたのは、これを深めて
も指導教授の議論に付け足しをするだけになることへの疑問だった。自分な
りの枠組みで勉強がしたくなり修士の途中から、地金論争期のリカードを手
始めにイギリスの金融史や金融学説の研究に転じることを北原さんに申し出
た。ちょうどその時だったが、法政大学総長をやめられたあと、商学研究科
に講師で教えに来られていた渡邊佐平先生に出会い、修士 2 年から直接の薫
陶を受けることになった。そして 19 世紀のイギリスの議会報告書などを読
んで論文をまとめたりした。他方でこのままでは大学に残れる可能性は低い

と自己判断して博士課程に在籍のまま、国会図書館に就職した（1977 年 4 月）。国会図書館は資料へのアクセスと、調査局の存在が魅力だった。

　そして社会人院生を続けて 5 年。19 世紀の新聞、雑誌などを読んでまとめたのが、最初の長い論文「シティ・オブ・グラスゴー銀行の倒産」（1982）である。この論文で扱ったのは、この倒産事件（1878）が社会に与えた衝撃であり、私は主として有限責任制度を普及させた点を問題にした。この事件には色々な側面があり、たとえば監査制度の確立や普及においても重要な事件であった。実は、この事件は日本でも澁澤栄一によって『東京経済雑誌』の第一号（1879 年 1 月 29 日）で速報されている。この経緯から分かることは当時、株式会社制度はその母国であるイギリスでもなお未完成であり、日本はこうしたグラスゴー銀行倒産事件を含む当時最新の教訓にも学びながら、自国の経済制度を作っていたことである。私はこのように世界と私たちの日常の世界が時空を超えてつながっていることもグローカルだと感じる。

　この論文を書き上げたあと国会図書館は私を調査局財政金融課に配属した。職場で日本の金融政策を研究し、週末には国学院大学経済学部で証券市場論を講義した時期が数年続いた。当時、自分で自発的にテーマを見つけ早いテンポでまとめた。ピーク時には 3 ケ月に 1 本の論説を調査局の雑誌に寄稿した。やがて仕事の上での関心から、ブルッキングス研究所にいた、ライタン（Robert E. Litan）によるナロウバンクの提起（1986-1988 年頃）に注目した。金融制度改革を進めていく中で、銀行の資産運用範囲を限定することで、大胆な規制緩和が可能になるというライタンのアイディアは、日本の行政府内でも検討されていた。但しまだインターネットが普及する前である。私自身は、調査局で米国のデータベースへのアクセスという方法で、比較的早くこの議論に関心をもち、1930 年代のシカゴ学派の文献を慶應で調べ、ナロウバンクについての学説史について学会部会などで報告して注目された（1990 年の秋から冬）。

　調査局から大学に移ったのはこのナロウバンク論報告からほどなく（1992 年 4 月）。金融論担当として赴任した立命館大学の書庫で私はアメリカの金融史研究の重要アイテムである「Financial Chronicle」のセットが眠っているのを見つけた。そして没頭したのが、アメリカの郵便貯金の研究だった（発表

は 1994 年 9 月。これが 2 番目の長い論文）。それは母校慶應でイギリスの議会報告書（IUP による包括的複製の巨大なセットが入庫したばかりだった）や Bankers Magazine など多数のマイクロフィルムへのアクセスが可能であったことが、イギリス金融史研究のエネルギーになったことと似ていた。もちろん、立命館でのこの研究は当時進んでいた郵便貯金制度あるいは、財政投融資制度改革の議論を意識したものだった。

　研究のテーマは自分の中でその時々の状況でつぎつぎに沸き上がった。グローバルに展開されている問題や国家的な政策課題、それと自分のローカルな日常生活で利用できる資料をどのように結びつけるか。しばらく取り組んだのは、銀行の社会性というテーマであった。「銀行の社会貢献」について書き、並行して米国での人種差別と金融機関との関係について研究した。アメリカンセンターで CQ Weekly Report、銀行図書館で BNA's Banking Report、国民生活センターで世界各地の消費者雑誌を読んで、融資差別の問題である red lining や、米国の規制法である地域社会再投資法（CRA）などを研究報告に取り上げたのは、このときである。

　その後、東京の成城大学に証券市場論及び財務管理論担当として赴任した（1998 年 4 月）。まず銀行の社会性についての研究をイギリスの金融排除の研究としてまとめた（2001 年 11 月）。イギリス、オーストラリア、カナダ、香港など世界各地で、消費者と金融機関の間で対立が生じ多数のレポートが生まれていた。20 世紀末、ネットを通じてこうした世界中の情報を集められる時代に日本もちょうど入ったところだった。小さい大学からでも新しい情報であれば世界の情報を時差なく読み取り発信できる。そう考え、それを実際に実践した。

　他方で財務管理を新たに担当することになったので、財務管理方面の勉強に取り組んだ。コーポレートガバナンス、資産証券化などで論文を続けて書いた。これは自分のための勉強だったが、企業金融の視点や経営学の勉強ができたことは有益だった。そしてこうした勉強が落ち着いてから再び、米国に関心を向けて、略奪的貸付、過剰貯蓄、戦略的デフォルトなどで論文を書いた。また国内については M&A、空売り、擬似債券、私立大学の財務などで、

発信を続けた。しかし発信を続けるなかで、自分のなかでは不満が次第にた
まっていた。できるだけ学会でも報告することを自身にルールとして課した
が、それでも自分の活動が自己満足に過ぎないように思えてきた。研究の細
分化が進み、研究者はそれぞれが追跡する狭いテーマにだけ関心があり、学
会を動かすには至らないことに（これは甘えた気持ちだが）少しイラついた。他
方で自身の研究テーマや研究スタイルに反省があった。端的にいって、もっ
と大きなテーマ、社会システム全体の研究をするべきではないか。また文献
調査だけでなく現場を踏査するタイプの研究に転換すべきではないか。

　現場を毎年踏査するには、アメリカは体力的に遠いと思い、目を付けたの
が距離的に近い中国だった。とはいえそれを考え始めたときすでに50代後
半。そもそも中国語を勉強したのは学部時代で、以来30年が経過。という
今更の方向転換だった。もう一つこの研究テーマの変更に関係するのは、一
般社会の英語力も上がり多様な情報も入る今、アメリカとかイギリスなど英
語圏の情報は、政策担当者がダイレクトに現地情報を見ればそれで充分。し
かし中国とか、アジア圏については、情報ギャップが依然大きい。そういっ
たギャップの大きいところの情報の方が学んで発信する価値があるのではと
考えたことだった。

　なお院生時代以来、色々な研究会に参加し教示を受けた先生は少なくない。
博士課程の指導教授で経済学説史の飯田裕康先生のほか、小竹豊治（慶應大
学）、渡邊佐平（法政大学）、長坂聡（東京教育大学）、熊野剛雄（専修大学）、高
木仁（明治大学）、渋谷博史（東京大学）、井村進哉（中央大学）各先生などである。
日本金融史の後藤新一（元三井銀行常務）さんやアメリカ金融機関法の高月昭
年（明海大学）さんなどにも交流いただいた。コーポレートガバナンスへの着
目は渋谷先生の研究会が発端であり、井村先生の研究会には10年以上お世
話になった。

2.　現代中国の金融問題にまず取り組んだ 2012-2015

　中国研究を始めて手がかりに選んだ研究テーマは、自分が担当している講

義にすぐ使える、現代中国の金融問題であった。

　まず中国の証券市場について、遅まきながらまず歴史を調べ、間もなく中国概念股という現代の研究テーマに行き当たった。これは、中国の企業が海外の証券市場、なかんずくアメリカの証券市場に上場しているが、その手法と関係していた。reverse takeovers というのだが、上場企業で実態がなくなっている抜け殻のような企業を買収して、それと置き換わる手法。日本では禁止されているが、アメリカでは規制されてない。問題は、会計監査でかなりずさんな状態にある中国企業が続々とこの手法でアメリカに上場したことであった。ところでこの問題が米中で大騒ぎになったとき、日本はたまたま東日本大震災の渦中にあり、日本社会はこの問題に十分注目しなかった。その中で私はこの問題に注目。フォローして学会でも報告した。

　続けて注目したのが、中国におけるシャドーバンクの問題だった。先ほどの概念股の問題と似ているのは、中国の金融制度が、国有大企業を中心に運営されているために、民営企業の資金ニーズは、後回しになりがちという背景である。概念股の問題は、証券市場での上場機会を得にくい民営企業が、国外上場の道を探った側面があるが、シャドーバンクもこうした民営企業のニーズを満たすための資金ルートが高利商品を生み出した面があった。

　たまたま、立教大学の北原徹先生の退任記念号に寄稿する機会があった私は、この問題を「中国のシャドーバンクについて―郎咸平の議論に学ぶ―」『立教経済学研究』69巻3号　Jan.2016 1-29 にまとめた。今少し述べたように、この論文は突然できたわけではなく、2014年から2015年にかけての長期調査がベースになっている。

　同じくたまたまであるが、古巣の立命館大学からも平田純一先生の退任記念号への寄稿依頼があった。そこで私は、新中国の経済発展を俯瞰するような論文を構想した。勤務先の成城の図書館に文献はないと判断したので、東洋文庫、アジア経済研究所図書館、そして国立国会図書館の3つの図書館をめぐりながら、「中国経済の過去と現在―市場化に向けた議論の生成と展開―」『立命館経済学』64巻5号　Mar.2016 194-222 をまとめた。この論文のポイントは、いわゆる改革開放に先立って、1956-57年に市場化をめぐる議論

が活発化していたが、この1950年代後半の議論を改革開放の前触れとして
再評価したことにあった。

　この2本を書いたことで、次の作業として浮き上がってきたことは、中国
の政治的指導者や、経済学者たちなどの言動の意味を、中国の経済発展史の
観点から評価すること。簡単化して言えば中国経済学史をまとめるという研
究課題であった。

3.　グローカル研究と出会い中国経済学史研究を進めた　2016-2020

　こうして中国経済学史という研究テーマを構想していた時に出会ったのが、
今回のグローカル研究であり、その参加要請だった。

　そのとき参加しない選択肢はなかったが、そもそも自分のやろうとしてい
ることが、グローカル研究なのだろうかと大変躊躇した。もともと中国に関
しては、グローバルなイデオロギーである、マルクス主義とか社会主義といっ
たイデオロギーが、中国固有のローカルなものに変質していった「中国化」
という問題が知られている。この中国化の問題はグローカル研究とよくなじ
むように思えた。しかし他方で、中国共産党史を調べるほどに、中国共産党
を最初に形成していた知識人、つまり原典に何が書かれているかを理解でき
る人たち、そして欧米の政治や文化の歴史を踏まえて原典を理解している人
たち、つまり知識人を左派だ、右派だとレッテルを張って沈黙させ、排除し
た（反知性主義といっていってよい）中国共産党の歴史が見え隠れした。このような
あまり尊敬できない中国共産党史を、時間をかけ学ぶのは、人生を無駄にす
ることのように思えた。

　他方でおそらく日本で最初に私が知る知識がそこにあることも事実で、秘
密の扉を開けて文字にできることは魅力だった。さらに中国国内における記
述と違ったものを書けることもすぐに理解できた。中国の社会科学の傾向と
して、現在の国家の政策を肯定する論者を正当とする一種の偏向がある。そ
のような偏向から我々外部者は離れることができる。つまり中国の外から、
中国の問題を見るとき、中国の中にいる者より対象を公平に評価することが

できる。もう一つ、私たちは中国政府と利益関係にないので、中国の学者が言及を避ける現在の政治体制を含めて議論できる。つまりより客観的にまた外側にいる人間にしか書けない政治体制問題を含めた『中国経済学史』を書ける。

こうした検討を経て、では始めるかということになった。つぎに考えたのは対象とする歴史スパンである。いろいろ調べた結果として、中国の現在の経済体制は、朱鎔基（チュー・ロンチー　1928-）が経済運営の責任者であったときに確立していることが分かっていた。そこでエンドを朱鎔基において、出だしを中国に西欧経済学が伝わった時期に置くことを決めた。

中国経済学研究の準備として、立教経済学研究そして立命館経済学への寄稿が役立ったことはすでに述べたが、実際に研究を進める過程では、王東明先生の紹介による大阪市立大学大学院での講演、そして成城大学コミュニティカレッジでの講演が頭の整理として役に立った。いずれも 2017 年から 2019 年までに毎年 1 回ずつ行い、その時点での研究成果を報告した（並行して毎年、中国各地をできるだけ踏査した）。こうして中国経済学の研究を志して 5 年が経った。この間ある程度、資料を読みこみ、論文にまとめたのは、陳雲、馬寅初、孫治方、鄧子恢、顧准の 5 人。論文に至らないが資料をある程度読んだ人物は、陳独秀、毛沢東、劉少奇、張聞天、薛暮橋、杜潤生、于光遠、胡耀邦、趙紫陽、朱鎔基、厲以寧などである。

渉猟の対象範囲を拡張しつつ、どのように中国経済学史をまとめるか、方法論を常に考えた。まず人物の選定であるが、たとえば海外で学位をとり、海外の学会で活躍している者を選び、国際的に知名度の高い学者を中心にまとめる方法がありうる。たとえば次の二人はよく知られている。しかし私はこの二人は中国経済学史で最初に選ぶべき二人ではないと考える。

林毅夫（リン・イーフ　1952-）1971 台湾大学農業工程系卒。1978 年台湾政治大学企業管理研究所で修士号取得。1982 年北京大学経済系政治経済学修士。1986 年シカゴ大学経済系で経済学博士号取得。その後、イェール大学経済発展センターで研究。1987―92 年北京大学経済系准教授。93 年より教授。1987-1993 年国務院の研究管理職を兼任。

　李稲葵（リー・ダオクイ　1963-）1985年清華大学経済管理学院管理情報工程系卒。1992年ハーバード大学経済学博士。1992-1999年ミシガン大学に赴任。1997-1998年スタンフォード大学フーバー研究所研究員。1994-2004年香港科技大学准教授。2004年-清華大学経済管理学院教授、金融系主任。

　私は中国の経済学を考えたときに、アメリカでの研究歴や知名度を基準に取り上げる中国の経済学者を選ぶやり方には滑稽さを感じる。中国の問題を考えるのに中国社会を基準にしないそうしたやり方は馬鹿げている。中国国内に根を下ろして、政策決定あるいは社会に影響した人を選ぶ必要がある。しかしそれは下手をすると政府を肯定する人だけが並ぶものになってしまう。それも避けたいと考える。ではどうすれば批判的な人を含む人選が可能だろうか。私が選んだ方法は、主流に対し異論を唱えた人々に注目するというものだ（なお日本で中国経済学者を広く研究された人としては矢吹晋氏や関志雄氏がいる。細かく説明しないが、私はこのお二人の人選の仕方にもちろん学んでいる）。

　最初の作業としては「中国経済学史」が中国でどのように展開されているか。そこに誰が登場しているかを確認することから始めた。これは中国の現在の政策を肯定する学者が並ぶ結果になることが予想される。しかしそれも参考になるので、まずはそれを見てみることにした（このほか、経済学者のシリーズものが出版されたとき、誰が選ばれているか。どういう人の全集がでているか、なども人の影響力を示す基準として考え実際に使ったのだが、その説明の詳細もここでは省略する）。

4.　陳東琪主編《1900-2000中国経済学史綱》（2004）について

　最初に陳東琪主編《1900-2000中国経済学史綱》中国青年出版社2004年を読んだ。なお張卓元等著《新中国経済学史綱綱（1949-2011）》中国社会科学出版社2012年も読んだ。後者には経済学の「中国化」という小論で扱っている論点と重なる章もある。この2冊を最初に検討した。陳東琪主編『中国経済学史』の第1章は中国人民大学で長く教壇に立った衛興華（ウェイ・シンホア　1925-2019）の執筆。これと中国社会科学院の張卓元（チャン・チュオユアン　1933-）等

著の総論 (張卓元自身が執筆) を比較したが、取り上げる人物や評価は似ている。大差はないと判断して今回はこの衛興華執筆の第 1 章を丁寧にみてゆく。

　この第 1 章の表題は社会主義経済学だが、内容は、社会主義に関する経済学の意味で、別に第 2 章資本主義経済学があり、日本でいうマルクス主義経済学の内容が 1 章と 2 章に分かれて出てくる。近代経済学の内容は 3 章にマクロ経済学、4 章にミクロ経済学と続く。しかし 3 章をみると (p.59)、「中国マクロ経済学」という名で筆頭に挙げられている人たちは (たとえば厲以寧、劉國光、呉敬璉)、実は第 1 章の社会主義経済学をめぐる論争で生き残ったひとたちである。日本的にいえば、近代経済学にも理解があるマルクス主義経済学者である。つまり日本の経済学界との大きな違いは、マルクス主義経済学のタームに長けた人たちが、中国の経済学界全体の指導者の位置にある。少なくとも現状はなおそうなっていることだ。

　第 1 章を丁寧に読みたい。確認されるのは、マルクス主義の伝播の時期である。その時期は 1919 年の五四運動前後だとされ、李大釗 (リ・ダーチャオ 1889-1927)、陳独秀 (チェン・ドウシュウ 1879-1942)、李達 (リ・ダー　1890-1966) が初期の代表者に上げられている。そして李大釗が、生産資料の公有制により社会主義の実現することをマルクスにならって唱えたと指摘される。

　　「20 世紀に入るところで、マルクス主義が中国に伝播し世界で最初の社会主義国家ソ連が建設され、社会主義生産関係を研究対象とする社会主義経済学が生み出された (應運而生)。しかし当時の中国はなお半植民地・半封建社会であったので、この時期の中国の学者の社会主義社会に対する認識ははなはだ朦朧としていた。

　　1919 年 "五四" 運動前後、中国人は系統的にマルクス主義の伝播を始めた。李大釗、陳独秀、李達などが主要人物である。当時、マルクス主義政治経済学を理解することは社会主義経済学のためだった。まさに李大釗が指摘するように、現在は社会主義経済学が世界を改造する新紀元であった。マルクス (1818-1883) の前にもたくさんの有名な社会主義者がいたが、彼らの主張は感情に偏り、空想にわたり、科学的理論体系を作ることができなかった。マルクスの学説において、社会主義経済学は独

立のシステム（系統）となれた。それゆえに社会主義経済学の創始者はマルクスなのである。1923 年に李大釗は北京大学で『社会主義下での経済組織』と題した講演を行い、社会主義が生産資料公有制を実行すること、新型の生産関係を建設し生産力を解放すること、などを説明した。」（陳東琪主編 pp.1-2）。

　その後であるが、社会主義の計画性、生産資料の公有制が、中国の遅れた生産の改善に役立つと、社会主義の進歩性が紹介されたことが指摘されている。元来、社会主義は資本主義に対する批判として登場したはずである。しかし、その資本主義批判の側面は語られず、計画性や公有制が、中国の生産性を改善する側面で語られたというのは注目すべき記述である。さらに 1930 年代中国社会の性質が論争のまとになり、資本主義にはまだ達していない「半植民地半封建社会」であり、必要な革命は、社会主義革命ではなく、新民主主義革命だという認識が確立したとして銭俊瑞（チエン・チュンルイ　1908-1985）、薛暮橋（シュエ・ムーチアオ　1904-2005）、孫冶方（スン・イエファン　1908-1983）の 3 人を論争の貢献者として挙げている。そしてその成果の上に、1940 年代に毛沢東（マオ・ツェートン　1892-1976）の新民主主義論が現れたとしている。それと同時に、この 40 年代の議論は初歩の検討をしただけだったと断言していることが気になる点である。

　　「述べるに値することは、(19)30 年代の中国学術界に出現した「中国社会性質の論戦」と「中国農村社会性質の論戦」についてである。論戦の焦点は当時の中国は一体いかなる性質の国家なのかの論争にあった。（中略）この論争を通じて中国の社会性質と中国革命の性質ははっきり認識された。中国は半植民地半封建社会であって、資本主義社会ではないこと、中国革命は社会主義革命ではなく新民主主義革命であること。この論争を通じて、銭俊瑞、薛暮橋、孫冶方などのマルクス主義経済学者は鍛錬され、中国のマルクス主義政治経済学はその発展過程をたどり始めた。

　　40 年代マルクス主義の指導のもと、毛沢東の「新民主主義論」の基礎

上、一部の経済学家たとえば王亞南（ワン・ヤアナン）、許滌新（シュウ・ディ
シン）らは中国が半植民地半封建社会から新民主主義社会に移る必然性
を研究し、新民主主義社会の特徴である新民主主義社会の多様な経済成
分、たとえば国営経済、資本主義経済、個人経済そして合作経済まで分
析し、また新民主主義社会の財政政策、土地政策、農業政策、工業政策、
労働政策などを紹介した。しかし全体としてみると、新民主主義社会の
経済について、ただその初歩の検討をしただけで、一つの完成整理した
論理体系を形成したとはいえない。」（陳東琪主編 pp.2-3）

　つぎに 1950 年代から 1960 年代であるが、ここが日本ではなおよく研究さ
れていないところだ。このとき中国は新民主主義革命路線を放棄して、社会
主義革命に突き進んでしまう。しかしそこで様々な問題が生じたことから、
多くの人が異論を唱えている。それが社会主義経済学内部の論争として記
録されている。ここでは、孫治方（スン・イエファン　既出）、顧准（グウ・ジュ
ン　1915-1974）、于光遠（ユウ・グアンユアン　1915-2013）、卓炯（チュオ・トン
1908-1987）が経済学者として、また政治指導者として陳雲（チェン・ユン　1905-
1995）そして毛沢東自身も名を上げられている。論争の基本は、社会主義に
おいて市場を通じた調節を使うことの是非である。私見では、日本社会がよ
く理解していないのは、こうした論争（理論付け）が、1978 年以降改革開放へ
の路線転換（頭の切り替えといえるだろう）を可能にしたという点であろう。言
葉を追ってゆくと、社会主義経済であっても分業が存在すれば商品経済が存
在すること、利潤の大きさを効率の指標とすることなどが、1950 年代後半
から 1960 年代前半に提起されたことがわかる。そうした考え方が一度、「文
化大革命」で徹底的に批判されたあと、復活して、改革開放を理論的に支え
ることになった。こうした自立的展開（つまり自身で考えて反省して改革開放に
向かった展開）は、ロシアや東欧では見られないことで、これは注目されて評
価されてよいことだと思う。以下長く引用する。
　　「1949 年中華人民共和国が成立し、中国歴史の新紀元が開かれた。社
　会主義経済制度の確立とともに、社会主義経済学は一つの学科体系とし

て逐次建設され始めた。しかし政治の風雲が定まらず (變幻) また知識分子の運命は順調でなかった (多舛)。それゆえこの時期の社会主義経済学は曲折した発展過程をたどった。

　建国初期、ソ連から伝来した経済理論が中国政治経済学論壇を支配した。その理論によれば、商品生産は私有制社会の産物であった。価値規律は社会主義の敵対物 (異己力量) であり、市場は社会主義計画経済の反対物 (相對立的) であった。とくにスターリン (1878-1953　生没年訳者挿入) の『ソ連社会主義の経済問題』(1952) が発表されると、同書は商品生産の価値規律の観点を貶める根拠にされた (奉爲圭臬)。

　しかし 1956 年から、中国の経済学界は主流の伝統社会主義経済学に何度も挑戦した。多くの影響力のある経済学者が豊かで卓越した観点・主張を提起した。1956 年に孫治方は計画と統計を、価値規律の基礎上に置くことを鮮明に主張した。1957 年に顧准は社会主義経済の中で価値規律による企業の生産経営活動の自発的な調節、価格の騰落による生産の調節を着想提起した。1959 年に于光遠は交換される製品 (中略) がすべて商品なら、社会主義経済中に存在する交換関係はすべて商品交換関係だと提起した。1962 年に卓炯は、商品経済かどうかは社会分業が決定すると提起した。社会分業が存在すれば商品経済が存在し、商品経済と社会主義は矛盾するものではなく、商品経済は社会主義建設の有力な工具になりうると。1963 年に孫治方は千の規律、万の規律のその第一条は価値規律であると提起した。利潤の多少は企業の技術水準と経営管理の良し悪しの総合指標であり、社会平均利潤率は企業が到達すべき水準であり、超過利潤率は先進企業を表し、未達企業は落後企業であるとした。

　指摘すべきであるのは、党の指導者も積極的意義がある観点を提起したことである。たとえば 1956 年に陳雲は、社会主義経済は市場調節により補充されると提起した。毛沢東は 1959 年に価値規律は一つの偉大な学校であり、ただそれを利用することによってのみ、我々の幾千万の幹部、幾億の人民は社会主義建設が可能になるとした。

　1964 年以後、極"左"路線の指導下で、経済理論界は組織をあげて指導者も含めて修正主義に反対する闘争を繰り広げた。孫治方らの生産価格をもって基礎価格とする主張や、利潤は企業の生産経営状況を反映する総合指標であるといった主張は修正主義として指弾された。その後、1966 年に開始された「文化大革命」では、過去に行われたあらゆる計画と市場の関係さらに商品生産の探索が、等しく反党、反社会主義、反マルクス主義の「大毒草」だとされ、情け容赦のない休むことのない言葉の攻撃（口诛笔伐）が行われた。「文化大革命」後期に流行した『社会主義政治経済学』（上海人民出版社 1975 年 6 月版）は商品経済理論の大後退を含む経済理論である。

　1976 年の 4 人組の粉砕から 1978 年の改革開放の前は、このとき主要だったのは、四人組の反動的謬論の清算である。社会主義商品生産は資本主義の土壌と条件を生まない、価値規律は社会主義の敵対物（異己力量）ではないなど（と認識が改められて）、社会主義商品経済理論の健康発展の条件が準備された。」（陳東琪主編 pp.4-5）

　では改革開放後の社会主義経済論はどのように進歩したのだろうか。

　二点の指摘がある。まず「文化大革命」後の理論的成果の最大のものは、最高指導者鄧小平（ドン・シアオピン　1904-1997）による以下に述べる「社会主義初級段階論」の提起だとの指摘がある。この言い方は、共産党が指導して社会会主義革命が行われ、社会主義社会になったことをまず表している。革命はすでになされたとして、資本主義には戻らないということと、そのために共産党による独裁政権を維持することの肯定が、この社会主義という言い方に入っている。しかし加えてまだ初級段階だとして、本格的な社会主義段階とは異なることも認める言い方にもなっている。

　　「中国社会主義がどの段階にあるかは、単に重大な理論問題であっただけでなく、党と政府が方針政策を定める出発点である。1981 年に鄧小平が中心となって起草した「中共中央の建国以来若干の歴史問題の決議」は明確に"中国の社会主義制度はなお初級的段階（階段）にある"と提

起している。1987年に党の十三大は社会主義初級段階理論を系統的に論述し、（社会主義初級段階理論は）人々の共通の知識になった。1997年党の十五大は中国が社会主義初級段階にあることを中国の最も基本的国情とし、社会主義初級段階にある党の基本綱領を今一歩（踏み込んで）論述し、社会主義初級段階の経済、政治、文化をそれぞれ明らかにした。これによって我々は中国の条件のもとで社会主義を建設する現実的に可能な道に到達したのである」（陳東琪主編 pp.12）。

そして二点目として、社会主義経済も商品経済の一つだという共通認識の成立を上げ、それを提起した者として劉国光（リウ・グオグアン 1923-）を上げている。彼は、社会主義経済はそもそも商品経済の一つだと言っている。

「1979年4月 江蘇省無錫市で全国経済理論研討会が行われた。研討会のテーマは社会主義制度下の価値規律作用であった。多くの経済学者が会議で多くの深淵な影響のある理論観点を提起した。主要には(1)社会主義経済は商品経済であることを肯定すること。いくつかの論文は、社会主義経済は市場経済であるとさらに直接的（直截）であった。(2)社会主義経済の中で価値規律が調節作用をする上で、競争がその内在メカニズムであること。(3)企業は独立的かあるいは相対的に独立した商品生産者か経営者であること。(4)不合理な価格体系と管理体制の改革が進み、小工農業の製造品の不合理な価格差（剪刀差）は次第に縮小する。

1982年前後、経済学界は、社会主義経済は商品経済であるかどうかに関して、市場メカニズムが十分作用を発揮するか否かについて論争した。劉国光は、社会主義経済は商品経済に属するという観点を提起した。この観点は一部の人の非難にあった。1984年10月、党の十二届三中全会は、社会主義経済は計画のある商品経済だという結論をだした。併せてつぎのように指摘した。商品経済の十分な発展は社会経済発展の超えることのできない段階である。そこから、価値規律と市場メカニズムの作用は十分な肯定を得た。全会で可決した《中共中央の経済体制改革の決定について》は新たな社会主義経済学だと考えられている。このあとは社会主義経済もまた一種の商品経済だというのは人々の共通認識と

なった (從此以後，社會主義經濟也是一種商品經濟成爲人民的共識)。」(陳東琪主編 p.9)

　なお政治家の発言をどのように位置付けるか。衛興華のまとめ方は少し禁欲的に過ぎる。たとえば 1980 年 4 月から 5 月。鄧小平が幾つかの談話を通して、人民生活を長期にわたり低いままとどめるものは社会主義とはいえない、とか、社会主義とはまず生産力を発展させるものだ、などと発言したことは、社会主義論形成の上で重要だと私も考える。また鄧小平が 1984 年に提示した今世紀末に小康水準に到達するという最低限の現代化目標。あるいは江沢民が 2002 年の十六次党大会報告で示した 2020 年までに「小康社会全面建設」という目標。これらの党指導者による議論の紹介がないのは、残念だ (研究対象時期が 2000 年までのためではあるが)。これらの論点は張卓元等著では入っている。

5.　外部者 (アウトサイダー) からみた中国経済学史

5.1. 政治経済学としての中国経済学史の在り方

　中国を外から見ていてもっとも大きな問題は、思想や言論の自由がない非民主的な政治システムで市場経済を運営していることの評価であろう。市場経済システムの範疇に仮に中国を分類してみよう。行政システムは先進資本主義国と変わらない。はっきり異なるのは政治の権力構造で中国共産党が事実上政権を独裁していることである。中国共産党の執政に反対する、つまり反対党派が政権を握るための運動をすることは許されない。これは独裁といってよい。そのような独裁政治と、市場という多様な価値観を認める経済システムの融合を、どう評価すればよいだろうか。これがこの小論の根底にある問題である。

　この問題を論ずる上で、新中国建国の過程で放棄された、資本主義継続を意味する新民主主義路線の問題は重要である。私自身はこの路線の放棄を残念に思うので、関連して歴史から消されている二つのお話しを紹介したい。

一つは鄧子恢（トン・ツーホイ　1896-1972）の四大自由論。もう一つは劉少奇の天津講話である。紹介する意図は、中国経済学史のなかで、これらの位置付けを考えられないか、という問題提起である。

　また新民主主義路線の扱いについては、中国でも二つの方向性がある。一つはそれ自体、未熟であったために放棄されたというもの（これは既述の陳東琪主編《1900-2000 中国経済学史綱》（2004）に看取できる見方である）。そしてその後、社会主義（無産階級独裁）という正しい路線に向かったという考え方である。もう一つは、新民主主義路線は正しかったのに「誤って」放棄された。その結果、中国はまだ十分準備が整っていないのに、社会主義化してしまった。放棄は間違いだったがそれは歴史なので覆しようがないというもの（これは後述する于光遠が示す考え方である）。いずれの考え方も、すでに成立した社会主義の道あるいは無産階級独裁は覆せないとする点は一緒であるが、誤って放棄されたという考え方は、新民主主義路線継続のためには、政治的に無産階級独裁にすすむべきではなく、民主化を進めるべきであったと読める。これは、社会主義初級段階の政治の在り方を考える上でも示唆的で、独裁を強めるのではなく民主化を強めることが、初級段階の継続には必要だという視点が見える。

　我々には、市場化と独裁とが直観的に矛盾して見える。批判を受けて自らを修正する資本主義の良い点を独裁が損なう、という仮説は中国にもある。そのことをかなりはっきりと言ったのは、1990 年代半ば、政治的権力を失った趙紫陽（チャオ・ツーヤン　1919-2005）であり、趙紫陽の考えに影響を与えたものとして、不遇のうちに亡くなった顧准の遺著（大陸では 1994 年に出版）などがある。その論点を突き詰めると、市場化＝資本主義化を進めるのであれば、独裁を弱めるべきではないか、という論点が出てくる（とはいえ、独裁と市場化の融合：「市場レーニン主義」が可能であることは目の前の現実が証明しているし、やっかいであるのは市場レーニン主義が成功しているように見えることだ。なお「市場レーニン主義」については後で説明する）。

　そして以上とは全く別の観点として、民主主義、少数派：反対派の保護がない社会主義には何の価値もないと断言したのは、共産党を追われて党から

攻撃されていた陳独秀である。そしてその陳独秀に共感を示したのが、蒋介石に対して反対派の擁護を主張した自由主義者胡適であるが、その陳独秀―胡適の徹底した民主主義の主張は、東アジアにあって西欧民主主義に学んだ私たちの耳に快く響く。果たして中国の民主化がこの二人の主張にまで進む日はくるのだろうか。

　「経済学史」の枠組みで、以上の「政治」問題をどこまで入れることができるかは難題だ。仮説として、市場経済システムは私有財産権を認めることで私有財産の自由な処分権を前提に成り立つ。それゆえ私有財産権は財政民主主義、そして議会制民主主義の基礎にある。王権による私有財産の侵害に対して、市民階級が議会を通して抵抗してきたことが、議会制民主主義が形成されてきた歴史だとすれば、民主主義と市場経済との不可分性を一見論証できているようにも思う。

　しかしこのロジックには落とし穴がある。西欧における私有財産権の考え方は、ロックに見られるように労働によって得た財産を私有財産として人の固有の権利とする考えがベースである。これに対して他人の労働を支配することによって得られた成果については、それを市民間の平等のために制約しても構わないという考え方はルソーにすでに見られる（落合隆（2017））。また私有財産権に対して、公共性の観点から制約を受けるという考え方は、私などはちょうど1970年代の学生時代に学んだロールズの正義論に含まれているが（堀川哲（2016））、その理解はかなり広がっている。さらに情報社会の到来とともに、情報の共有や共同利用による便益の増加が指摘されており、私有を前提とした従来の経済システムが変容を迫られていることも間違いない。つまり私たち資本主義社会においても、私有財産権の扱いは今絶対的ではない。

　このような私有財産権を制約する考え方の広がりを考えると、市場経済と民主主義との関係を私有財産権から導くという従来の考え方でいいのか、それに代わるものがあるのか、私自身迷いがある。この点を詰めることができない現段階で小論の主張は中国経済学史に付け加えるべき項目の例示と、若干の提言にとどまる。

　たとえば、経済学者顧准を評価するときに、社会主義における市場の問題を提起した人物としてだけとらえて、その遺著『理想主義から経験主義へ』で彼が示した、社会主義においても議会制民主主義が必要だという結論を無視することは、少なくとも顧准がその生涯をかけてたどり着いた結論を落としたことにならないか。また陳独秀についても、単に社会主義の導入者として位置付けるのではなく、その晩年、民主主義を欠いた社会主義に一文の価値もないと喝破した人物として彼を再評価するのは、中国の外側の民主主義国において経済学を学ぶ我々の側の責任ではないか。

5.2. 鄧子恢の四大自由論 (1948 年 8 月)

　新民主主義は、中国は今はまだ社会主義に進む準備は十分ではないので、資本主義を当面は発展させましょう、という話なのだが、建国後ほどなく放棄された路線。文化大革命で排除された人々の中には、この新民主主義路線の時の発言を問題にされた人も多い。そうした人物の一人として最初に鄧子恢（トン・ツーホイ　1896-1972）とその四大自由論を紹介する。

　1948 年 8 月。当時、鄧子恢は中原局の第三書記。第二書記の陳毅とともに中原局の実務にあたっていた。財政問題とともに幹部を大量に養成確保する問題があった。中原局の司令部があった河南省宝豊には、開封の学校の教員や学生が集められ、中原軍政大学とよばれる、幹部養成の大学が作られることになった。鄧子恢は 1948 年 8 月下旬、その全校教員学生を対象に「党の総路線と総政策」と題した報告を行った。この報告は（理由は不明だが）、手元の《鄧子恢文集》人民出版社 1996 年に収められていないが、鄧子恢がいわゆる「四つの自由」を最初に述べたものとして有名な報告である。これは言論の自由の話しではないが、経済活動に係る四つの自由を認めている。はっきり資本主義発展の必要性を認め、私有財産の自由な売買、貸借、雇用の自由を認めている（なお 1953 年 4 月の全国第一次農村工作会議総括報告にも四大自由論があり、これは文集に入っている。《鄧子恢文集》人民出版社 1996 年, pp.353-354）。蔣伯英《鄧子恢與中國農村變革》福建人民出版社 2004 年, pp.298-308 にも関連記述がある。1948 年 8 月の様子について、《鄧子恢傳　第二版》人民出版社 2006

年に詳しい記述がある。ここではそれを引用する。

　この話のポイントは、資本主義：市場経済をなお認めるというときに、私有財産権を保証するということの具体的な表れとして、売買、雇用、そして金銭および土地それぞれの貸借、この4つの自由を上げていることである。非常にストレートでわかりやすい。

　　「(1948年)8月下旬、鄧子恢は宝豊大白庄に赴き、全校の教師学生に対し「党の総路線と総政策」と題した報告を行った。彼は机を前にして背を伸ばして座り(端坐)閩西なまりで機嫌よくまたユーモアをもって(談笑風趣)話し始めた―皆さんは蔣(介石)の支配地区でとても大きな迫害を受け、(しかし)迫害に対し不屈不断の闘争をしました。皆さんがここに来られた熱情はとても高い。この人口5500万近い解放区は、強固にせねばならず、建設せねばならず、この広大な区域の労働人民に対し、恐怖と貧困の日々から安定と繁栄の日々に移ってもらわねばなりません。この偉大で巨大な責任が皆さんの肩にかかろうとしています。

　　熱烈な拍手が鎮まるやすぐに、彼はすぐに新民主主義理論をよどみなく述べた。人々の思想に向けて、現段階の中国革命の性質、任務、依拠する力、指導権などについて、そして人々が最も関心がある党の資本主義工商業、土地改革、私有財産、知識分子に対する方針政策について解説した。中国革命の性質に述べ及んだ時に言った。目前の中国革命は旧民主主義革命ではなく、社会主義革命でもなく、新民主主義革命である。

　　革命の目的は生産力の発展、経済の発展、人民生活を改善し、社会主義の条件を準備することにある。現在の段階は、我々の経済は国家資本、合作資本、私人資本の三者の混合により前進している。新民主主義制度は、私有財産を承認するもので、土地改革とは耕す者がその田を保有することで、国が田を所有することではない。また資本主義の発展を許可(允許)するものである。今日において、資本主義は進歩的であり、我々は資本主義を必要としており、資本主義は我々の工業農業の生産発展の助けとなる。彼は言う。資本主義制度には四大原則があり、新民主主義制度の下でも同じく「四つの自由」が承認される。すなわち一、売買の

自由、二、雇用の自由、三、貸し借りの自由、四、田畑貸借の自由。われわれはこの「四つの自由」を承認していることは、まさに我々が財産の私有を承認していることそして、それが発展することを許していること（允許其發展的）を、まさに説明している。

　彼は自らの経験経歴を例証（現身説法）として、知識分子は革命の先鋒隊であるが、必ず労働人民と結合することで力をえることができると言った。知識分子はその独特の欠点を捨て去ることによってこそ、革命的知識分子になると。

　彼は最後につぎのように述べた。中国革命を、農民は指導できない、民族資産階級も指導できない、知識分子もまた指導できない、その指導責任はただ無産階級にあると。

　彼の講義は2日に及んだ。著名な学者嵆文甫（ヂー・ウェンフウ　1895-1963　中国の古代哲学研究で功績があり当時河南大学文学院長。訳者補注）は鄧子恢の報告を聞いた後、次のように述べた。『私は長い間教えてきて、今日、鄧先生のこのように立派な講義を伺い、心からただただ納得するばかりで（心悦誠服）感じるところこのうえありません。（お話しには）難解で理解しがたい述語や名詞はないのに、学術性、現実性があふれています。』」（《鄧子恢傳　第二版》人民出版社 2006年, pp.352-353）

　鄧子恢の四大自由論は、市場というものが存在する前提として、私有財産権の保障が必要であり、具体的には私有財産の処分が自由であることが裏付けになること。その処分の形には所有権の売買のほか使用権の賃貸があることを鮮明にしている。1953年に鄧子恢は毛沢東により農村工作部部長に取り立てられる。しかし農村の集団化＝社会主義化を急ぐ毛沢東と次第に対立し、最後は排除された。文革後、鄧子恢は名誉回復されている。

　鄧子恢を補佐していた杜潤生は、四大自由論は政治協商会議の「共同綱領」「土地改革法」にも規定され、中央の批准も得ていた内容だとする。しかし毛沢東は、1953年6月15日に、中央政治局会議で過渡期の総路線を提起した。そして同じ6月、建国時から過渡期に突入しているとの認識のもと、内輪の

会議で鄧子恢の四大自由論に対する批判を行ったと書いている（杜潤生《杜潤生自述》人民出版社 2005 年，pp.30-44　白石和良ほか訳『中国農村改革の父　杜潤生自述』農村漁村文化協会 2011 年，pp.62-82）。私ができた裏付けとしては、1953 年 7 月 29 日の中央政治局会拡大会議での毛沢東の講話がある（《毛澤東文集》第六巻，pp.285-290，esp.287）。ここで毛沢東は、自由市場的資本主義を自由市場の無い資本主義、すなわち国家資本主義に改造し、資本家の所有権を取り消しさらに社会主義に進む展望まで語っている。それは四大自由論とは正反対の方向性といえる。また 10 月 15 日と 11 月 4 日の 2 度、農業合作問題についての談話で、「私有財産の確保」と「四大自由」を「富農中農に有利」「少数の富農を発展させ資本主義の道を歩むもの」として批判している（同前，pp.298-307, esp.299,305）。

　このような毛沢東本人による批判はもはや影響力はないと考えたい。しかしそれでも「四大自由論」は今日忘れられているように見える。同様のことが後述する劉少奇の「天津講話」についてもみられる（このような「無視」の証明はむつかしい。いくら証拠を並べても、除外のもっともな説明も可能であるからだ。「四大自由論」と「天津講話」に言及がないとりあえずの例として、中共中央党史研究室《中国共産党的九十年》中共党史出版社 2016 年と、鄧有貴主編の《中華人民共和国経済史（1949-2012）》當代中国出版社 2016 年を上げて置く。鄧有貴は中国社会科学院当代中国研究所経済史研究室主任である。）。

5.3. 劉少奇の新中国建設方針と天津講話（1948-49 年）

　1948 年 9 月。つまり鄧子恢の「四大自由論」からほど遠くない時点で、中央政治局拡大会議が開かれ、劉少奇（リウ・シャオチイ　1898-1961）が「新民主主義の建設」について報告を行っている。それを薄一波『若干重大決策与事件的回顧』中共党史出版社（手元は 1997 年修訂版の 2008 年重版）から以下引用する。この「お話」のポイントは、1949 年 10 月の新中国建国の 1 年前の 1948 年 9 月、毛沢東も含めて中国共産党中央政治局幹部のなかで、未だ社会主義革命は早過ぎる、当面は「新民主主義革命」を進める、なお私有財産制を維持して資本主義商工業を発展させる、という合意があったこと。それがこの

報告から確認できることである。この確認は天津講話の背景として重要である。

以下少し長く薄一波《若干重大決策与事件的回顧》を引用する。

「新民主主義革命成功以後、いったいどのような国家を建設するのか？
（1917 年のロシアの―訳者挿入）10 月革命もそうだったが、革命が勝利したあとすぐに社会主義をするのか、あるいは一度新民主主義をするのか（という問題に我々は直面した）。私の印象では、我々の党が比較的に集中してこの問題を考えたのは、おおよそ 1948 年 9 月の政治局会議に始まり 1949 年 3 月の七届二中全会までの間である。

中央政治局拡大会議は 1948 年 9 月 8 日から 13 日にかけて西柏坡で招集された。少奇同志は「新民主主義の建設問題に関して」報告を行った。この後、彼は、12 月 25 日華北財経委員会の会議で「新中国経済建設の方針と問題」という報告を行っている。

少奇同志のこの二編の報告中の観点は、概括するなら、中心となる思想は、民主革命勝利後、社会主義の実際の歩みをまだすぐに直接採用できない、というにあった。彼は言う。「過度に早く社会主義政策を採用することはできない。」「過度に早く資本主義を消滅させる方法は、「左」傾の誤りを犯すものである。」毛主席は彼の観点に賛意（賛同）を示した。少奇同志が政治局拡大会議で発言しているとき、とくに付け加えて言った。「一体いつ全面（全線）侵攻を開始するのか？ おそらく全国勝利後さらに 15 年が必要だ。」つまり、毛主席は早くからこの問題を考えており、すでに筍の中に竹があった。当時党の中央のほかの指導同志も同様に革命勝利後いつ社会主義に転入するのが適当かという問題を皆考えていた。

少奇同志が過度に早く社会主義政策を採用するべきでないとする理由は以下のとおりである。

第一に条件が成熟していない。彼が政治局拡大会議で述べたところでは、五種類の経済成分からみて、国営経済の全国民経済に占める比重はとても小さく、「多くて 10 - 20 % である。」毛主席が口をはさんで言った。

「資本主義工業のうちですら、完全に近代機器工業の生産量は多くて 10-
20％であり、国営経済だけでみてもこれより多くはない。」少奇同志は言
う。「まさにこの部分の数量がとても小さいことから、困難はすぐに表
れる。なぜ社会主義革命を実行できないかの理由もここにある。」

　第二に、社会主義をするという意味は公有制を実行することにあるが、
この方面で、ロシアで資産階級民主革命成功後、すぐに社会主義革命を
始めたという経験は繰り返すことができない。彼は言う。「われわれは
書物に頼る必要はない」中国の実際の階級関係から出発する必要がある。
ロシアでは 2 月革命のあと、資産階級は完全かつ一方的に反革命の側に
立ったが、中国の民族資産階級はそうではなかった。彼らは、帝国主義、
封建主義、官僚資産階級の圧迫を受け続けてきたので、革命性を持つ一
面がある。民族資産階級と我々は連合して反帝反封建闘争を進めてきて、
信頼（感情）は一度も破裂していない。革命勝利後、我々の政権の性質は
新民主主義で民族資産階級の代表人物に参加を求めている。それゆえ、
我々はロシアにおけるようにすぐに資産階級をひっくり返して、生産手
段（資料）の私有制を取り消す必要はない。

　第三に客観的になお資本主義工商業が経済を発展させることをなお利
用する必要がある。彼の考えでは、資本主義工商業は当時比較的大きな
比重をしめていただけでなく、「目前の全国民経済中、欠けてはならな
い部分であり、その適切な発展は、国民経済にとっても有利である。」
全国民経済を発展させるためには、経済面での資本主義工商業の発展は
許されねばならない。新民主主義経済を建設するために、我々と民族資
産階級は少なくとも「10 年 15 年一緒に働くのだ（搭伙）」もしも過度に早
く消滅させれば、消滅させたあとにもう一度来てもらうこともありうる。

　民主革命が勝利したあとには、一つの過渡段階が必要である。それは
過渡段階ではあるが、ある程度過渡的特徴を備えざるを得ない。たとえ
ば、この段階は矛盾と闘争に満ちている。資産階級に対する限定された
闘争と限定に反対する闘争。過渡から社会主義かあるいは過渡から資本
主義かの闘争。新民主主義はすでに社会主義の要素をもち、また資本主

義の要素ももつ、「これは一種の特殊歴史状態である」。しかし社会主義成分はとても小さいものの、指導的地位にある。民主主義経済のなかで、基本矛盾は資本主義経済成分と社会主義経済成分の矛盾であり、この矛盾がいかに処理されるかについて、劉少奇同志は「経済競争」を通じての解決を主張した。彼はこの競争において、無産階級に手中に指導権があり、かつ（無産階級は）国家の主要経済生命線（経済命脈）を掌握している、指導が適切なら必ず勝利を得ることができると考えた。しかし「決定的なことは小生産者が賛同するか否か（相背）であり、小生産者に対しては最も慎重な政策をとらねばならない」。彼は言う。「単に小生産者に土地を与え、ただ指導権を与えるのではなく、さらに進めて彼らに程よい生活（小康之家）を与えねばならない」と。合作社（主要には協同消費合作社：供銷合作社）の形で彼らを団結させよ。「合作社は労働人民の集団経済と国家経済の結合であり、同盟を作ることであり、社会主義に向かうものである。」

　毛主席は少奇同志のこの分析を基本肯定した。毛主席は少奇同志の講話中、絶えず口をはさんで自身の観点を補充し説明したほか、総括発言の中で以下のように述べた。「新民主主義と社会主義問題について少奇同志の発言分析はとても具体的でとても良い、二つの段階の過渡についてもとてもよく話している。各同志は中央局に戻ってからこれらの点を宣伝してよろしい。」毛主席はさらに、この問題はなお一歩思考分析が必要であるとして、少奇同志に文書作成の準備・起草をお願いして、党の七届二中全会上の討論への提出を指示された。」（薄一波《若干重大決策与事件的回顧》中共党史出版社 2008 年版, pp.33-35　この拡大会議は人民解放軍による三大戦役開始の 9 月 12 日の直前に開催されている。三大戦役で国民党軍に圧勝する直前の会議。劉少奇はこのとき新民主主義の政権の性質を無産階級専制ではないが工農民主専制政権だと述べたとされている。これは重要だが私はまだ原文を確認できていない。魯彤等《劉少奇在建國後的二十年》遼寧人民出版社 2011 年, pp.3-8, esp.5）

　このような政治局での議論から半年後、劉少奇は、天津で資本家の代表に
対して経済建設への協力を求めたことについて幹部会で報告した（1949 年 6
月 4 日）。その内容（資本主義搾取も条件によっては進歩性があるという言い方）が
後に、劉少奇が攻撃される材料になるのだが、このような資本家の発展を許
すことは、当時の党の方針とは合致していた（なお講和それ自体は 4 月 19 日の
こととされる。詳細は魯彤等前掲書 pp.9-19,esp.14-17）。以下は天津講話について
の 6 月 4 日の劉少奇報告の問題となる部分である。

　「彼（東亜企業股份公司の宋経理）はまた尋ねた。わずか数百元の株主も
資本家なのか？と。私（劉少奇）は答えた。社会生産は当然問題ない。す
べての生産に社会性はある。商品経済があれば、小生産者の生産品でさ
えすべて社会生産だ。問題は建物だとか機器こうした生産資料がすべて
占有され、私人に属しており、私人占有であることだ。社会主義とは将
来このような私人占有の生産手段を社会所有に変えることだ。現在はあ
なた方が建物、機器を占有し、また生産された商品もまたあなた方の所
有に帰している。いくらで買ったかは関係がない。利益の 3 分の 1 を配
当とするのも 4 分の 1 を配当とするのもいずれでもよいが、搾取は客観
的に存在する。1 万株あるいはもっと多い株主だろうとなかろうと、あ
なたは経理で、株主の総代表であり、株主に対して責任があり、義務か
らしてそして職責として株主に配当を払わねばならない。あなたは（そ
れでも）搾取者ではないのか？問題はあなたが好んで搾取するかどうか
ではなく、その社会制度が、あなたが搾取するかしないかを決定すると
ころにある。あなた方が労働者を搾取し、四大家族と帝国主義とがまた
あなた方を搾取する。それゆえあなた方は二重の身分にある。あなた方
は反帝反封建であるので、我々はあなた方と連合でき、それゆえあなた
方は革命の友人だ。新民主主義革命は 3 人の敵と 4 人の友人がいる（敵
とは帝国主義、封建主義、官僚資本主義。友とは労働者階級、農民階級、都市
小資産階級、民族資産階級）。我々はあなた方を友人の中に放つのであっ
て、敵の中に放つのではない。搾取は事実存在する、しかし搾取は悪い
ことだろうか（好不好？）。周叔弢（チョウ・シュータオ　1891-1984　実業家ま

た蔵書家として知られ解放後、天津市副市長。訳者補注）先生は搾取は罪悪だといい、あなた方も有罪だという。私は有罪だが功績もあると言う。失業している労働者が復職を求めるのはあなた方に搾取してくれと求めているということだ。現在 1000 人余りの労働者が、もし 2000 人余りになるのは悪いことだろうか？いいことだ。……資本主義搾取は一定条件のもとで進歩性があるもので、いつも反動あるいはいつも進歩というものではない。」（《劉少奇自述》国際文化出版公司 2009 年, p.138）

「文化大革命」で劉少奇を批判するときに「天津講話」が材料の一つにされたことは、1967 年 6 月 10 日に劉少奇の奥さんの王光美（ワン・グアンメイ 1921-2006）に対する批判大会が行われたときの記録からも伺われる。批判する側は、劉少奇が天津講話で搾取することをよいことだと言ったのは、資本主義の道を歩むものであり和平民主を鼓吹するもの、と批判。これに対して、王光美は言い方に良くない点はあるが、当時、天津には一種の左に偏った情緒があり、劉少奇の発言はそれに対するもので、発言された環境を見るべきだとし、和平民主は当時の路線であり、劉少奇個人の責任ではないと返している（黄崢《劉少奇冤案始末》九州出版社 2012年, pp.136-137, 143, 188）。

　劉少奇にしても鄧子恢にしても、文革収束後に名誉回復された。しかし、批判対象になった文章にはなおベールが掛けられているようにも見える。外部者の我々はそのベールを外して評価することができるのではないか。ベールを掛ける態度について、一つの仮説は、新民主主義＝資本主義に中国共産党の判断として向かったという事実。劉少奇の文章に見られるように、判断の根拠があったわけだが、しかしその後、中国共産党は、社会主義革命に転じた。そこでこの新民主主義に向かったという事実に関する幹部の発言はそれ自体未熟な考えだったとして、常に正しい共産党の歴史の記述にふさわしくないとして、記述から外す傾向があるのではないか。

　もう一つは、政治の問題である。資本主義から社会主義への移行期は、資本家階級による反革命を抑えるため無産階級独裁という政治体制にならざるを得ないという議論が、マルクス＝レーニンの古典にあることが知られて

いる。それをストレートに書いているものにマルクスの『ゴータ綱領批判』
(1865) があり、その延長として、議会制度の撤廃を主張しているレーニンの
『国家と革命』(1918) がある。これらの古典に中国はなお縛られているのでな
いか。しかし、古典の読む時には、時代背景を考える必要がある。

　マルクスについては、1865 年当時、ドイツプロイセンは形式的には男子
普通選挙権だが、実際は三級選挙権というもので、納税額で選挙権に格差が
あるものだった。マルクスは、平等な普通選挙権を求める運動に飽き足らず
過激発言をしたのだろう。不平等な選挙権に抗議のために、選挙ボイコット
の動きもあるなか、普通選挙権をただ求めるドイツ労働者党綱領案に、社会
主義への移行を主張するマルクスは、そんな方針では移行は実現できないと
過激発言をしたと推測する。イギリスでも選挙権は都市部の男子、中間層に
までに限定されていた時代。議会になお労働者の代表はいない時代である。
それを覆すにはまずは政権を労働者が奪取するしかないというロジックだ。
しかし男女普通選挙権が実現している今日から見ると、民主主義＝議会を否
定するマルクスの主張は受け入れ難い。

　レーニンについては自らの革命を正当化したいあまり、巨大な行政機構を
民主的に運営する問題を、民衆を代表する自分たちが政権を奪取することが
民主化だと、民主化の内容を自身に都合よく解釈していると推測できる。し
かし自分たちが民衆を代表するという身勝手なレーニンの主張も現在はとて
も受け入れられない。

　この 2 冊は、あくまで歴史的な古典としてその当時の歴史的背景の理解を
含めて批判的に読むべきものだ。しかし、新民主主義を進めようとしていた
中国では、こうした歴史を含めて理解すべき「古典」が、歴史的文脈から切
り離されて聖典のように読まれ、移行期の政治体制を「無産階級の独裁」と
する根拠になった可能性は高い。

　仮に「聖典」としての権威を認めるとしても、新民主主義を社会主義への
移行期ではないと分類できるならどうだろうか。新民主主義社会が無産階級
独裁である必然性は主張できないのではないか。この微妙な問題を提起した
人がいる。于光遠である。

5.4. 于光遠の新民主主義社会論

　新民主主義について、語られていない問題がある。それはその時の政治体制の問題である。

　ここで于光遠（ユウ・グアンユアン　1915-2013）を取り上げる。彼に注目している日本人は少ないと思うが、新民主主義について重要な発言をしている。

　于光遠は、新民主主義論の放棄は誤りだったが、もはや歴史は戻りようがない。我々はすでに社会主義段階に入っており、新民主主義の後に続くはずだった、社会主義初級段階を我々は歩むしかない、と述べている。

　「あの『新民主主義論から社会主義初級段階論へ』という本の中で私は1939年末、1940年初に始まり、1956年に至る一連の史実の考察の中で、毛沢東自身が「新民主主義論」——これはマルクス主義の重要な創造物であるが――をいかに提出し、発展させ最後に放棄したかを描こうとした。この時間内において、劉少奇は比較して多く「新民主主義社会」の観点を堅持した。彼は1951年に新民主主義を強固にすることを提案（提出）した。劉少奇は建国前後に少なからずつぎのような話をした。私人資本がもっている積極性は、十分発揮されるべきだ。将来中国の工業生産が過剰になったときこそ、社会主義革命の時だ。その時が来れば、私人資本の積極性は用済みだ。しかしそれは10年以上あとのこと。彼はまた言った。現在多くの人が搾取を恐れている。しかし搾取は一種の事実だ。搾取が多いと罪悪が多い、審判が必要で、銃殺だ、苦悶だと。このような考え方は間違っている。今日資本主義の搾取は罪悪でないだけでなく、むしろ功労がある。封建搾取が取り除かれてから、資本主義搾取には進歩性がある。雇用、個人経営は放任（自流）されるべきだ。豊（ゆたか）な家で雇い人が多い、馬を買うなど。人を雇うことに制限を付けるべきではない。それは放任とはいえない。将来我々は富農に対しては方法を考える。何も悪いことはないとしても、発展は一定限度までとし、将来は制限を予定する。劉少奇のこうした思想は、まさに「新民主主義社会論」の基本観点が発揮されたものである。しかし劉少奇のこれらの

観点はみな「新民主主義社会論」の主要創立者に批判され、劉少奇の主張は実行することはできなかったのである。

　「新民主主義社会論」の放棄により我が国がうけた甚大な（厳重な）損失は、現在ますます多くのひとが認識するところである。」（于光遠『于光遠改革論集』中国発展出版社 2008 年に収められた「"新民主主義社会論"的歴史命運」p.178 から。日付は 1988 年 11 月 25 日。『新民主主義論から社会主義初級段階論へ』については、1988 年、1991 年、1996 年の 3 回の版次が知られる。また 1988 年 11 月 25 日とは、共産党史研究家の胡華に学んだ中国人民大学教授王東の『共和国は忘れられない：新民主主義社会の歴史と啓示』東方出版中心 2011 年, pp.8-9 によれば、1988 年劉少奇生誕 90 周年記念大会の日付である。王はこの 1988 年の本を「十分簡単的大綱」と評している。）

　手元にある『新民主主義論から社会主義初級段階論へ』は 2005 年に長江文芸出版社（武漢市）から出された韓鋼の注記がはいったもの。韓鋼は 1958 年生まれ。2005 年時点で中共中央党校中共党史教研部教授。韓鋼の序文によれば、この元は 1988 年から 1998 年の間に于光遠が長期間にわたって書いたメモ（人民出版社版には言及がされない）。出版にあたり、中共党史研究室の楊青同志が引用文献の考証を行ったとしている。ここではその結論部から于光遠の記述を訳出するが、ここでもはっきりと「新民主主義社会」が継続されるべきだったとしている。また同時に、歴史とはもどることができないものだということで、新民主主義に戻ることも否定している。

　　「このように言える。理想的な発展は建国後、新民主主義社会論の要求に従うことだった。新民主主義社会制度を建設（建立）し、新民主主義社会制度を強固（鞏固）にし、新民主主義社会制度の下で発展する生産力の基本要求にそって社会主義的経済を発展させ、同時にまた資本主義的経済を発展させる。発展では社会主義経済の発展をさらにはやくなるように努める（争取）。二つの発展の中で差は次第に拡大され、資本主義経済は次第に社会主義経済の補充助手に変化させられる。そのとき中国社会は社会主義社会になる。…またこの社会は社会主義初級段階に属して

いる。このとき、「社会主義初級段階論」は先行する「新民主主義社会論」に代わって、今後の社会発展の指導原理になる（はずだった）。しかし事実は「新民主主義社会論」は建国3年以後放棄された。すなわち1952年に放棄が始まった。そして「社会主義初級段階論」が作用を始めるのは十一届三中全会の後、実際にはさらにひと時を経て社会主義初級段階の概念はまだ人々が明確に把握するところではない。この二つの議論の作用時間においては、30年以上の年月にわたる「指導性理論空白」時期がある。

　当然この断裂は歴史発展の中断ではない。この二つの議論が作用を始める時間の間に、前段階ではレーニンの過渡期学説が「新民主主義社会論」に置き換わり、その後発展した「無産階級独裁下継続革命論」が「社会主義初級段階論」に置き換わっている。この時間の経過において歴史的にはかつての「新民主主義社会論」そして以後の「社会主義初級段階論」は研究資料を提供しており、我々に今日このような知識を提供している。

　歴史とは過去に起こったことあるいは現存の事実である。すでに歴史になったことは、ただ承認するしかない。1956年に中国に誕生したのは、かつその後20数年の中で形成されたあの社会主義社会は、もちろん早生まれで畸形だった。我々はただ出来上がった既成の事実を受け入れることしかできず、すでに生まれた嬰児を母胎に戻すことはできない。私はかつてこのような意見、つまり、厳格な意味での補修（補課）すなわち、中国にもう一度新民主主義社会段階を経よと求めるのは不可能だという意見を発表したことがある。ただ建国以来の歴史経験を総括するのであれば、もしも我々が建国後数十年新民主主義社会制度を維持したなら、我々中国社会主義の発展にとても有利だったということはできる。しかしこのような判断は今日ようやくできるのである。20数年の曲折があったことで、我々は今日「社会主義初級段階論」を明確に中国の現段階の社会主義発展の指導理論とできるのである。」（《『新民主主義論』的歴史命運》長江文芸出版社 2005年, p.238）

　もう１か所注目した于光遠の記述は、長江文芸出版社版最後の以下である。ここでは新民主主義社会論が放棄された理由として、レーニンの過渡期社会（無産階級独裁の社会）との区別があいまいであったためだとしている。ここから、新民主主義社会を継続するには、過渡期社会とは区別することが必要だったということを、于光遠はいっている。新民主主義の時期においては、共産党の独裁まですすむべきではなかったのに、社会主義への移行期だとして独裁にまで進んだために、新民主主義は短命に終わったといっているように読める。これはかなり踏み込んだ指摘である。

　　「我々のこの文章は新民主主義社会論から社会主義初級段階論に至る歴史の研究である。私がこの研究をしたのは、目的は「前を見る」ためであり、「社会主義初級段階論」の発展と堅持に着眼したものである。私はこの歴史研究は「社会主義初級段階論」の堅持発展にとり啓発的（啓發）だと考えている。先ほど「新民主主義社会論」が放棄されたことを話したが、その一つの重要な原因は、問題の研究が比較徹底（透徹）していなかったことにあった。たとえば、新民主主義社会とレーニンの言う資本主義社会から社会主義社会への過渡社会との区別が事前に研究されることはなかった。そこで歴史が発展して新民主主義革命が全国範囲で勝利を得るに至ったとき、思想上、あいまいさが生じたのである。まずこのような二つの異なる性質の社会を混ぜて一言で述べるようになり（混爲一談）、のちに新民主主義社会といった言い方は完全に放棄されることになった。「新民主主義社会論」が放棄された歴史教訓を受けて、われわれはどこかに「社会主義初級段階論」に関係する問題があれば、それを少しでも早く提出するべきで、可能な限り深く議論するべきである。このようにすることで「社会主義初級段階論」に動揺が発生するときに対し、事前に一種の精神的準備をすることができる。」（前掲書 p.240）

　しかし今、無産階級独裁＝共産党独裁の中国社会は、市場経済を掲げる社会主義初級段階で安定しているように見える。そこに問題はないのだろうか。なお「新民主主義」については石家庄鉄道大学教授任立新の《毛沢東新民主

主義経済思想研究》中国社会科学出版社 2011 年も披見している。任立新の著
書は、レーニンの新経済政策と毛沢東の新民主主義との関係を考察したもの
で、これはこれで示唆的である。

5.5. 資本主義と民主主義──趙紫陽による問題提起

　マルクス主義の命題の一つに、資本主義社会では生産が社会的に行われて
いるのに、生産手段の所有が私的である。これは矛盾であるので、それを正
して生産手段を社会的に所有、つまり公有にすべきである、というものがあ
る。この命題に対して趙紫陽は、私有制は中間層を生み出し人々の生活水準
をむしろ高めた。逆に公有制は、ソ連東欧で失敗したと指摘する。趙紫陽
は、社会主義のメルクマールとされてきた生産手段公有制に切り込んでいる。
はっきり言っている。公有制の失敗は明らかで、公有か私有かは、資本主義
か社会主義かの区分の標識とすべきではないと。

　1993 年 4 月 3 日　趙紫陽は言う。「マルクスは 19 世紀に生活して、資本主
義生産の社会化と私有制（私人佔）とを資本主義社会の基本矛盾だと認識して、
資本主義の発展とともに（社会の）両極分化が激しくなり資本主義の晩鐘が鳴
らされるとした。しかし 20 世紀の事実は、資本主義社会では物質製品の欠
乏は全く生じないどころか、物質製品は極端に豊富だったこと。また労働者
階級が日増しに貧困化し絶対貧困化することがなかったばかりか、人民の生
活水準はあまねく向上し、広大な中間階層が出現し、ブルーワーカーは減少
し、ホワイトカラーが増加したことである。歴史事実の発展はマルクスの分
析と一致していない。このことは、私有制が物質製品を豊富にできること、
人民の生活水準を高められることを説明している。また私有制が生産力を発
展させられること、社会進歩を推し進め、社会文明を実現し、かつ資本主義
各国と一定程度協調して、ともに発展し繁栄に向かうことを可能にすること
を、説明している。欧州連盟が間もなく成立することや、地域的な自由貿易
ゾーンが相次いで出現していることは、このことの実証となるだろう。」

　「私有制もまた社会の繁栄をもたらすことができるというのは、マルクス
が予見できなかったところだが、しかしそれでも資本主義の実践が証明した

事実だ。また東欧の大きな変化、ソ連の瓦解は、実際また公有制の失敗を証明している。それゆえに「公有」「私有」のいずれであるか（劃分）は、（もはや）社会主義形態と資本主義形態の標識とはできないが、このことは現在、議論してはいけない領域（禁区）となっている。」（宗鳳鳴《趙紫陽軟禁中的談話》開放出版社 2007 年，p.85)

　おそらく多くの人はこの趙紫陽の発言に驚くに違いない。趙紫陽は、それでは社会主義をどう定義するのか。また中国共産党の役割をどう考えているのか。前者ははっきりしないが、後者はかなり明確で、革命が勝利したあと、まずはしっかり資本主義を発達させる必要があるとしている。

　なお杜導正日記の 1993 年 4 月 14 日の趙紫陽の発言に、マルクスが分析したのは 19 世紀の資本主義社会でその結論の多くは当時正しくても現在は適当でなくなったという記述がある。また趙紫陽は、ソ連が崩壊したあと、ソ連の人民の多くは、ソ連制度をなつかしいあるいはソ連制度に戻りたいと思っていない。これは深く考えるに値するとしている（杜導正《杜導正日記 趙紫陽還説過什麼》天地 2010 年，pp.44-45)。

　趙紫陽は 1993 年 4 月 28 日に、つぎのように発言している。資本主義の発展が遅れた国で、社会主義を行おうとしても、無理があるので独裁を招くことになる。そこで革命後、行うべきことはまずは、資本主義を発達させることだ。ところがそこを議論することが、中国では禁区になっている。

　1993 年 4 月 28 日　趙紫陽は言う。「東欧を経て、ソ連と中国で進んだ半世紀余りのあの社会主義の実践が説明しているのは、後進国や発展途上国で、革命勝利後、すぐに社会主義を建設はできず、必ず資本主義のこの過程（這一課）を経ねばならないということだ。このような国家は社会主義を建設する条件が備わっていないだけでなく、まだ成熟もしていない。社会主義建設を強行すると、必然的に畸形発展となり社会主義は変形してしまう。無理に行おうとして、多くの大衆が不同意であると、ストや反対が起きる。これは結果として強迫手段の採用、高圧政策の実行、鎮圧といった方法をやむなくさせ、自然に独裁、統治強化、個人独裁となり個人崇拝（迷信）を作り出す。同時に異なる政治的意見の者を批判闘争、鎮圧となる。スターリンと

毛主席はこのように進んだ悲劇である。ソ連では農業集団化が強迫実行され、中国では権威の力で「一大二公」の人民公社制度（ここで一大二公とは人民公社の規模が大きく、公社の公有化の程度が高いことを指している。）が実行されたが、そのことによる生産力の破壊は莫大であった、（そして）死んだ人がいかに多かったことか！それゆえゴルバチョフはソ連で行われた社会主義の実験（資本試験）は「痛ましい教訓」だといい、エリツインは「災難」だといったのだ。これはすべて資本主義のこの過程（這一課）を補わなかったために生じたことなのだ。」趙紫陽は重ねて言った。「必ずマルクスのこの原理を回復（恢復）せねばならない、（すなわち後進国や途上国で革命が勝利したら）必ず資本主義のこの過程（這一課）を補わねばならない（という原理を回復せねばならない）、これは人類社会発展の自然な過程である。ただ（現在）このことは議論できない領域（禁区）となっている。もしこのように問題を提出すると、極「左」派に、資本主義の復活を図っているとして襲われる（反撲）危険がある。（しかし）はっきり言うべきだが、この原理が回復しなければ、（社会主義という？）真理で人を心服させることは難しい。」（宗鳳鳴《趙紫陽軟禁中的談話》開放出版社 2007 年, pp.86-87）

　1993 年 12 月 14 日のところで趙紫陽は、無産階級専制について、革命の勝利のためには独裁は必要だが、勝利後は速やかに民主と法治に戻るべきだという廖李立（リアオ・チイリイ　1915-1993）の意見への同意を表明している。廖は党の経済部門に一貫して務めた人だが、1915 年生まれで 1993 年 12 月 14 日に亡くなっている。その半年まえの 1993 年 5 月 16 日に趙紫陽を尋ねて、自説を趙紫陽に直接のべている。（宗鳳鳴、前掲書 pp.94-99, esp.96-97）

　1993 年 12 月 14 日、趙は廖季立の訃報を聞いて、そして廖のことや見方について見解を述べたのではないか（福光）。廖に同意するとして述べている。「無産階級は国内で優勢になってから再び「独裁（専制）」を強調することはできない。そのようにすれば、ただ人民の政治が独裁化するだけである。（逆に）当然、革命時期にこのような厳密に高度な集権制がなければ、革命は勝利することはできない。すなわち建設が開始するとき、（趙は著しく力を込めて述べた）もし西欧の民主政治を実行すれば、あのような多党制を行えば、社会

は決して安定できないだろう。発展途上の国家は社会矛盾が多いし、経済建
設を順調にすすめることはできない。南アメリカ諸国がその例だ。」趙紫陽
は最後に述べた。「まとめると、後進国家で革命が勝利したあとは、まず商
品経済を発展させる。生産力を全力で発展させる。中国の農村においては、
さまざまな請負制（聯産承包制）が進められたことで、人民公社が解体（瓦解）
した。都市においては非国有経済の発展が、計画経済体制を崩壊（解体）させ
た。株式制を実行したことは、公有制経済を転換させた。今後市場経済の発
展とともに、経済多元化が出現すると、高度集中的独裁政治体制は必ず維持
できなくなり、旧体制をは必ず改変されねばならなくなる。（そのとき）一党
独裁の政治体制が終わり、現代民主政治が始まる（実行される）。」（宗鳳鳴、前
掲書 pp.120-121）

　革命の勝利ためには独裁は必要だという趙紫陽の考え方には、やはり趙紫
陽も共産党人だと感じる（同じことは 1995 年 5 月 27 日に中国共産党が瓦解すれば
中国には混乱が生ずるという言い方にも指摘できる。前掲書 p.165）。他方、市場化
が進み経済多元化が進むと、独裁政治体制は維持できず民主政治が始まると
いう楽観的な予想を、趙紫陽は書いている。またこれは楽観的であると同時
に、経済多元化に適合した政治体制は独裁政治ではないはずだというメッ
セージでもある。

　1995 年 5 月 1 日。メーデーの日に趙紫陽はこの問題に立ち返っている。

　「レーニンの建党原則によれば、党は人民を代表している。しかしわが国
の実践において一部の党指導者は、自分こそ党を代表するとしたいあまり、
自分に反対することは、反「党」であり、反「人民で」であるとした。趙紫陽
は明確に言った。この種の意識形態と市場経済は相いれない（不相容的）」（宗
鳳鳴、前掲書 p.161）。続けて「マルクスは無産階級専制の観点を提出したが、「指
導者こそが党である」という学説はレーニンが作ったもので、マルクスが作っ
たものではない」。そしてさらにこれは「主要指導者や領袖を個人専制に向
かわせる」として「無産階級専制というこの理論を放棄しなければ、民主政治、
法治は実現がむつかしい」としている（宗鳳鳴、前掲書 p.162）。

　市場経済と専制（独裁）は相いれないというところは重要だと思うが、十分

展開されていない。そこで参考になるのは、資本主義は批判を受け入れることでその生命力を回復させてきた。対して社会主義は自身に対する批判を反社会主義、反党、反人民と攻撃してうけいれなかった。その結果、ヒットラーのファシズム同様にソ連は滅亡した。資本主義はケインズ主義を採用し福祉政策を実行することで、生命力を高め、社会の発展に適応することに繋がった、と趙紫陽は 1995 年 7 月 8 日に述べている。そして趙は、この資本主義の自己調節（自我調節）という考え方を、章韶華（チャン・シャオホア）や経済学者顧准らの観点と同じだとしている（宗鳳鳴、前掲書 p.169）。 私は、批判に寛容な社会が、自己調節能力が高いという部分が、専制（独裁）批判の核になる部分ではないかと考えている。つまり、市場経済＝資本主義経済は、外部の批判にオープンで自己調節が可能である。市場経済の運営を続けてゆくためには、無産階級独裁を民主政治に改める必要がある。しかし趙紫陽は、独裁を批判しつつ、現在は西欧型の多党政治や議会民主は実行できない、としている。ではどうするか、人民大会、政治協商会議の牽制を働かせることだとしている。地方自治、労働組合など社会組織の組織、民主党派が自身の利益代表が人民大会、政治協商会議を通じて、民主政治を進めることが現実的で穏当かつ実行可能であると（前掲書 pp.170-171）。（なお唐亮『現代中国の政治』岩波書店 2012 年 p.145 以下にこうした考え方が中国式の下からの民主主義として紹介されている。共産党が指導政党であるという序列を明確にしたうえで、その周辺に民主党派の存在を認める。このあたりが趙紫陽の認める民主化の姿に見える。）

　1995 年 11 月 4 日のところ。趙紫陽は無産階級専制を放棄しなければ民主政治は実現できない、と明言しており、市場経済の発展とともに政治改革を進めるべきとしている。その内容として、言論・結社の自由、公開監督なども指摘されている。ただ具体的に共産党に執政を争う政党まで認められるのか（あるいは複数政党を認めるが共産党があくまで指導政党である体制なのか）、といった点は不明確（前掲書 pp.184-185）。つまり趙紫陽は、無産階級専制を放棄する必要は明確に述べたが、どこまで民主化をすすめるのかは必ずしも明確にしていない。

5.6. 資本主義と民主主義──顧准の指摘とその影響

　趙紫陽のところで述べたように、資本主義には批判を受けて自己調節（自ら調整する）機能があり、それが大恐慌期のケインズ政策の採用やその後の福祉政策の採用という考え方は、章韶華（チャン・シャオホア）が示したとのこと。自身はそれと同意見だと趙紫陽はいっている。また無産階級専制については、革命の勝利のためには必要だが、革命勝利の後は速やかに民主と法治に戻るべきで、それは廖李立（リアオ・チイリイ）の意見だが、自分も同意見だと言っている。そしてソ連が滅亡したのは、ソ連が一党独裁で批判を許さなかったからだとしている。このような西欧世界の世界史に対する認識と、ほとんど変わらない考え方が、中国に存在していることがまずは認識される必要がある。

　そのうえでだが、ここで顧准の遺著『理想主義から経験主義へ』を引用したい。章韶華や廖李立と顧准との関係は今のところ不明である。この遺著は1989年に中国国内での出版が目指されていたが、89年春の周知の事件により出版できなくなり1992年に香港で出版されている。中国国内では1994年に貴州人民出版社刊行の『顧准文集』の中に収められ、大きな反響があった（なお私の手元にあるのは2013年出版の光明日報出版社版である）。章韶華や廖李立と顧准との関係は、不明だが、この二人の主張と大変良く似た考え方が顧准の中に示されている。

　たとえば顧准は次のように述べている。

　　「率直にいって、私は資本主義がなお生命力を有する原因は、彼らが批判を制限しないだけでなく、それどころか推進（発展）させているからだと考えている。たとえば、1929年の恐慌時にケインズ前の経済学説を堅持する政党が、全ての異端思想を禁止したなら、資本主義はとっくに終わっていた。資本主義はそうはせず、そこには、ベトナム戦争、麻薬問題、青少年犯罪、人種差別、ウオーターゲイト事件、自由放任が恐慌の原因である、年収で2000米ドルあるいは3000米ドル以下の人は貧困線以下であるなどなど、各種各様の批判がある。このようにして、資本主義は罪悪の根源がたまりにたまったものであるかのような奇妙な

風景が現出して、不断に注意され、いつも大小の改良が加えられている。そこで資本主義は「気息奄々」ではあるが、常に混然としており、ときにすこぶる活発にみえる。マルクスの『資本論』中の資本主義体系にあるものさえ、一種の批判となり、改良作用を促している。」(《從理想主義到經驗主義》光明日報出版社 2013 年，pp.107-108)。顧准はこのような批判について、西欧思想に優れたものがあるとしている。「西欧の思想は確かに批判という点に優れている (善於批判)。政治権威も当然批判対象である。いかなる既得権益も批判対象である。米国で盛んな群衆による人種差別も又批判対象である。ただ人々が関心をもちさえすれば、どのような秘密も秘密のままではない。米国の南ベトナムでの卑劣な戦争についていえば、批判が最後には撤退をもたらしたのは、少なくとも一面の真実である。」(前掲書 p.106)

　「レーニンは直接民主という無産階級専制を強調し、政権を奪い取り、ツアー政治の汚泥汚水を追い払った。彼は正しかった (他對了)。」(前掲書 p.126) 問題はそのあとどうするかにある (問題還在 "娜拉走後這樣")。しかし「すべての権力をソビエトへは全ての権力は党に属すると変化し (嬗變)、さらにすべての権力はスターリンに属すると変わった。」(同前)

　「カウツキーは、現代実行可能だとされる (行得通的) 民主は行政機関を残し (また官僚機構を残し) 代議政治を実行するというものだけで、なお反対派を存在させることが必要である、と言った。」(前掲書 p.125)。革命があっても「行政機関、またすなわち官僚機構は当然廃止しようがないものである。」(前掲書 p.130)「それゆえに政権奪取についてカウツキーは間違っていたが、その後どうするかについては、カウツキーは正しかった。われわれからすれば、この一組はすべて輸入品だ。しかし、輸入しないわけにはゆかない。」(前掲書 p.131)

5.7.「市場レーニン主義」と鄧小平の民主主義

　何年か前に賀雄飛主編《中國爲什麼不高興》世界知識出版社 2009 年の賀雄飛による記述を読んで朱学勤 (チュウ・シュエチン 1952-) の言説を知った。賀

によれば、朱は鄧小平の南巡講話 (1992) 以降の改革開放はその前の第一段階と大きく異なるものであったとして、次のように第二段階における「市場レーニン主義」の形成を指摘している。

　第一段階の改革の展望 (願景) は中国人誰もが疑わないもの (相信的) だったが政府の役人は態度が定まらなかった (游移的)。第二段階になると役人はこぞって資本と結びつこうとし、政府はみな投資会社になってしまった。第二段階の改革はただ経済改革だけで、政治改革の歩みは遅く、官僚の腐敗は人々の喪失感を生み出した。絶対収入は増えたが、幸福指数は第一段階より減少した。政府への信頼は大きく損なわれ、人々は主流の意識や話を信用しなくなったが、信ずるふりをしている (政府公信力的嚴重喪失。大家不相信主流意識形態話語，卻有裝作相信)。そして第二段階の改革の秘密とは、市場とレーニン主義の結合である市場レーニン主義 (市場列寧主義) を形成したことである (賀雄飛主編前掲書 pp.259 271, esp.268-270 なお朱学勤の原文はネット上の「愛思想」のサイトで閲覧できる。www.aisixiang.com/data/17045.html 2020 年 11 月 13 日閲覧)

　この朱の言い方は、政府官僚の腐敗、政治改革の遅れが、主流意識を人々が信用しなくなった原因だというものであるが、人々は (社会主義を) 信ずるふりをしているのだという大胆な発言を初めて読んだとき、大陸の出版物のなかに本音が堂々と書かれていることに驚いた。そして朱は、少なくともこの文章のなかで、第二段階の改革が経済改革一辺倒で、政治改革が遅れたことを批判しているように読める。

　現在の思想状況、とく価値観の喪失については、共産党政権のもとで繰り返された思想闘争の影響も考えられる。厲以寧 艾丰 石軍主編《時論中國》中國工人出版社 2013 年 1 月のなかの尋找失落的信仰 pp.169-187 は参考になる。最初に国防大学教授の公方彬 (コン・ファンビン) が明確に書いている。極端な精神権威主義の闘争を経て人々は、歴史にも精神にもさらに生命にすら畏敬の念を失ったのだと (p.170)。しかし鄭州大学の魏長領 (ウエイ・チャンリン) が続けていうように、誠意信頼 (誠信) を失うことは、国家の名誉にもかかわる (p.173)。

　今の中国はどのような問題を抱えているか、周端金 (チョウ・ルイチン　こ

の人は皇甫平　ホアン・フウピンの筆名で、鄧小平の改革を擁護する議論を1991年2月以降、上海解放日報で展開したことで知られる）が2013年に刊行された成思危等《改革是中國最大的紅利》のなかで述べている転換期のワナ（轉型期陷阱）として五項目挙げている。

　一つ目は、地域、都市農村の貧富の差が開いており、公平で合理的な国民収入の分配が未だ形成されていないこと。二つ目は国民生活の面で、国民の求めに対してかなり立ち遅れていること。三つ目は発展方式が粗放的で生態破壊、環境汚染、水資源汚染などがひろがっていること。（残りの2つについてかなり具体的に書いているので訳してみる。）

　　「四つ目に社会腐敗現象がひどい。一般に役人と商人がむすびついた経済領域の腐敗がかなり広がっており、とくに役人の地位の売買は盛んで政治は腐敗している。腐敗は裁判所や検察にまで広がっており、裁判官や検察官の犯罪は少なくなく司法は腐敗している。報道機関は世論で監督する役割を失っているだけでなく、世論をカネで買う腐敗現象をさらに生み出している。この種の腐敗は特殊利益集団を作り出し、階層は大規模に世襲され、世襲された官僚、金持ち、貧乏人、農民の利益は固定化している。社会階層の分裂対立はひどく、庶民（草根階層）は上昇可能性を失っている。中等収入階層の間ではひどく収奪されたとの思いが生まれており、新富裕層にはかなりの移民傾向がみられる。

　　五つ目は社会に浮ついた焦りあるいは不満の感情が広がっており、人々の幸福感が減る中、喪失感は増え、道徳感は衰え、多年蓄積された不満、懐疑、怨恨が爆発しようとしている。一面これは政府が改革を進めることを促すが、他面で一部の人はますます政府不信となり、過激になり我慢しなくなっている。これが民族主義の思潮を導き、官僚、金持ち、警察を敵視する気分をあふれさせている。物質主義、消費主義、享楽（享受）主義は社会に普遍的現象になっている。金銭至上の観念が氾濫し、奢侈浪費（奢靡）がすさまじい。人間性や価値観が失われ、様々な欲望が不断に膨張し、人権（人文）精神は失われるばかりだ（愈發失落）。」（成思危等《改革是中國最大的紅利》震感出版（台湾）2013年, p.131）

　これを読んで感じることは、イデオロギーでごまかすことなく客観的に記述されていることである。こうした諸問題に対して同書で汪玉凱（ワン・ユウカイ　1946-）は既得利益集団の形成が改革の最大の障害になっていることを認めている（同前書 p.100 以下）。又結果として、不公平感、公権力の乱用、国有資産の流出、道徳感の喪失、民衆の不満につながっているとして（同 pp.103-104）、かなり具体的な対策を列挙している。たとえば官僚の財産公開制度の厳格な実行、党政公務人員と商業利益関係の遮断、人民代表大会の差額選挙（＝複数の候補者で競う選挙）拡大、党政重要官僚の配偶者と子女の商業活動参加の制限などが列挙されている（同 pp.105-111）。また政府自身が事業を行うことが特殊利益の膨張につながっているとの指摘もみられる（同 p.114 以下）。

　党官僚とその家族が権益をむさぼる姿への批判は、このほかの資料でも確認できる。

　鄢一龍等《大道之行 中國共產黨與中國社會主義》中國人民大學出版社 2015年の巻二で著者の章永楽（チャン・ヨンル　1981- 執筆時北京大学法学院副教授）は一家両制（共産党の幹部の家族が商業分野で活動すること）が党の先進性、代表性をゆがめていることを批判し、各種の選挙で競争性を高めることを主張している（鄢一龍等《大道之行》pp.47-99, esp.77-80,85）。

　しかし他方で、鄢一龍（ヤン・イーロン　1976-）の緒言は率直に党の独裁を支持している。一党独裁は、もっともらしく見えるが正しくない命題だ（"一黨專制" 是個似是而非的偽命題）という。中国共産党の権力大系は開放体系で、どの個人、家族、団体も権力を独占（壟斷）していない。そして中国では、中華民族の中のもっとも傑出した人により国家のかじ取りが行われる（賢能治理）として習近平を紹介している（同前書 pp.7-8）。

　私は、中国の腐敗の問題を考えるときに、共産党だけでなくて、社会全体に腐敗が広がっていることが問題だと感じる。そして広がりの根源は、人の持っている権利を無視する形で革命や思想闘争を行いその人権無視の誤りを今現在も正していないことにあると考えている。

　杜潤生（ドウ・ルンシェン　1913-2015）は土地改革で犯した誤りを指摘してい

る。「我々は、労働者の財産、利益に対する保護の面で、当時の土地改革が
厳格に法に基づいて行われず、悪影響をもたらしたことを認めなければなら
ない。中国では長期にわたって皇帝権力が統治し、「土地はすべて皇帝のも
の」とされており、個人財産を保護し、それが侵されないように保護するこ
とは考慮されてこなかった。その影響は今日にまで及んでおり、市場経済を
実行しているのに取引上の信用が確立していない状況がある。土地改革の中
で、地主が違法に独占している権利をはく奪したのは合法的であったが、「す
べてご破算にして平等に分配し直す」やり方はマイナスの影響を残したし、
中農の利益を侵害してしまった。……今日、農業請負制を実行しているなか
でも、農民の土地使用権に対する法的な保護が欠如しているため（農民的土
地使用権缺乏法律保障）、村の幹部が勝手に農民の土地の利用権を調整してし
まう（村幹部任意調整地権　勝手に元の状態を変更してしまうこと）事件が次々に
発生しているが、これは党中央が定めた土地使用権 30 年間不変の政策に反
したものである。今後も法治を軌道に乗せられなければ、社会主義市場経済
体制を確立することはできない。」（杜潤生《杜潤生自述》2005 年，p.21 白石ほか訳，
pp.58-59）

　この反省は、中国が新民主主義をしっかり経ないでいたずらに社会主義を
急いだことへの反省にもつながっている。別の箇所でこういっている。

　「「文化大革命」の間、私は再び少しマルクスの書物を読んだ。マルクス主
義は共産主義の目標の一つを、「人の全面的発展」と定めている。マルクスは、
農民は血縁関係で縛られた氏族共同体の中にそれぞれが孤立した生産生活方
式から抜け出ることを予測した、次第に物的依存と人的依存から抜け出ると、
そして一定の個人財産権利を保有することから、その基礎上で自由交換を進
め、最後は「自由人の連合体」に向かうと（予測した）。

　私はいつもこう考えている。農民が自由人の連合体に向かう、依存関係や
依存された関係から抜け出るには、ある発展段階を経過する必要がある。農
民が土地改革を経て、封建独占を消滅させ、小さな土地を得た後、このとき
市場関係、商品関係が保留されていれば、それは農民の自由発展の機会にな
り、生産力発展に有利であり、社会主義への過渡にとり有利である。もしも

この段階を飛ばしてしまい、農民の土地財産を没収して連合体を作っても、生産力条件も文化条件の支持もなく、経済は貧しく、システムは閉鎖され、主体意識や民主意識を育てることはむつかしく、依存そして被依存関係から抜け出ることもむつかしい。他面では、依存される側の隊長、社長は容易に群集利益権力の独占者に変化し、以前ソ連社会主義制度下の農村で発生した否定的現象に似たものが出現する。」(同前書 p.112 白石ほか訳 p.148)

　個人財産権の軽視に問題があるとの主張は、何清漣 (ヘエ・チンリエン 1956-) の《現代化的陥阱》(原著 1998 年　邦訳 2002 年) にもある。彼女はその第六章で中国における経済モラルの崩壊を論じている。なぜ改革解放後、モラルの崩壊が生じたのか。1978 年以降、中央集権体制の規律が緩和される中で生じた規律の弛緩、そのもとでの任意性の増加と、職業道徳の欠如による職権の悪用から議論を始めている。が、読み進めると市民社会の基礎である人権が中国で軽視された背景を、とくに私有財産権の軽視、無視により (人間社会のモラルを崩しながら) 中国共産党が統治を進めたことに求めている。結果としてそれが他人の私有財産さらに公有財産の軽視、つまり腐敗につながっている。

　中国の民主化には依然として、限界があるように感じるが、中国共産党のもとでの民主化の内容を示したものとして 2011 年に当時中央人民政府の香港特別行政区連絡弁公室宣伝文体部部長だった、郝鐵川 (ハオ・ティエチョアン　1959-) が香港で出版した《鄧小平與中國的民主，法制和人權》の内容を見たい。この本は、香港人に対して、中国の民主化とは何かを教えようとするものだったと感じる。著者の郝は、華東政法学院 (現華東政法大学) 元教授である。

　鄧小平は西欧の三権分立の政治体制を効率に欠けると批判したと指摘する。中国は追い上げるタイプの現代化国家に属する、それゆえ、相互に摩擦する国家組織を建設して、効率を常に犠牲にし、社会が自ら進める三権分立政体に身をゆだねるのは中国には合わない。鄧小平は言っている、我々は西欧国家が三権分立と両院制を行うことに反対するものではないが、我々はただ人民代表大会制度を実行できるだけである。これが中国の現実 (実際) にもっと

も符合しており、またそれは多くの問題（牽扯）を避けられるからである（前掲書p.67）。なおこれの根拠となる、鄧小平の言葉は別の箇所（同pp.138-139）で引用されている。なおその後ろで郝は、現代化が全面的西欧化だとするのは間違いだとはっきり言っている（同p.141）。先ほど述べたように、この本は、香港人に対して、中国の民主化とは何かを教えようとするもの。民主化は本土化に過ぎないことを香港人にはっきり宣言している。

6.　むすび　民主化なき市場化の「成功」と陳独秀の遺言

　新民主主義社会についての議論、そして、顧准が読まれたことで、無産階級専制の問題点の理解が中国社会の多くの人に共有された1990年代半ばから20年余りの年月が経過した。これまで一つのシナリオとして、専制のもとでは不平等、社会的不正、腐敗が拡大する。にもかかわらず既得利益を持つ側が利益集団として、改革を妨げる抵抗勢力になる。その結果、専制国家である中国の経済は、行き詰まるという考え方が囁かれていた。他方で、こうした矛盾を改革の力として上からの改革が可能だという考え方もあった。

　現実はどちらだったのか。現在の答えは後者で、無産階級専制のまま、中国は「市場レーニン主義」の運営に「成功」したように見える。先進国における独占規制や、環境規制を学んで取り入れることができる後発者の利益を得て、中国は議論というコストはあまりかけずに先進国型の行政システムを疑似的に構築できて、上からの改革が成功しているようにも見える。効率を選んだ鄧小平は正しかったのだろうか。

　2017年のことだったが私は、胡鞍鋼 楊竺松《創新中國集體領導體制》中信出版集團2017年8月に出会って大変衝撃を受けた。この本は中国のいわゆる集団指導体制がどのように動いているかの紹介で参考になる記述も多いのだが、衝撃であったのは、こうした中国の政治制度を中国標準として堂々と世界に押し出すものであった点だ。著者の一人の胡鞍鋼（フー・アンガン1953-）は10年前、胡鞍鋼《中國崛起之路》北京大學出版社2007年1月において「中国式の民主化」を議論していた人物。それだけに彼が中国式民主化す

ら議論せずに集団指導体制の実態を誇示開示する本の著者に収まっていることに驚愕したのだ。

　そのころだったが、顧准を読み終えた私は、陳独秀に関心をもち、陳独秀の晩年の著述を読んだ。顧准を最初に読んだときは、まだ文革の余波が残る1970年代半ばの北京で、黙々と一人読書に励み、欧米の民主主義の歴史に学ぶ姿勢に感激した。ただ陳独秀を読むと、1970年代半ば顧准がたどり着いた結論の多くに、陳独秀がその30年前にすでにたどりついていることに驚かざるを得なかった。もっとも陳独秀は、資本主義の生命力の話はしていない。ただ社会主義の話しをしている。スターリンに支配された当時のソ連を念頭に、社会主義を名乗っていても、そこに反対党派の存在という意味での民主がないなら、そんな無産階級独裁には一文の価値もないと言い切っている。それは結局、独裁や腐敗を生み出すだけだと。

　「科学、近代民主制、社会主義、これらは近代人類社会三大天才発明であり、このうえなく貴重で尊いものとなりうるものである。不幸にして（1917年）10月以来、軽率にも民主制と資産階級統治を同時にひっくり返し（推翻）、独裁をもって民主に置き替えた、（この結果）民主の基本内容はひっくり返され、いわゆる"無産階級民主""大衆民主"（という）、実際の内容がない空洞の名詞、資産階級民主に対抗する上っ面だけの言葉になってしまった。無産階級が政権を取得したあと、国有大工業、軍隊、警察、裁判所（法院）を保有し、ソビエト選挙法という鋭利な兵器を手に、資産階級の反革命を十分に鎮圧した、力を加えるまでもなく、独裁が民主に置き換わった。独裁制は鋭利な刀のようなもので、今日は他人を殺すのに用いたものが、明日は自身を殺すために使われかねないものだ。レーニンは当時、"民主は官僚制に対するワクチン（抗毒素）だ"と気づいたが、真剣に民主制を採用することがなかった。たとえば秘密政治警察をとりやめるとか、反対党派の公然とした存在、思想、出版、罷業、選挙の自由などを容認するなど、はなかった。トロッキーは独裁というこの刀が自身を傷つけるに至って、党、労働組合そして各クラスのソビエト（議会の意味がある　訳者）に、民主と選挙自由を求めたが、あま

りに遅すぎた！」(《陳獨秀　給西流的信 1940 年 9 月》載《蔡元培自述　實庵自傳》
中華書局 2015 年，pp.189-190)

　「(八) 民主主義はおのずと人類が生み出した政治組織であり、政治が
消滅するまでも、各時代 (ギリシア、ローマ、近代から将来の) 多数の階級
人民は少数特権の旗幟に反抗した。"無産階級民主"これは空っぽの名
詞ではない、その具体内容は資産階級民主と同様に、全ての公民に全員
に、集会、結社、言論、出版、罷業の自由を求めるものである、特に重
要なのは反対党派の自由である。これらがないなら、議会あるいはソビ
エトは同じく一文にも値しない。

　(九) 政治上の民主主義と経済上の社会主義とは相反するものではなく
なり、また民主主義は資本主義および資産階級と不可分離なものでも
ない。(しかし) 無産政党は資産階級及び資本主義に反対しているために、
あわせて民主主義にも反対している。そこで各国で"無産階級革命"が
出現すると、官僚制を行う民主制という消毒薬を持たないために、世界
にはスターリン式官僚政権、残忍と暴力、汚職、虚偽、欺瞞、腐敗、堕
落が出現することになり、決して社会主義らしいものを創造もできな
かった。いわゆる"無産階級独裁"、根本的にはこのようなものは存在
せず、(あるのは) 党の独裁である。結果はただ領袖独裁だけがありうる。
(そして) いかなる独裁もみな、残忍と暴力、隠蔽、欺瞞、汚職、腐敗の
官僚政治とは分離はできない。」(《陳獨秀　我的根本意見 (1940 年 11 月 28 日)》
載同前書 pp.194-195)

　私有財産権などの基本的人権が確保されない社会では、個人の欲望はむき
出しになり腐敗が生まれやすいことを彼は直言している。この陳独秀の著述
は胡適 (フウ・スウ　1891-1962) の手にわたり、胡適は中国を逃れて米国大使
に赴任するための太平洋上の船のなかで、『陳独秀の最後の論文と手紙への
序文』をまとめている (1949 年 4 月 14 日　同前書 pp.161-173 所収)。歴史の大きな
流れの中に結果として埋没した陳独秀であるが、その評価をするときに、晩
年の民主主義者としての側面を落とすのは公正を欠くように感じる。

　私たち外部者が書く中国経済学史は、中国では敏感問題として記述が敬遠
されるこうした政治問題を含めた形で展開することが、外部者の立場の利点
を生かすという意味でも望まれるのではないか。

参考文献

石川禎弘 (2010)『革命とナショナリズム　1925-1945』岩波書店。

今井健一・渡邊真理子 (2006)『企業の成長と金融制度』名古屋大学出版会。

大橋英夫・丸川知雄 (2009)『中国企業のルネサンス』岩波書店。

岡本隆司 (2013)『近代中国史』筑摩書房。

落合隆 (2017)「ルソーにおける所有権の政治化について」『人文研紀要』(中央大学人
　　　文科学研究所) 87 巻、31-60 頁。

梶谷懐 (2014)「中国「国家資本主義」論の再検討：分配問題を中心に」『国民経済雑誌』
　　　210 巻 4 号、13-31 頁。梶谷懐 (2018)『中国経済講義』中央公論新社。

加藤弘之・久保亨 (2009)『進化する中国の資本主義』岩波書店。

加藤弘之・渡邊真理子・大橋英夫 (2013)『21 世紀の中国　経済篇　国家資本主義の
　　　光と影』朝日新聞出版。

金子肇 (2019)『近代中国の国会と憲政―議会専制の系譜―』有志舎。

関志雄 (2005)『中国経済のジレンマ―資本主義への道』筑摩書房。

関志雄 (2007)『中国を動かす経済学者たち』東洋経済新報社 2007 年 8 月

関志雄・朱建栄・日本経済研究センター・清華大学国情研究センター編 (2008)『中
　　　国の経済大論争』勁草書房。

興梠一郎 (2005)『中国激流　13 億のゆくえ』岩波書店。

下斗米伸夫 (2017)『ソビエト連邦史　1917-1991』講談社。

唐亮 (2012)『現代中国の政治―「開発独裁」とそのゆくえ』岩波書店。

中兼和津次 (2013)「「中国モデル」再考：それは新しい開発・移行モデルなのか」『比
　　　較経済研究』50 巻 1 号、53-65 頁。

西村成雄 (2017)『中国の近現代史をどう見るか』岩波書店。

橋場弦 (2016)『民主主義の源流　古代アテネの実験』講談社 (『丘のうえの民主制―
　　　古代　アテネの実験』東京大学出版会 1997 年の改題文庫化)。

福光寛 (1982)「シティ・オブ・グラスゴー銀行の倒産　無限責任株式銀行の終焉(上)」
　　　『金融経済』194 号、35-68 頁。

福光寛 (1982)「シティ・オブ・グラスゴー銀行の倒産　無限責任株式銀行の終焉(下)」
　　　『金融経済』195 号、67-87 頁。

福光寛 (1984)「シティ・オブ・グラスゴー銀行の倒産―無限責任銀行会社の倒産―」
　　　『証券経済学会年報』19 号、12-20 頁。

福光寛 (1994)『銀行政策論』同文舘出版。

福光寛 (1994)「アメリカの郵便貯金について」『証券経済』189 号、79-103 頁。

福光寛 (1994)「銀行の社会貢献―現状と課題―」『立命館経済学』43 巻 4 号、1-15 頁。

福光寛 (1999)「変貌するコーポレートガバナンス」『成城大学経済研究』147 号、65-119 頁。

福光寛 (2001)『金融排除論』同文舘出版。

福光寛 (2005)「アメリカの住宅金融をめぐる新たな視点　証券化の進展の中でのサブプライム層に対する略奪的貸付」『成城大学経済研究』170 号、57-88 頁。

福光寛 (2008)「過剰貯蓄：理論と現実」『成城大学経済研究』182 号、57-86 頁。

福光寛 (2011)「戦略的デフォルトについて」『成城大学経済研究』193 号、179-234 頁。

福光寛 (2013)「中国概念股の危機で見えてきた諸問題―上場手法としての反向収購」『成城大学経済研究』199 号、59-102 頁。

福光寛 (2013)「中国概念股の危機はなぜ生じたのか」『成城大学経済研究所研究報告』64 号、1-36 頁。

福光寛 (2014)「中国概念股の理論・歴史・現状」『成城大学経済研究』203 号、15-76 頁。

福光寛 (2014)「中国のシャドーバンクをどうとらえるか　さまざまな定義の並存　肯定説と中小企業金融への貢献説」『成城大学経済研究所研究報告』68 号、1-19 頁。

福光寛 (2015)「中国の銀行理財についての規制」『成城大学経済研究所研究報告』69 号、1-29 頁。

福光寛 (2016)「中国のシャドーバンクについて―郎咸平の議論に学ぶ―」『立教経済学研究』69 巻 3 号、1-29 頁。

福光寛 (2016)「中国経済の過去と現在―市場化に向けた議論の生成と展開―」『立命館経済学』64 巻 5 号、194-222 頁。

福光寛 (2016)「鳥籠理論そして陳雲 (チェン・ユン　1905-1995) について」『成城大学経済研究』214 号、37-72 頁

福光寛 (2017)「中国の経済学者　馬寅初 (マー・インチュ　1882-1982) について」『成城大学社会イノベーション研究』12 巻 1 号、273-298 頁。

福光寛 (2017)「農業政策で主張を堅持　鄧子恢 (トン・ツーホイ　1896-1972)」『成城大学経済研究』218 号、451-491 頁。

福光寛 (2018)「顧准 (グウ・ジュン　1915-1974)：生涯と遺著『理想主義から経験主義へ』―会計学者・革命家・経済学者から多元的民主主義の研究者へ」『成城大学経済研究』222 号、91-143 頁。

福光寛 (2020)「金融研究とグローカル研究」成城大学グローカル研究センター編『グローカル研究の理論と実践』東信堂、231-257 頁。

林望 (2017)『習近平の中国　百年の夢と現実』岩波書店。

堀川哲 (2016)「私有財産制度と正義論　ロールズ再考」『経済と経営』(札幌大学) 46 巻 1・2 号、27-41 頁。

林毅夫 (2012)（劉德強訳）『北京大学中国経済講義』東洋経済新報社。

ロナルド・コース (2013)（王寧・栗原百代訳）『中国共産党と資本主義』日経 BP 社（Ronald Coase and Ning Wang, *How China became Capitalist*, Palgrave Macmillan: softcover ed. 2012)。

楊錦華 (2013)「中国の制度移行と新制度派経済学の関わりについて」『帝京経済学研究』46 巻 2 号、55-77 頁。

渡邊真理子編著 (2013)『中国の産業はどのように発展してきたか』勁草書房。

中国語文献（繁体字表記　出版年順）

薄一波 (1991, 1997 年修訂版, 2008 年 1 月重版)《若干重大決策事件的回顧》中共黨史出版社。

鄧子恢傳編輯委員會 (1996, 第 2 版 2006)《鄧子恢傳》人民出版社。

鄧子恢傳編寫組負責編輯 (1996)《鄧子恢文集》人民出版社。

何清漣 (1998)《現代化的陷阱》今日中國出版社（ネット上で 2006 年ドイツ語版を著者が改訂したものを閲覧できる。yangl3.sg-host.com/ 中國現代的陷阱　抄訳坂井臣之助・中川友訳 (2002)『中国　現代化の落とし穴』草思社）。

中共中央文獻研究室編 (1999)《毛澤東文集》第六卷。

林毅夫・胡書東 (2001)〈中國經濟學百年回顧〉載《經濟學季刊》第一卷第一期、3-18。

陳東琪主編 (2004)《1900-2000 中國經濟學史綱》中國青年出版社。

蔣伯英 (2004)《鄧子恢與中國農村變革》福建人民出版社。

周海波 (2005)《胡適 新派傳統的北大教授》中國長安出版社。

杜潤生 (2005)《杜潤生自述》人民出版社（全訳：白石和良ほか訳 (2011)『中国農村改革の父杜潤生自述』農村漁村文化協会）。

于光遠・韓剛詮注 (2005)《"新民主主義社會論" 的歷史命運 - 讀史筆記》長江文藝出版社。

宋鳳鳴 (2007)《趙紫陽 軟禁中的談話》開放出版社（香港）。

胡鞍鋼 (2007)《中國崛起之路》北京大學出版社（抄訳：王京濱訳 (2007)）『国情報告 経済大国中国の課題』岩波書店）。

于光遠 (2008)《于光遠改革論集》中國發展出版社。

賀雄飛主編 (2009)《中國爲什麼不高興》世界知識出版社。

趙紫陽 (2009)《國家的囚徒 趙紫陽的秘密錄音》時報文化出版（台灣）（河野純治訳 (2010)『趙紫陽極秘回想録』光文社）。

李羅力 (2009)《沉重的輝煌》中國財政經濟出版社。

中共中央文獻研究室第二編研部 (2009)《劉少奇自述》國際文化出版公司。

李銳 (2009)《李銳新政見 何時憲政大開張》天地圖書有限公司（香港）2009 年 9 月（抄訳：小島晋治編訳 (2013)『中国民主改革派の主張　中国共産党私史』岩波書店）。

張五常 (2009)《中國的經濟制度 神州大地增訂版》中信出版社。

杜導正 (2010)《杜導正日記 趙紫陽還説過什麼》天地圖書有限公司。

中共中央黨史研究室 (2010)《關於若干歷史問題的決議》和《關於建國以來黨的若干歷史決議》中共黨史出版社。

祝彦 (2010)《陳獨秀思想評傳》福建人民出版社。

顧准 (2011)《顧准 經濟文選》中國時代經濟出版社。

于光遠 (2011 (1993 年出版的再版))《『文革』中的我》廣東人民出版社。

任立新 (2011)《毛澤東新民主主義經濟思想研究》中國社會科學出版社。

魯彤・馮來剛・黃愛文 (2011)《劉少奇在建國後的 20 年》遼寧人民出版社。

郝鐵川 (2011)《鄧小平與中國的民主，法制和人權》天地圖書有限公司 (香港)。

王東 (2011)《共和國不會忘記：新民主主義社會的歷史和启示》東方出版中心。

中央文獻研究室 (2011)《中國道路》課題組《中國道路 - 馬克思主義中國化經典文獻回眸》中央文獻出版社。

黃崢 (2012)《劉少奇冤案始末》九州出版社。

張卓元等 (2012)《新中國經濟學史綱 (1949-2011)》中國社會科學出版社。

顧准 (2013)《從理想主義到經驗主義》光明日報出版社。

紫靜 (2013)《看見》廣西師範大學出版社 (抄訳：鈴木将久ほか訳 (2014)『中国メディアの現場は何を伝えようとしているか』平凡社)。

厲以寧・艾丰・石軍主編 (2013)《時論中國》中國工人出版社 (esp. 尋找失落的信仰、169-187)。

吳敬璉・馬國川 (2013)《重啓 改革議程 中國經濟改革二十講》香港中和出版 (香港)。

沃特・侯偉 (2013)《中國金融大揭秘 異常崛起的大銀行真相》臉譜出版 (台灣) (Carl E. Walter and Fraser J. T. Howie, *Red Capitalism The fragile financial foundation of China's extraordinary rise*, John Wiley and Sons:2011)。

成思危等 (2013)《改革是中國最大的紅利》人民出版社 (本書は香港、台湾でも刊行された。 手元にあるのは震感出版 (台湾) 2013 年 10 月のもの)。

中共中央組織部黨員教育中心組織編寫 (2013)《興國之魂 社會主義國家核心價值觀五講》人民出版社。

中共中央組織部黨員教育中心組織編寫 (2013)《走自己的路 中國特色社會主義八講》人民出版社。

曹泳鑫 (2015)《馬克思主義中國化：基本認識和實踐》學林出版社。

國家行政學院經濟學教研部編著 (2015)《中國經濟新常態》人民出版社。

徐偉新等 (2015)《中國新常態》人民出版社。

鄢一龍等 (2015)《大道之行 中國共產黨與中國社會主義》中國人民大學出版社。

厲以寧・吳敬璉・周其仁等 (2015)《新常態下的變革與決策》中信出版社。

蔡元培・陳獨秀 (2015)《蔡元培自述 實庵自傳》中華書局。

陳健民・鍾華編 (2016)《艱難的轉型 現代化和中國社會》中文大學出版社 (香港)。

任建樹 (2016)《陳獨秀與近代中國》上海人民出版社。

中共中央党史研究室 (2016)《中国共産党的九十年》中共党史出版社。

鄧有貴主編 (2016)《中華人民共和國經濟史 (1949-2012)》當代中國出版社。

洪銀興主編 (2017)《學好用好 中國特色社會主義政治經濟學》江蘇人民出版社。

胡鞍鋼・鄢一龍・唐嘯等《中國新發展理念》浙江人民出版社。

周其任 (2017)《中國做對了什麼》中國計劃出版社。

胡鞍鋼・楊竺松 (2017)《創新中國集體領導體制》中信出版集團。

張曙光 (2017)《中國經濟學風雲史 經濟研究所 60 年》八方文化創作室 (新加波)。

法規出版分社編輯 (2018)《中華人民共和國憲法》法律出版社。

任育德 (2018)《胡適 晩年學思與行止研究》稻鄉出版社 (台湾)。

・本文には日本語として表記しましたが、文献は中国語漢字にしてあります。

　あとがき

　成城大学ではグローカル研究センターが設置されて「グローカル研究」が進められてきたが、平成 28 年 (2016 年) 度に文部科学省私立大学研究ブランディング事業「持続可能な相互包摂型社会の実現に向けた世界的研究拠点の確立と推進」採択されたことを受けて、学内のほかの研究組織も参加して、「グローカル研究」を全学的に推進することになった。この全学的な方針を受けて、経済研究所では金融研究グループがこの事業に参加することになった。

　本書は成城大学で 2016 年度から 2020 年度まで行われた私立大学研究ブランディング事業についての、成城大学経済研究所金融研究グループによる最終報告書である。同グループメンバーに参加したのは今回執筆にあたった 7 名である。幸い私 (福光) はこの 5 年間、グループの幹事役を継続して務めることができた。なお本書序文は、7 名のメンバーの中で、この研究テーマに最も深くかかわって研究を進めてこられた内田真人先生にお願いした。

　今回の研究は全学的な研究であったので、学部・学科を超えて、日ごろ接触する機会のない学問分野の先生方と、そもそもグローカルとは何かとか、この研究で私たちは何を明らかにすべきかなどの論点を、ともに考え議論する機会があった。これは得難い経験であった。

　なお私たちのグループでは全学的な研究会とは別に、自身の研究会を積極的に開催した。そのうち 2016 年度から 2019 年度の間に行った、研究会の講師、演題、日付を以下に掲げる (2020 年度はコロナ禍のため実施できなかった)。この機会にご出講いただいた、特に外部の講師の先生方に改めて深くお礼を申し上げたい。

講師	演題	日付
舟橋　學	ベトナムの中小企業新興―政策と企業の動向―	2016.5.17
陳　玉雄	中国における下からの改革	2016.10.6
靎見誠良	リレーションシップバンキングからトランザクションバンキングへ―理論と歴史サーベイ―	2017.1.19
柿原智弘	日系企業のグローバル化とトランポノミクス	2017.3.21
石井芳明	イノベーション・エコシステムの形成について	2017.5.18
足立真理子	金融とジェンダー―フェミニスト経済学の視点から	2017.7.25
内田真人	金融リテラシーの考察～貯蓄増強・金融広報活動の歴史と研究サーベイ～	2017.10.17
渡邊真理子	国有企業の存在と競争中立性	2018.1.23
中田真佐男	わが国リテール決済におけるキャッシュレス化進展に向けた課題	2018.6.19
後藤康雄	わが国の中小企業部門の効率性について―ゾンビ企業仮説の視点から	2018.7.11
柿原智弘	金融自由化とマイクロファイナンス	2018.10.23
福光　寛	顧准（グー・ジュン　1915-1974）　生涯と遺著『理想主義から現実主義へ』―会計学者・革命家・経済学者から民主的政治制度の研究者へ	2018.12.11
長谷川清	わが国貸付型クラウドファンディング（ソーシャルレンディング）の現状と課題	2019.1.15
福本勇樹	日本におけるキャッシュレス化の進展状況と金融リテラシーの影響	2019.6.25
小関隆志	世界と日本の金融排除・金融包摂の動向	2020.1.28

　なおこれらの研究会は経済研究所主宰のミニシンポとしてインターネット上に開催案内が載せられ、毎回、学外の方々にもご参加いただいた。さらにここではお名前のご紹介は控えるが、本書の研究をまとめるまでには、執筆者はそれぞれ、内外への出張、学会報告などを通じて、さまざまな学外の方のご協力をいただいている。これらのご協力にも感謝を申し上げたい。

　本書の刊行にあたっては、多くの方々からのご援助を賜った。まず厳しい出版事情の中で本書の編集・刊行を快く引き受けてくださった東信堂の下田勝司社長にお礼を申し上げたい。そして編集をご担当いただいた下田奈々枝さんに厚く感謝を申し上げたい。また日頃より金融研究グループの研究をご

支援いただいている上に、今回本書編集でもお世話になった経済研究所所長の立川潔先生、相原章主事、峯岸直美主任、栁澤美奈子さんに、この場を借りて改めて深く感謝を申し上げたい。グローカル研究センター所長の小澤正人先生、和田めぐみさんにも大変なご支援を受けご心労もおかけした。お二人にも厚く感謝申し上げたい。

福光　寛

　本書は文部科学省私立大学研究ブランディング事業「持続可能な相互包摂型社会の実現に向けた世界的研究拠点の確立と推進」（平成 28 年 (2016) 年度採択）による研究成果の一つ（最終報告書の一つ）として成城大学から出版助成を受けて刊行されるものである。

執筆者一覧

内田真人（成城大学社会イノベーション学部教授・同学部長）…… はじめに・第1章
奥付参照。

中田真佐男（成城大学経済学部教授）……………………………………… 第2章
慶応義塾大学大学院経済研究科博士課程修了、博士（経済学）。千葉経済大学専任講師、
財務省財務総合政策研究所主任研究官、九州大学大学院准教授を経て、2011年より
成城大学に赴任。単著に『基礎から学ぶ動学マクロ経済学に必要な数学』（日本評論社、
2011年）、共編著に『日本経済の課題と針路 経済政策の理論・実証分析』（慶応義塾大
学出版会，2015年）など。

小平　裕（成城大学名誉教授）…………………………………………… 第3章
1971年一橋大学経済学部卒業。1979年ロチェスター大学大学院で Ph. D. 小樽商科大
学を経て1985年成城大学経済学部に赴任。単著に「検証可能な私的情報と開示」『成
城大学経済研究所研究報告』No.84（2019）；「所有権と企業の財産権理論」『成城大学経
済研究』223号（2019）など。

後藤康雄（成城大学社会イノベーション学部教授）………………………… 第4章
1988年京都大学経済学部卒業。日本銀行、三菱総合研究所、経済産業研究所を経て
2017年成城大学社会イノベーション学部に赴任。この間、1995年にシカゴ大学修士、
2011年に京都大学博士。単著に『中小企業のマクロパフォーマンス』日本経済新聞出
版社（2014）など。

柿原智弘（グアダラハラ大学経済経営学部教授）………………………… 第5章
2000年成城大学経済学部卒業。2015年成城大学大学院で博士。2015年メキシコ・ハ
リスコ州立グアダラハラ大学に赴任。単著に「メキシコのリテール金融の特徴：大衆
層の消費行動と小口資金調達行動に関する一考察」『成城大学社会イノベーション研
究』12巻1号（2017）など。

福島章雄（成城大学経済研究所客員研究員）……………………………… 第6章
2001年成城大学大学院経済学研究科経済学専攻博士後期満期退学。中小企業基盤
整備機構を経て、現在、成城大学経済学部及び社会イノベーション学部非常勤講師。
単著に「体制移行国家における金融の深化と資産選択」『成城大学社会イノベーション
研究』12巻1号（2017）；共著に『数値例で学ぶ初めての統計学』税務経理協会（2020）
など。

福光　寛（成城大学経済学部教授）……………………………… 第7章・あとがき
奥付参照。

編著者

内田真人（うちだ まひと）（成城大学社会イノベーション学部教授・同学部長）
1978 年東京大学教養学部卒業。日本銀行（調査統計局審議役など）を経て 2007 年成城大学社会イノベーション学部に赴任。パリ政治学院留学、仏 ENS-Lyon 客員研究員などを歴任。単著に『現代沖縄経済論』沖縄タイムズ (2002)；共編著に "The Dynamics of Regional Innovation" World Scientific Pub (2013) など。

福光　寛（ふくみつ ひろし）（成城大学経済学部教授）
1973 年慶応大学経済学部卒業。1975 年慶応大学大学院で修士。博士課程進学後、国立国会図書館調査局、立命館大学経済学部などを経て 1998 年成城大学経済学部に赴任。単著に「中国経済の過去と現在－市場化に向けた議論の生成と展開」『立命館経済学』64 巻 5 号 (2016) など。

グローバル化と地域金融

2021年3月31日　　初　版第1刷発行

〔検印省略〕
定価はカバーに表示してあります。

編著者Ⓒ内田真人・福光寛／発行者 下田勝司　　　　　　印刷・製本／中央精版印刷

東京都文京区向丘 1-20-6　　郵便振替 00110-6-37828
〒 113-0023　TEL (03)3818-5521　FAX (03)3818-5514
発 行 所
株式会社 東信堂
Published by TOSHINDO PUBLISHING CO., LTD.
1-20-6, Mukougaoka, Bunkyo-ku, Tokyo, 113-0023, Japan
E-mail : tk203444@fsinet.or.jp　http://www.toshindo-pub.com

ISBN978-4-7989-1699-6 C3033　Ⓒ UCHIDA Mahito & FUKUMITSU Hiroshi

東信堂

2008年アメリカ大統領選挙—オバマの当選は何を意味するのか	吉野孝 前嶋和弘 編著	二〇〇〇円
オバマ政権はアメリカをどのように変えたのか—支持連合・政策成果・中間選挙	吉野孝 前嶋和弘 編著	二六〇〇円
オバマ政権と過渡期のアメリカ社会—選挙、政党、制度、メディア、対外援助	吉野孝 前嶋和弘 編著	二四〇〇円
オバマ後のアメリカ政治—二〇一二年大統領選挙と分断された政治の行方	吉野孝 前嶋和弘 編著	二五〇〇円
危機のアメリカ「選挙デモクラシー」—社会経済変化からトランプ現象へ	吉野孝 前嶋和弘 編著	二七〇〇円
ホワイトハウスの広報戦略—大統領のメッセージを国民に伝えるために	M・J・クマー 吉牟田剛訳	二八〇〇円
「帝国」の国際政治学—冷戦後の国際システムとアメリカ	山本吉宣	四七〇〇円
アメリカの介入政策と米州秩序—複雑システムとしての国際政治	草野大希	五四〇〇円
国際開発協力の政治過程—国際規範の制度化とアメリカ対外援助政策の変容	小川裕子	四〇〇〇円
国際関係入門—共生の観点から	黒澤満編	一八〇〇円
国際共生とは何か——平和で公正な社会へ	黒澤満編	二〇〇〇円
国際共生と広義の安全保障	黒澤満編	二〇〇〇円
国際交流のための現代プロトコール	阿曽村智子編	二八〇〇円
現代アメリカのガン・ポリティクス	鵜浦裕	二〇〇〇円
暴走するアメリカ大学スポーツの経済学	宮田由紀夫	二六〇〇円
グローバル化と地域金融	内田真人 福光寛 編著	二六〇〇円
現代国際協力論—学融合による社会科学の試み	柳田辰雄編著	三二〇〇円
揺らぐ国際システムの中の日本	柳田辰雄編著	三二〇〇円
貨幣ゲームの政治経済学	柳田辰雄	二〇〇〇円
相対覇権国家システム安定化論—東アジア統合の行方	柳田辰雄	二四〇〇円
国際政治経済システム学—共生への俯瞰	柳田辰雄	一八〇〇円

〒113-0023　東京都文京区向丘1-20-6　TEL 03-3818-5521　FAX03-3818-5514　振替 00110-6-37828
Email tk203444@fsinet.or.jp　URL:http://www.toshindo-pub.com/

※定価：表示価格（本体）＋税

東信堂

〒113-0023 東京都文京区向丘1·20·6　　TEL 03·3818·5521　FAX03·3818·5514　振替 00110·6·37828
Email tk203444@fsinet.or.jp　URL:http://www.toshindo-pub.com/

※定価：表示価格（本体）＋税

東信堂

オックスフォード キリスト教美術・建築事典	P&L・マレー著／中森義宗監訳	三〇〇〇〇円
イタリア・ルネサンス事典	J・R・ヘイル編／中森義宗監訳	七八〇〇円
美術史の辞典	中森義宗・P・デューロ他／清水忠訳	三六〇〇円
涙と眼の文化史ー中世ヨーロッパの標章と恋愛思想	中森義宗・清水忠他	三六〇〇円
青を着る人びと	徳井淑子	三五〇〇円
社会表象としての服飾ー近代フランスにおける異性装の研究	伊藤亜紀	三六〇〇円
新版 ジャクソン・ポロック	新實五穂	三六〇〇円
バロックの魅力	藤枝晃雄	二六〇〇円
美を究め美に遊ぶー芸術と社会のあわい	小穴晶子編	二六〇〇円
日本人画工 牧野義雄ー平治ロンドン日記	田中・中野厚志編著	二八〇〇円
書に想い 時代を読む	ますこ ひろしげ	五四〇〇円
西洋児童美術教育の思想ードローイングは豊かな感性と創造性を育むか？	河田悌一	一八〇〇円
ロジャー・フライの批評理論ー知性と感受性の間で	要真理子・前田茂監訳	三六〇〇円
レオノール・フィニーー境界を侵犯する新しい種	要真理子	四二〇〇円
	尾形希和子	二八〇〇円

【世界美術双書】

バルビゾン派	井出洋一郎	二〇〇〇円
キリスト教シンボル図典	中森義宗	二三〇〇円
パルテノンとギリシア陶器	関隆志	二三〇〇円
中国の版画ー唐代から清代まで	小林宏光	二三〇〇円
象徴主義ーモダニズムへの警鐘	中村隆夫	二三〇〇円
中国の仏教美術ー後漢代から元代まで	久野美樹	二三〇〇円
セザンヌとその時代	浅野春男	二三〇〇円
日本の南画	武田光一	二二〇〇円
画家とふるさと	小林忠	二二〇〇円
ドイツの国民記念碑ー一八一三ー一九一三年	大原まゆみ	三二〇〇円
日本・アジア美術探索	永井信一	二三〇〇円
インド、チョーラ朝の美術	袋井由布子	二三〇〇円
古代ギリシアのブロンズ彫刻	羽田康一	二三〇〇円

〒113-0023 東京都文京区向丘1-20-6　TEL 03-3818-5521　FAX03-3818-5514　振替 00110-6-37828
Email tk203444@fsinet.or.jp　URL:http://www.toshindo-pub.com/

※定価：表示価格（本体）＋税